西北河谷盆地土地利用变化效应与生态安全

任志远 周忠学 李小燕 韦振锋 孙艺杰 著

教育部人文社会科学重点研究基地重大项目（14JJD840004）
陕西师范大学一流学科建设经费 共同资助

科 学 出 版 社

北 京

内 容 简 介

  本书应用当前土地利用与土地覆盖变化、生态系统服务和生态安全研究的最新理论与方法，以我国西部地区人口聚集、社会文化和城镇发展水平较高、生态环境问题相对突出的关中盆地、银川平原和汉中盆地为研究区，主要研究区域土地利用变化特征、生态系统服务测评及权衡关系、土地利用变化的水文效应、综合绿色 GDP 核算和景观生态安全等。

  本书可供地学、国土资源学、生态学、环境经济学、景观生态学等学科的科研人员、研究生和高校教师等参考使用；也可为区域开发、国土资源开发与整治、土地利用规划、土地管理、城市发展、生态环境建设等领域的科研与技术人员、政府管理人员提供参考。

图书在版编目（CIP）数据

西北河谷盆地土地利用变化效应与生态安全 / 任志远等著. —北京：
科学出版社，2017.12
  ISBN 978-7-03-055261-7
  I. ①西⋯ II. ①任⋯ III. ①河谷–盆地–土地利用–研究–西北地区
②河谷–盆地–生态安全–研究–西北地区 IV. ①F321.1 ②X321.27
  中国版本图书馆 CIP 数据（2017）核字第 271814 号

责任编辑：冗列梅 / 责任校对：郭瑞芝
责任印制：张　伟 / 封面设计：陈　敬

科 学 出 版 社 出版
北京东黄城根北街 16 号
邮政编码：100717
http://www.sciencep.com

北京中石油彩色印刷有限责任公司　印刷
科学出版社发行　各地新华书店经销
*

2017 年 12 月第 一 版　开本：720×1000　B5
2017 年 12 月第一次印刷　印张：18
字数：360 000

定价：120.00 元
（如有印装质量问题，我社负责调换）

前　　言

　　土地资源的可持续利用必须保证土地生态系统的平衡与良性循环，只有土地资源的持续利用和生态环境的健康发展，才能促进社会经济的可持续发展。人类对土地资源的不合理开发利用，会导致土地利用与土地覆盖以及自然景观类型、结构与生态过程的重大改变，削弱生态系统为人类提供生态支撑和供给服务的能力，影响区域生态环境安全。当前，土地利用与土地覆盖变化及其对生态系统服务的影响、区域生态安全研究是地理学和生态学研究的前沿和热点问题。土地利用变化研究已经进入多学科交叉融合期，重点包括土地变化与区域生态效应研究及其影响的动力机制和区域可持续发展研究。有学者将土地生态学、生态经济学、土地经济学等多学科相结合，研究区域土地变化产生的生态效应及其对生态功能服务价值的影响，并探讨其变化的动力机制和影响机理，追求土地资源优化配置和生态环境的良性循环，提出有效的调控机制和防范对策。

　　关中盆地、汉中盆地和银川盆地是我国西北地区人口、城市和产业经济发展水平和聚集密度相对较高、社会经济发展的高水平地区。近几十年的快速城市化和社会经济发展，对这三个区域的土地资源、水资源和自然景观等产生了巨大影响，也产生了一系列生态环境问题，严重影响区域生态系统服务，危及区域的可持续发展。研究这些区域土地利用变化及其生态环境效应和景观生态安全具有一定的典型意义。在"一带一路"倡议实施和我国西部大开发深入推进的大背景下，随着区域经济发展和城市化进一步加快，西北河谷盆地人口与产业的聚集速度和程度进一步加快，将加剧资源环境与生态系统的负担。在此背景下，对西北盆地土地利用变化、生态系统服务、生态安全等问题进行系统研究和总结，具有重要的科学意义，对区域资源环境和社会经济协调发展有重要的推动作用。

　　本书应用当前国际上在生态系统服务测评、生态系统服务权衡和综合绿色GDP核算等方面的理论与方法，在对一些模型参数厘定的基础上，对西北河谷盆地地区人口、城镇和经济发展区的土地利用变化及效应、生态系统服务、综合绿色GDP核算和景观生态安全等进行系统研究，具有一定的特色和创新性。

　　全书共三篇。第一篇主要回顾土地利用变化与生态安全研究进展，介绍研究区基本情况；第二篇研究关中和汉中盆地土地利用变化、生态系统服务功能物质量及价值量变化、生态系统服务权衡、汉中盆地土地利用变化的水文效应及综合资源与环境成本核算；第三篇研究银川盆地土地利用变化与生态效应及景观生态安全评价。

　　陕西师范大学任志远教授、周忠学副教授、李小燕博士（陕西理工大学副教授）、韦振锋博士（广西财经学院讲师），研究生孙艺杰、张晗、李柏延、张东海、张青、陈欢、董思、李鸿健、张静、段艺芳等参加了书稿整理分析以及专题研究等工作，江笑薇、郝梦雅、魏倩倩、赵胜男、吴林筱、陈登帅等参加了资料收集工作。本书由任志远、周忠学负责制订大纲并撰写有关章节、统稿和定稿。周忠学、孙艺杰负责书稿编排和校核，李鸿健、董思等参加了书稿编排工作。在本书出版之际，向多年支持项目研究的陕西师范大学社科处、科技处、西北历史环境与经济发展研究院、地理科学与旅游学院、西北国土资源研究中心，科学出版社和社会各界同仁表示衷心的感谢。

限于作者水平，书中难免有不足之处，敬请读者批评指正。

作　者

2017 年 7 月于西安

目　　录

第三篇　银川盆地土地利用变化效应与生态安全

第一篇 绪 论

第一章　土地利用变化与生态安全研究进展

　　土地利用变化与生态安全研究既是当前学术研究的热点，也是地学研究的前沿问题之一。随着社会经济发展，城镇化加快，人们不断加强对土地资源开发利用，导致土地利用类型、结构和质量都发生复杂变化，加剧了区域生态环境的恶化。生态环境变化研究的前提之一是探索土地利用变化过程及其对生态环境影响的动力机制。土地资源退化与破坏具有不可逆性，改善和修复破坏的生态环境也是一个长期过程，因而追求区域社会经济可持续发展必须建立在土地资源优化配置和生态环境的良性循环基础上。土地资源的可持续利用是保证土地生态系统平衡和生态环境健康发展的根本，只有区域土地资源合理持续利用才能促进社会经济的可持续发展。本章主要介绍国内外土地利用变化、生态系统服务与生态安全的研究进展。

第一节　土地利用变化研究进展

　　1982～1989 年，在诸多国际组织的大力推动下，全球环境变化成为国际上重点的研究领域之一。1990～1999 年，在全球环境变化的大背景下，不同学者开始研究土地利用与土地覆盖变化（land use and land cover change，LUCC）及其对生态环境的影响，同时注重自然与人文过程的交叉问题研究。1995 年，国际组织在"国际地圈与生物圈计划"（International Geosphere-Biosphere Program，IGBP）和"国际全球环境变化人文因素计划"（International Human Dimensions Program on Global Environment Change，IHDP）中，共同拟定发表了《土地利用与土地覆盖变化科学研究计划》，推动全球环境问题研究。至此，土地利用与土地覆盖变化研究成为全球环境变化重点研究领域（李秀彬，1996）。

　　目前对土地利用研究的主要问题有：①过去 300 年中土地覆盖发生了哪些变化，以及人类对土地的改变？②在不同时期和不同地理单元中，哪些因素在影响土地利用变化？③未来 50～100 年土地利用结构如何变化？受到哪些因素影响？④人文和生物物理过程如何影响土地利用类型的承载力？⑤土地利用变化对全球生物地球化学作用和气候如何影响？反之又如何？

　　土地利用研究的重点是：①土地利用的动力机制。通过案例比较分析方法，认识土地资源管理中对自然与社会驱动力变化，建立相应模型。主要内容包括土地利用变化的动态模拟和从局部研究到区域与全球研究的过程模拟，还包括土地利用行为与决策以及土地利用变化的可持续性研究。②区域与全球综合评价模型。主要内容包括相关系统的动力机制、模型建立过程中的关键性技术与问题、对已有模型的回顾总结与对比、发展规划与关键性的环境问题。

土地利用研究的领域主要包括：①对土地利用变化过程中的水资源约束机制、城乡作用机制以及对区域和全球粮食安全生产的影响机制研究。②对土地利用变化的典型地区、脆弱地区和热点地区研究。③对区域或全球性空间统计模型研究，以更准确地反映土地利用变化的速率、过程、空间类型、变化的动因以及未来发展趋势。④土地利用变化研究中主要采用的 GIS 和 RS 等技术。⑤对土地利用的可持续性研究，分析土地利用的方式与方法、土地利用类型与结构的可持续性。

土地利用研究的焦点：在构建土地覆盖变化预测模型和解释土地覆盖时空变化中，土地利用与土地覆盖变化机制起着关键作用，是土地利用与土地覆盖变化研究的焦点。土地利用与土地覆盖变化机制的研究，大部分以遥感图像和监测信息为分析资料，研究区域性案例，了解土地利用变化的时空过程，并通过改变土地利用方式来提取主要的自然和经济驱动因子，构建解释土地覆盖时空变化的经验模型，再结合土地利用地面调查，建立区域性土地覆盖变化诊断模型。

我国学者对土地利用变化研究较早。初期主要集中在土地利用的分区、分类、管理和开发等方面。近年来，随着国际组织在土地利用与土地覆盖变化方面各种研究计划的出台，我国对土地利用变化研究也逐步转向全球变化综合研究，研究范围开始扩展到土地利用变化驱动力研究和建立数据库、利用遥感影像监测土地利用变化、分析土地利用变化对全球变化及农业生态系统的影响，以及土地利用变化模型构建等方面。在借鉴国外研究的基础上，我国学者提出了许多适合我国国情的研究理论与方法。

近年来，国内外学者从可持续发展的角度出发，对生态效应问题研究主要集中在生态健康评价体系和指标构建上，并取得了重要进展。同时以生态脆弱地区为研究对象，从不同时空尺度进行专题论证，并在这些基础上不断深化研究。

目前土地利用变化研究进入多学科交叉融合期，重点包括土地变化与区域生态效应研究、效益研究（社会、经济和生态效益）与区域可持续发展研究。学者们将土地生态学、生态经济学、土地经济学等多学科相结合，研究区域土地变化产生的生态效应及其对生态功能服务价值的影响，并探讨其变化的动力机制和影响机理，提出有效的调控机制和防范对策。土地利用变化与人类活动以及自然变化等诸多因素密切相关，该研究涉及众多学科，加上我国南北跨度大、东西差异明显，因此不能简单沿袭传统的思路和研究方法，必须寻求符合我国实际情况的新研究途径，并提出新的论题。这将是我国对土地利用变化研究的新发展趋势。

第二节　生态系统服务研究进展

土地利用变化引起地表生态系统服务功能改变，进而影响人类福祉。近几年生态系统服务功能研究逐渐受到学者的关注，成为国际上多学科研究的热点领域。自然生态系统能够为人类提供物质和能量，以及满足和维持人类生活需要的条件和过程称之为生态系统服务功能。国内学者如欧阳志云等（1999a）认为，生态系统和生态过程形成和维持的人类赖以生存的自然环境条件与效用，即为生态系统的服务功能。

人类赖以生存的物质基础主要由陆地生态系统提供，物质基础也是人类实现社会经济与环境可持续发展不可或缺的基本要素，然而人类在对自然资源的开发利用过程中，往往只注重自然资源的开发利用价值，却忽视了与此同等重要的自然生态服务功能的价值。研究表明，一个国家或地区能否真正实现可持续发展，在很大程度上取决于人们能否正确认识生态系统服务功能的价值，以及能否对其有效的管理。

生态系统为社会经济提供的服务功能是人类生产生活必不可少的基本条件，应该被视为一种资源。可以说生态系统服务供给能力决定了一个社会发展的最大限度，生态系统服务功能越弱，经济发展的空间就越小。社会经济系统只是生态系统中的一个子系统，人们不应该过度追求环境的经济效益而损害甚至忽视生态效益，这种舍本求末的做法是不可取的。区域社会经济发展与生态系统服务供给能力的匹配与协调才是实现可持续发展的可行模式，过度追求经济发展而不合理开发利用自然资源和破坏生态系统只会带来毁灭性的灾难。归根结底，人类只有对生态系统服务功能价值给予充分认识和有效管理与合理经营利用，才能解决以上问题。由此，从实现区域可持续发展最终目标出发，生态系统服务功能的价值（包括绿色 GDP 核算等）将是社会经济测算体系中一个非常重要的研究内容，将对当前经济体系核算产生重大改变。对生态系统服务功能价值进行有效的测评和评价研究，将成为今后人类进行自然资源开发和社会经济发展的重要参考，成为协调人与环境关系提供重要的依据。因此，生态系统服务功能研究是目前多种学科研究的热点问题。

生态系统与生态过程中形成的、维持人类赖以生存的自然环境条件的效应即为生态环境效应，主要包括净初级生产力（又称净第一性生产力）的生产、净化空气、调节气候、保持土壤、保水以及维持生态平衡等功能，将其价值量化即为生态系统服务价值。关键环境问题研究组（Study of Critical Environmental Problems，SCEP）在《人类对全球环境的影响》报告中首次提出环境服务功能的概念，将生态系统对人类社会的影响及其效能确定为"生态系统服务"（ecosystem services）。1990～1999 年，专家学者对生态系统服务功能进行更系统化的分析。例如，Costanza（1997）将全球的生态系统服务功能划分为四个层次，包括生态系统基本功能、生态系统生产功能、生态效应娱乐功能和生态系统环境效益；Daily（1997）主要注重生态系统提供的产品和服务上的区分。

从 1997 年 Costanza 对生态系统服务价值的研究之后，国内学者开始进入深层次的研究，如任志远等（2005）、高长波等（2006）、左伟等（2005）对生态系统服务价值与生态系统可持续研究进行了详细的论证，认为自然环境系统和人类社会系统两者共同作用影响生态系统的可持续性。

目前我国从土地、气候、水、草地、森林、海洋、矿产、能源以及生物多样性等类型进行生态环境效应评价，并不断深入研究不同资源类型的生态环境效应。周允华等（1989）、黄秉维（1982）对气候资源进行了评价，并利用数学方法建立相应经验模型，对光合有效辐射、光合生产潜力和太阳总辐射量等方面进行了估算。水资源方面的深入研究主要包括对水资源基础评价、承载力评价和供需能力评价等方面，如我国在 1950 年和 1980 年开展两次全国范围水资源调查和评价工作。对土地资源的深入研究，包括土地潜力评价、土地生态效应评价、土地利用经济评价以及土地适宜性评价等方面，如我国 20 世纪 50 年代华南地区的橡胶林地评价，60 年代黑龙江、内蒙古等地区的农林牧地适宜性评价等项目。对生物多样性的评价更详细，包括物种多样性、遗传多样性和生态系统多样性测算，如文江苏等（2012）、张鲁等（2008）定义了生态系统物种多样性和遗传多样性指标，认为生物多样性是描述生物不同群体特征的指标。对林地和草地资源的评价，细分为其使用价值、社会效益、经济效益、生态效益和环境效益的评价，如周国逸等（2009）和常瑞英等（2010）对我国林地有机碳的生产能力进行估算，同时还测算出林地总碳汇储量。此外，国内专家学者对能源资源、矿产资源和海洋资源等方面也进行更深入的研究。

近年来，我国学者通过大量的研究和实践，提高了人们的生态保护意识。人们初步认识到生态系统服务功能作为人类自然资产的重要性，以及它巨大的生态系统服务经济价值是人类宝贵的财富，对人类生存和发展起到重要作用。这对于实行生态系统服务功能保护和管理还远远不够，将人们对生态系统服务功能的认识及其科学研究成果转化为区域生态环境保护的社会政策及措施并建立生态补偿机制则更为迫切。但是由于生态系统的复杂性和理论方法模型以及指标体系的不完善，目前对其仍处于探索阶段，从宏观尺度特征研究较多，微观尺度机理机制研究较少；对生态脆弱区的研究区较多，对以经济中心地带为重点的研究相对较少。

第三节　生态安全研究进展

　　生态安全的研究历程可以划分为四个时期：①安全定义的扩展（20世纪70～80年代）。莱斯特·R.布朗认为，安全的威胁从国家之间转变为人与自然之间。《我们共同的未来》认为，安全的定义应当增加环境的破坏带来的威胁。②生态变化与安全的经验性研究（20世纪90年代初）。通过经验性研究探索环境变化和安全之间的关系，科学家们发现资源的匮乏和环境的退化会引起社会不平等、暴力冲突和贫穷等等。③生态变化与安全的综合性研究（20世纪90年代末）。不同领域的研究人员进行了大量关于环境变化与安全的研究，研究的问题从国家安全延伸到人类安全。④生态变化与安全的内在关系的研究（2000年以来）。环境变化与安全之间的内在关系逐步成为研究的目标，全面深入生态安全的各个领域，如全球环境变化的风险、脆弱性、传染病等。

　　国内对生态安全的研究起步于20世纪90年代，近年来已成为科学界和公众讨论的热点问题。国内生态安全研究的总体趋势表现为1990年为起步阶段，2001～2006年研究热度不断上升，2007～2008年处于停滞阶段，随后又逐渐成为热点问题。研究范围包括生态安全起源及基础理论、生态风险评价、生态系统评价、土地生态安全评价等。研究问题从宏观的共性研究逐渐转向区域的特性研究，土地生态安全、城市生态安全、生态预警成为生态安全的研究热点。目前国内主要运用压力–状态–响应（pressure-state-response，PSR）模型构建指标体系，发展综合指数法、生态安全指数法、生态安全度模型、物元分析法、模糊综合评价法等，此外还有生态足迹模型、景观格局分析法。左伟等（2005）提出了较为系统的区域生态安全评价指标。郭斌等（2010）、李小燕等（2008）等基于压力–状态–响应模型，借助 AHP 法确定权重，运用综合指数法分别对西安市、渭南市的生态安全进行了动态评价。张锐等（2013）、施开放等（2013）运用物元分析模型对耕地的生态安全进行了评价。李中才等（2010）以压力–状态–响应模型为基础，选择生态足迹来表征生态系统压力，植被存量来表征生态系统状态，采用多指标分析法表征生态响应力度，提出了计算区域生态安全指数的新模型。任志远等（2005）应用生态足迹模型对陕西省生态安全及空间差异进行了定量分析，此后赵先贵等（2007）、张青等（2013）分别运用改进的生态足迹模型对中国西部地区的生态安全进行评价。常学礼等（2010）结合景观生态学的分析方法对张掖绿洲进行了基于生态服务功能的生态安全评价。李晶等（2008）通过对人口压力和生态服务价值做回归分析从而得到生态安全的阈值，判定为生态不安全区。薛亮等（2011）、龚建周等（2008）基于压力–状态–响应模型构建格网化的指标体系,分别采用生态安全指数法、空间模糊评价法对关中地区和广州市的生态安全进行了评价。

生态安全评价的方法包括数学模型法、生态模型法、景观生态模型法、数字地面模型法等。①数学模型法,逐渐成为评价和管理的有效工具,包括综合指数法、层次分析法、主成分投影法、物元评判法、灰色关联法等。②生态模型法,可用于设计或预测未来潜在风险,包括不同尺度上的模型,从个体与群落尺度到区域、景观尺度。③景观生态模型法,从生态系统的结构出发,综合评估各种潜在生态影响,是近年来研究的热点,包括景观生态安全格局法和景观空间邻接度法。④数字地面模型法,结合 RS 和 GIS 空间分析方法及空间数据,评价每个栅格单元生态安全状态。

第二章　研究区概况

关中盆地、汉中盆地和银川盆地是我国西北地区人口、城市和产业经济发展水平和聚集密度相对较高的地区。近几十年的快速城市化和社会经济发展，对土地资源、水资源和自然景观等产生了巨大影响，也产生了一系列生态环境问题，危及区域的可持续发展。研究这些区域土地利用变化及其生态环境效应、景观生态安全具有一定的典型意义。

第一节　关中盆地、汉中盆地地理概况

关中盆地介于陕北黄土高原和秦岭山地之间，西起宝鸡，东到潼关，北至黄龙山、子午岭，南依秦岭。关中盆地又称关中平原，地形相对平坦，降水丰沛，是陕西省自然条件相对优越的区域，也是陕西省乃至西北部地区的农业、工业（高新技术产业）、旅游业等社会经济发展中心。行政上包括西安、铜川、宝鸡、咸阳、渭南五个地级市和杨凌农业高新技术产业示范区，共54个县（市、区）（图2-1）。

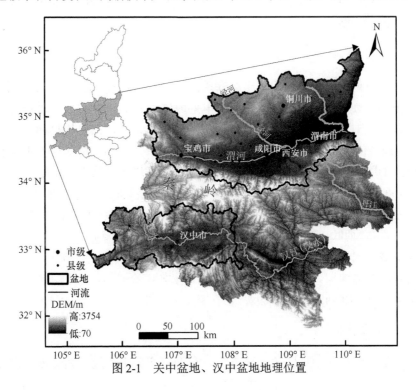

图 2-1　关中盆地、汉中盆地地理位置

汉中盆地位于陕西西南部，北依秦岭，南枕巴山，汉江自西向东横贯盆地中央，可谓"环抱崇山峻岭，怀中川流不息"。南北高、中间低，境内有河谷盆地、浅山丘陵和中高山区三种地貌，属于典型的北暖温带和亚热带山地气候，降雨充沛，气候湿润，被称为西北的小江南。河流阶地发育，其中一、二级冲积阶地高出河面 15m 以内，平坦广阔；外围的第三、四级为侵蚀阶地，地面起伏（图 2-1）。汉中市辖十县一区，是陕南地区城市化、社会经济最为发达的地区。

一、自然地理概况

（一）地貌特征

关中盆地位于鄂尔多斯盆地及秦岭造山带的过渡部位，是一个断陷盆地。地势上总体西高东低，由于渭河东西向横贯关中平原，表现出中部低、南北高的基本特点。地貌主要由渭河河谷平原、黄土台塬、黄土丘陵沟壑、秦岭山地等构成。渭河两侧经过黄土沉积、干支流冲积作用形成冲积平原，土质肥沃，灌溉历史悠久，有八百里秦川之称。

汉中盆地又称汉中平原，北依秦岭、南靠米仓山，夹持于秦岭东西褶皱带与大巴山远古台拗褶断带之间，是一狭长的槽形山间陷落盆地。地形南低北高，主要有汉江冲积平原、山前洪积扇形成的宽谷浅丘地带、秦岭南坡形成的浅山和中山山地等地貌类型。

（二）气候特征

关中平原位于暖温带气候和半湿润季风区，四季分明，雨热同季，降水集中，易发生干旱。气温由南向北逐渐降低，年平均气温为 7.8～13.5℃，最冷月均温为 –1～3℃，最热月均温为 23～26℃，大部分为无大寒期，出现暑热期，极端高温 42.8℃，极端低温为–28.1℃。年平均降水量 550～700mm，总体处于中等水平，蒸发量大于降水量。年际降水变化大，年内分配不均，夏秋季降雨集中，占全年降水的 60%左右，多以暴雨的形式出现，加剧水土流失。西部多春夏旱，东部多伏旱，也是发生春霜冻和干热风等自然灾害的严重地区。该地区积温多数在 2000～4000℃，呈东高西低，随纬度增高而降低，随海拔增高而降低。

汉中盆地属于北亚热带向暖温带过渡区，气候特征是冬无严寒，夏无酷暑，温暖湿润，雨热同期。年均温 14～16℃，1 月均温 2～3℃，7 月均温 26～28℃。年降水量 750～1000mm。

（三）水文特征

渭河是黄河在关中地区的主要支流，东西贯穿关中平原，其支流由南北两岸不对称性汇入渭河。北岸支流发源于黄土高原，源远流长，流域面积大，呈西北—东南向汇入渭河，主要有泾河、洛河、千河、漆水河等。南岸支流多发源于秦岭北坡，大体与渭河直角交汇，河流源近流短，河床比降大，水流湍急，流域面积小，主要有灞河、黑河、石头河、涝河等。渭河陕西段流域面积达 3.32 万 km²，河长 502km，分别占渭河流域总面积的 53.2%和全长的 61.4%，是关中地区主要的地表水资源。

汉江横贯汉中盆地中央，是汉中盆地主要河流，也是长江上游最大支流，全长 119km，属于雨源型河流。北岸支流主要有湑水河、褒河、堰河；南岸支流主要有镰水河、漾家河、冷水河等。

（四）土壤特征

在地貌、成土母质、植被、降水和人为因素等共同作用下，关中地区形成土壤类型主要有褐土、黑垆土、黄绵土、山地棕壤、娄土等。其中褐土主要是分布在渭河平原低山丘陵区，保水保肥能力强，但耕作困难。黑垆土、黄绵土主要分布在黄土台塬及黄土墚、黄土塬沟壑区等。

汉中盆地的土壤主要以水稻土和黄褐土为主。水稻土分布在海拔 1000m 以下的黄褐土带。黄褐土是黄棕壤的亚类，母质以冲积物和坡积物为主。

（五）植被特征

关中地区渭河平原的植被类型主要以人工生态系统为主，包括人工林和农作物，平原两侧的山地主要以森林生态系统为主，有丰富的生物资源。汉中盆地天然植被为落叶阔叶和常绿阔叶混交林或针阔叶混交林，目前大部分地区开垦为农田，是陕西省主要的水稻和亚热带作物生产基地。

二、社会经济概况

关中平原自古以来被称为"八百里秦川"，农业基础好，盛产小麦与玉米，是我国重要的商品粮产区。目前该区也是我国重要的温带水果（苹果）生产基地。截至 2011 年，关中地区粮食产量高达 74.26 万 t，占全省的 62.16%。在经济方面，关中地区逐渐形成以西安为中心的基础设施良好、经济实力雄厚的城市群和工业带，主要优势产业有航天航空、运输设备制造、电子工业、生物医药和某些军品制造。关中生产总值为 7661.25 亿元，占全省的 61.23%，人均 GDP 为 32589 元。截至 2011 年，人口为 2350.88 万，其中非农人口为 974.324 万，城镇化率为 41.44%。

汉中盆地以汉中市为主体。汉中市农业发展条件优越，素有"天府之国"和"鱼米之乡"的美称，2014 年汉中市粮食产量为 101.75 万 t，农业总产值为

325.51 亿元。汉中市工商业发展滞后，以装备制造业、有色冶金、烟酒食品、医药化工等为支柱产业。截至 2014 年，全市生产总值为 991 亿元，人均 GDP 为 25790 元；产业结构方面，农业产值占总产值的 18.6%，经济发展水平较低。2014 年，汉中市人口为 384.13 万，其中非农人口为 92.36 万。

第二节 银川盆地地理概况

银川盆地北至石嘴山市，南到青铜峡峡口，西靠贺兰山，东依鄂尔多斯盆地，地理坐标为东经 105°45′~106°56′，北纬 37°46′~39°23′。银川盆地东西宽 42~60km，南北长大约 165km，总面积 1.44 万 km²。行政上包括银川市（西夏区、兴庆区、金凤区、永宁县、贺兰县，灵武市部分）、吴忠市（利通区部分）和石嘴山市（大武口区、惠农区、平罗县）的部分土地（图 2-2），本书中银川盆地范围主要以行政区界作为边界。

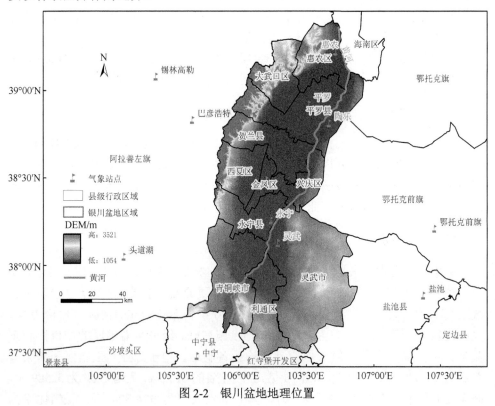

图 2-2 银川盆地地理位置

一、自然条件

银川盆地向南与青藏地块东北缘宁南弧形构造带近直角相交，向北呈楔形夹于鄂尔多斯地块与阿拉善地块之间，处于"大陆裂谷带"，称为"银川地堑"或"银川断陷盆地"，东面以黄河断裂与鄂尔多斯地块相接，西边以贺兰山东麓断裂带与山体过渡相连。银川盆地海拔 1100～2500m，西部贺兰山海拔约2000～3556m。

银川盆地地处中温带干旱区，属典型的大陆性干旱气候，冬长夏短，干旱少雨，日照充足，年、日气温差较大，风大沙多。银川盆地年平均气温 9.2℃，最高7月份、8月份平均气温 23.6℃。年平均降水量为 185mm，多集中在 6～9月，年蒸发量约为 1825mm，约为降水量的 10 倍，年平均湿度 54%。冬季盛行西北风，夏季多为偏南风，年平均风速 2～3m/s。银川盆地日照时间为 2800～3100h，太阳年辐射总量 142kJ/cm^2，气温日较差大，有利于作物的生长发育和营养物质积累。

黄河由青铜峡流入银川盆地，沿东部流经整个盆地，地表水源充足，水质良好，富含泥沙，有肥田沃地之功，是我国黄河流域中上游地区的重要工农业生产基地，全长 193km，进出境水量差 32.0 亿 m^3/a，是灌溉用水的主要来源。

自然植被有森林、灌丛、草原、荒漠、湿地等基本类型。

二、社会经济条件

银川盆地主要包括银川市（辖三区两县）、吴忠市（一区）、石嘴山市（两区一县）三市的部分土地。

银川市是宁夏回族自治区的首府，位于盆地中部。截至 2014 年末，全市常住总人口 212.89 万人，比 2013 年增长 2.2%，其中城镇人口 160.62 万人，农村人口52.27 万人。人口出生率为 10.52‰，死亡率为 3.41‰，人口自然增长率为 7.11‰。2014 年地区生产总值 1150.93 亿元，第一、二、三产业完成生产总值分别为50.95 亿元、619.05 亿元和 480.93 亿元，其构成比例为 8.2%、58.9%和 32.9%。银川主要种植粮食为稻谷、小麦、玉米、薯类、豆类，1993 年粮食总产量达 48.06 万 t，2000 年粮食总产量达 68.19 万 t，2007 年粮食总产量达 82.73 万 t，2014 年粮食总产量达 88.63 万 t。

石嘴山市辖惠农区、大武口区、平罗县，位于盆地北部，因生产无烟煤闻名中外，有"塞上煤城"的美称，其矿产资源丰富。据统计，石嘴山市能源丰富，其中煤炭储量 25.3 亿 t，全国 12 煤种中该市有 11 种，被誉为"太西乌金"的太西煤储量达 6.6 亿 t，是一座典型的煤炭资源型工业城市。硅石储量 5 亿 t，黏土存量 1300 万 t。截至 2014 年末，全市常住总人口 73.78 万人，人口出生率为 10.79‰，死亡率为 3.84‰，人口自然增长率为 6.95‰。2013 年生产总值 409.96 亿元，第一、二、三产业完成生产总值分别为 22.37 亿元、264.94 亿元和 122.64 亿元，石嘴山主要种植粮食为稻谷、小麦、玉米、薯类、豆类，1993 年粮食总产量达 12.38 万 t，2000 年粮食总产量达 33.59 万 t，2007 年粮食总产量达 40.99 万 t，2014 年粮食总产量达 45.51 万 t。

　　吴忠市辖利通区、青铜峡、盐池县、同心县、红寺堡区，位于盆地南端，黄河穿城而过，是宁夏沿黄河城市带的核心区域，我国回族聚居区之一。截至 2013 年末，全市常住总人口 130.36 万人（其中回族占 52%），人口出生率为 14.87‰，死亡率为 4.42‰，人口自然增长率为 10.45‰。2013 年生产总值 193.52 亿元，第一、二、三产业完成生产总值分别为 32.75 亿元、92.54 亿元和 68.22 亿元。利通区和青铜峡市主要种植粮食为稻谷、小麦、玉米、薯类、豆类，1993 年粮食总产量达 12.21 万 t，2000 年粮食总产量达 39.65 万 t，2007 年粮食总产量达 45.44 万 t，2014 年粮食总产量达 46.47 万 t。

第二篇　关中、汉中盆地土地变化与生态效应

第三章 关中、汉中盆地土地利用变化

土地利用与土地覆盖变化（LUCC）是连接人类活动与自然生态过程的重要纽带，同时其变化直接或者间接影响着生物圈–大气圈的物质和能量交互、地表辐射强度、生物多样性、生物地球化学循环以及人类赖以生存的资源环境的可持续利用。土地利用与土地覆盖变化的研究越来越受国际学术界的重视，如"国际地圈与生物圈计划""国际全球环境变化人文因素计划"和"土地利用与土地覆盖变化科学研究计划"。2005 年启动全球土地计划（global land project，GLP），强调人类与环境耦合系统的综合集成与模拟研究。鉴于此，本章分别从土地利用类型变化、土地利用类型数量的变化、土地利用空间差异变化、土地利用程度变化和土地利用区域差异等方面，研究陕西河谷盆地土地利用与土地覆盖变化特征，提出资源环境可持续发展的战略，为区域生态经济发展提科学依据。

第一节 关中、汉中盆地土地利用变化幅度

根据实际调研数据和遥感影像进行分类，获取 1980 年、1995 年和 2010 年研究区土地利用情况（图 3-1，表 3-1），分析不同时期河谷盆地土地利用变化幅度及特征。

一、关中盆地土地变化幅度测评

关中盆地土地利用以耕地为主，其次是草地、林地、水域、建设用地和未利用地。1980～1995 年，关中盆地各类用地变化中，呈减少趋势的为林地、草地和未利用地，分别减少 0.44%、2.43%和 0.05%；呈增加的用地类型为耕地、水域和建设用地，分别增加 1.79%、0.06%和 1.07%。1995～2010 年，减少的用地类型为耕地、水域和未利用地，分别减少 2.13%、0.30%和 0.01%；增加的用地类型为林地、草地和建设用地，增加 1.07%、0.05%和 1.33%。从这几期土地利用变化来看，关中盆地耕地面积呈先增后减，林地和草地先减后增，建设用地一直在增加，未利用地一直在减少。从整个时期即 1980～2010 年的土地利用变化来看，建设用地和林地总体增加，分别增加了 2.40%和 0.62%；而耕地、草地、水域和未利用地都在减少，其中草地减少最多为 2.38%，其他的分别为 0.34%、0.24%和 0.06%。导致这一时期土地利用大幅变化的主要原因是社会经济发展，城市扩建，大量占

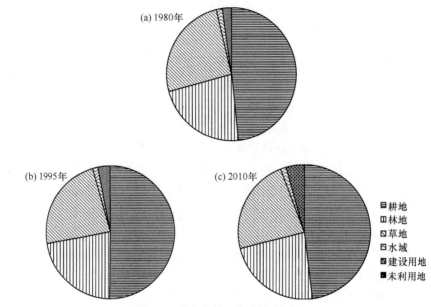

图 3-1　关中盆地三期土地利用情况

表 3-1　关中盆地土地利用变化幅度　　　　　　　　（单位：%）

年份	耕地	林地	草地	水域	建设用地	未利用地
1980～1995	1.79	−0.44	−2.43	0.06	1.07	−0.05
1995～2010	−2.13	1.07	0.05	−0.30	1.33	−0.01
1980～2010	−0.34	0.62	−2.38	−0.24	2.40	−0.06

用耕地或者其他用地，同时要保证粮食安全，将林地、草地或者未利用地开荒为耕地，使得各类用地之间发生转变。

二、汉中盆地土地变化幅度测评

汉中盆地用地类型（图 3-2，表 3-2）中，草地面积较大，其次是耕地，再次是林地，而水域、建设用地和未利用地所占比例都较小。1980～1995 年，汉中盆地各类用地变化中，耕地、建设用地和未利用地面积增加，分别增加 0.99%、0.08% 和 0.01%；而林地、草地和水域面积分别减少 0.53%、0.53%、0.01%。1995～2010 年，林地、草地和建设用地面积有所增加，分别增加 0.56%、0.52% 和 0.11%；而耕地、水域和未利用地分别减少 1.14%、0.05% 和 0.01%。各类用地这几期变化中，耕地面积先增后减，林地、草地和水域面积是先减后增，未利用地面积先增后减，而建设用地面积一直在增加。从整个时期（即 1980～2010 年）变化来看，建设用地增加最明显，增加了 0.19%，而林地增加较少，约为 0.03%；耕地、水域和草地都减少，其中耕地减少较多，为 0.15%，水域和草地减少较少，分别为 0.06%和 0.01%。综合汉中盆地土地利用变化，建设用地在增加，其他用地会发生相应的转变。主要原因是社会发展，城市扩建，大量占用耕地或者其他用地，实施占补平衡，占用的耕地要向林地、草地或者未利用地开荒为耕地，使得各类用地之间发生相应的转变。

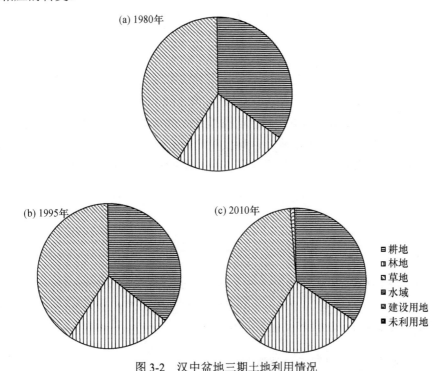

图 3-2 汉中盆地三期土地利用情况

表 3-2 汉中盆地土地利用变化幅度   （单位：%）

年份	耕地	林地	草地	水域	建设用地	未利用地
1980～1995	0.99	−0.53	−0.53	−0.01	0.08	0.01
1995～2010	−1.14	0.56	0.52	−0.05	0.11	−0.01
1980～2010	−0.15	0.03	−0.01	−0.06	0.19	−0.01

第二节 关中、汉中盆地土地利用变化程度

一、土地利用变化程度测评

目前分析区域土地利用变化率，大多数是通过某种土地类型的末期面积与初期面积之差与初期面积的比值来表示。而研究区域土地利用动态度则用土地利用

变化率与末期和初期时间跨度的商来表示。虽然这些方法在一定程度上可以反映出该地区的土地利用类型的数量变化，但不能全面、客观实际地反映出研究区的土地利用变化实际情况，因此，本书修正单一土地利用动态度以及对区域土地利用进行综合测评。

单一土地利用动态度模型公式为

$$K = \frac{U_2 - U_1}{U_1} \times \frac{1}{T} \times 100\% \qquad (3\text{-}1)$$

式中，K 表示某种土地类型的变化率；U_1 表示该土地类型的初期面积；U_2 表示该土地类型末期面积；T 表示该土地类型变化时的时间跨度，即初期到末期的研究时段。

从单一土地利用动态模型来看，该模型只是简单地反映出初期到末期该类型土地变化的数量，没能全面客观实际地反映出研究区的土地利用情况，而修正单一土地利用动态度模型能进一步反映出土地利用的实际情况。其模型为

$$\text{MD}_i = \frac{U_{(i,a)} - U_{(i \to i)}}{U_{(i,a)} \times T} \times 100\% \qquad (3\text{-}2)$$

$$\text{MRD} = \sum_{i=1}^{6} \frac{U_{(i,a)} - U_{(i \to i)}}{U_{(i,a)} \times T} \times 100\% \qquad (3\text{-}3)$$

式中，MD_i 表示修正土地利用动态度；$U_{(i,a)}$ 为初期某种土地利用面积；$U_{(i \to i)}$ 表示在研究时段内该土地利用类型面积没有变化的面积；T 表示该土地类型变化时的时间跨度；MRD 表示土地利用综合测度。

（一）关中盆地土地利用动态测度

通过修正模型计算研究各个土地利用类型的动态度（表 3-3），1980～1995 年关中盆地各类用地动态度排序：未利用地＞水域＞建设用地＞耕地＞林地＞草地，对应动态度值分别为：2.75%、1.29%、0.81%、0.21%、0.11%、0.09%，这个时期的综合测度值为 0.16%。1995～2010 年土地利用动态度，水域值最大为 4.81%，其次是未利用地为 4.46%，然后依次是建设用地、耕地、草地、林地，对应的值分别为：2.63%、0.89%、0.68%、0.62%，综合测度值为 0.53%。从两个时期比较来看，1995～2010 年的土地利用动态度要比 1980～1995 年的普遍要高，尤其是水域、建设用地、未利用地的动态度都比较高；后期（1995～2010 年）的土地利用综合测度值明显比前期（1980～1995 年）高。表明随着社会经济发展，人类对土地方式也发展了明显变化，对土地的利用程度也在不断提高。

表 3-3 陕西关中盆地土地利用动态度 （单位：%）

年份	耕地	林地	草地	水域	建设用地	未利用地	综合测度
1980~1995	0.21	0.11	0.09	1.29	0.81	2.75	0.16
1995~2010	0.89	0.62	0.68	4.81	2.63	4.46	0.53

（二）汉中盆地土地利用动态测度

从计算结果（表 3-4）来看，汉中盆地土地利用动态度中，1980~1995 年，未利用地值最高，为 2.30%；其次是水域，为 1.35%，其他依次为建设用地、耕地、林地到草地，对应的动态度值分别为 0.65%、0.29%、0.15%、0.12%，整个时期的综合测度值为 0.14%。从 1995~2010 年汉中盆地土地利用动态度变化中，与前期变化相似都是未利用地值最高，为 3.25%；其次是水域用地动态度值为 2.52%；其他依次为建设用地、耕地、草地、林地，对应动态度值依次为 1.73%、0.62%、0.46%、0.34%，这个时段的综合测度值为 0.48%。从两期变化来看，相同的都是未利用地、水域和建设用地的动态度较高，主要原因是人类活动在这些用地的开发利用较大，同时末期的综合测度比前期要明显，进一步说明人类活动对土地类型改变越来越明显。

表 3-4 陕西汉中盆地土地利用动态度 （单位：%）

年份	耕地	林地	草地	水域	建设用地	未利用地	综合测度
1980~1995	0.29	0.15	0.12	1.35	0.65	2.30	0.14
1995~2010	0.62	0.34	0.46	2.52	1.73	3.25	0.48

二、土地利用程度综合指数测算

土地利用程度模型反映土地本身的自然属性，同时也反映了人类因素与自然环境因素的综合效应。该模型是刘纪元（1992）从生态学的角度提出，按照土地自然综合体在社会因素影响下的自然平衡状态分为 4 个级，分别将分级指数设为 1、2、3、4（表 3-5）。

表 3-5 各类土地利用类型级别表

项目	未利用地级	林草水用地级	农业用地级	城镇聚落用地级
	未利用地	林地、草地、水域	耕地、园地、其他用地	居民点、工矿、特征、交通用地
分级指数	1	2	3	4

土地利用程度由土地利用程度综合指数和土地利用程度变化率来描述。土地利用程度综合指数定量化计算公式为

$$L = \sum_{i=1}^{n} A_i \times w_i \times 100 \qquad (3-4)$$

式中，L 为土地利用程度综合指数；A_i 为某种土地类型的利用程度级别指数；w_i 为某种土地类型的面积比例；n 为土地利用级别数。

土地利用程度变化率计算公式为

$$R = (L_b - L_a)/L_a \qquad (3\text{-}5)$$

式中，L_b，L_a 分别代表研究末期和初期的土地利用程度综合指数。当 $R>0$ 时，说明该区域土地利用处于发展时期；当 $R<0$ 时，说明区域土地利用程度处于调整期或者衰退期。

（一）关中盆地土地利用综合指数

从表3-6可以看出，1980年的土地利用综合指数为267.72，1995年的为268.85，1980～1995 年土地利用综合指数变化幅度为 0.4%，变化幅度较小，表明这个时期研究区土地利用程度处于调整或者衰退阶段（王秀兰等，1999）。而 2010 年的土地利用程度综合指数为 273.69，比 1995 年综合指数高 4.84，说明在这个时段土地利用程度有明显提高。

表 3-6　　1980～2010 年陕西关中盆地土地利用综合指数

项目	1980 年	1995 年	2010 年
土地利用综合指数	267.72	268.85	273.69

从图3-3来看，1980～1995 年和 1995～2010 年土地利用程度综合指数都增加，其土地利用程度变化率都大于 0，说明前期和后期的土地利用变化都属于发展时期。而 1995～2010 年比 1980～1995 年的变化更明显，后期的土地利用程度比前期的利用程度要高。

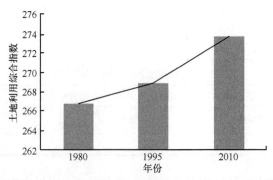

图 3-3　　1980～2010 年关中盆地土地利用程度综合指数

（二）汉中盆地土地利用综合指数

从表3-7来看，1980 年的土地利用综合指数为 264.01，1995 年的为 266.03，说明从 1980 到 1995 年土地利用综合指数变化幅度为 2.02，变化幅度较小，表明这个时期研究区土地利用程度处于发展阶段。而 2010 年的土地利用程度综合指数为 269.81，比 1995 年 266.03 要高 3.78，说明研究区域在这个时期土地利用程度有明显提高。

表 3-7　1980～2010 年陕西汉中盆地土地利用综合指数

项目	1980 年	1995 年	2010 年
土地利用综合指数	264.01	266.03	269.81

从图 3-4 来看，1980～1995 年，土地利用程度综合指数增加，其土地利用程度变化率大于 0，说明这个时期研究区处于发展阶段。而从 1995～2010 年，土地利用程度综合指数呈明显的上升，其土地利用程度变化率大于 0，同样说明这个时期土地利用处于发展时期，后期变化比前期变化更明显，进而说明 2010 年研究区土地利用的深度和广度不断加大。

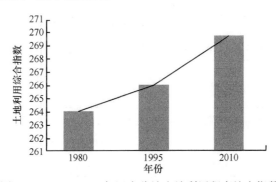

图 3-4　1980～2010 年汉中盆地土地利用程度综合指数

第三节　关中、汉中盆地土地利用变化转移特征

一、土地利用变化转移测评方法

目前，一般通过转移矩阵和转移空间来测评研究区的土地变化空间变化，使用的模型大多是马尔科夫转移矩阵。该方法是国际评价区域土地利用空间格局变化常用的一种方法，可以全面具体地了解到各类土地转移的具体情况。模型如下：

$$S_{ij} = \begin{bmatrix} S_{11} & S_{12} & \cdots & S_{1n} \\ S_{21} & S_{22} & \cdots & S_{2n} \\ \vdots & \vdots & & \vdots \\ S_{n1} & S_{n2} & \cdots & S_{nn} \end{bmatrix} \tag{3-6}$$

式中，S_{ij} 表示初期第 i 类土地利用类型转移为末期第 j 类土地利用类型的面积，$n=1$，2，$\cdots$，6 表示土地利用类型数，即 6 个一级分类。

　　同时分析初期单一地类变化流向末期各地类的占初期该地类百分比，以及初期各地类流入末期单一地类的占末期该地类百分比，便于进一步弄清研究时段各地类变化的驱动机制。计算公式为

$$B_{ij} = S_{ij} \bigg/ \sum_{j=1}^{6} S_{ij} \times 100\% \tag{3-7}$$

$$C_{ij} = S_{ij} \bigg/ \sum_{j=1}^{6} S_{ij} \times 100\% \tag{3-8}$$

式中，B_{ij}表示流出百分比，是初期单一地类转出量占该地类研究初期总面积百分比；C_{ij}表示流入百分比，是末期单一地类转入量占该地类研究末期总面积百分比。

二、河谷盆地土地利用转移特征

　　1980～1995 年关中盆地土地利用转移矩阵见表 3-8。

表 3-8　1980～1995 年关中盆地土地利用转移矩阵

土地利用类型		耕地	林地	草地	水域	建设用地	未利用地	1980 年合计
耕地	A	2360206.58	41093.24	125999.82	15679.45	141031.23	289.79	2684300.10
	B	95.57	3.13	8.77	18.08	61.23	2.93	
	C	87.93	1.53	4.69	0.58	5.25	0.01	
林地	A	18287.56	1207034.39	28728.83	554.66	2823.46	130.23	1257559.13
	B	0.74	91.79	2.00	0.64	1.23	1.32	
	C	1.45	95.98	2.28	0.04	0.22	0.01	
草地	A	68311.63	61186.82	1270522.08	5157.27	5602.14	380.83	1411160.77
	B	2.77	4.65	88.46	5.95	2.43	3.85	
	C	4.84	4.34	90.03	0.37	0.40	0.03	
水域	A	7014.55	730.12	8405.04	65196.87	930.84	1516.80	83794.22
	B	0.28	0.06	0.59	75.17	0.40	15.34	
	C	8.37	0.87	10.03	77.81	1.11	1.81	
建设用地	A	15796.21	877.53	2040.87	107.32	79757.06	0.00	98578.99
	B	0.64	0.07	0.14	0.12	34.63	0.00	
	C	16.02	0.89	2.07	0.11	80.91	0.00	

土地利用类型		耕地	林地	草地	水域	建设用地	未利用地	1980 年合计
未利用地	A	78.49	4018.50	604.46	41.24	169.61	7569.34	12481.65
	B	0.00	0.31	0.04	0.05	0.07	76.56	
	C	0.63	32.20	4.84	0.33	1.36	60.64	
1995 年合计		2469695.02	1314940.61	1436301.10	86736.80	230314.33	9886.99	5547874.85

注：A 为面积，单位为 hm^2；B 为转出率，C 转入率，单位均为%。下同。

　　耕地转出为其他用地中，转为建设用地最多为 5.25%，其次是转为草地约为 4.69%，其他从高到低依次是林地、水域、未利用地，对应占比 1.53%、0.58%、0.01%。其他用地转入为耕地中，草地转入最多占比为 2.77%，其次是林地转入占比为 0.74%，再次是建设用地转入为 0.64%，水域和未利用地转入较少，占比分别是 0.28%和 0.00%。

　　林地转出为其他用地中，转为草地最多占比为 2.28%，其次是转为耕地占比为 1.45%，转为其他用地高到低依次是建设用地、水域、未利用地，对应占比分别是 0.22%、0.04%、0.01%。而其他用地转入为林地中，草地转入最多占比为 4.65%、其次是耕地转入占比为 3.13%，其他转入从高到低依次是未利用地、建设用地、水域，对应占比分别是 0.31%、0.07%、0.06%。

　　草地转出为耕地、林地、水域、建设用地、未利用地百分比分别为 2.77%、4.65%、5.59%、2.43%、3.85%。而其他用地转入草地中，耕地转入最多为 8.77%，其次是林地转入为 2.00%，其他用地转入从高到低依次是水域、建设用地、未利用地，对应占比为 0.59%、0.14%、0.04%。

　　水域转出为耕地、林地、草地和未利用地百分比，依次为 8.37%、0.87%、10.03%、1.11%和 1.81%。而由其他用地转入为水域中，耕地转入最多为 18.08%，其次是草地转入为 5.95%，其他用地转入从高到低依次为林地、建设用地、未利用地，对应占比为 0.64%、0.12%、0.05%。

　　建设用地转出为其他用地中，建设用地转出为耕地较多为 16.02%，其次是转为草地，百分比为 2.07%，其他依次为林地、水域、未利用地，占比分别为 0.89%、0.11%、0.00%。而其他转入建设用地中，耕地转入最多为 61.23%，其他转入较少，高到低依次是草地、林地、水域、未利用地，对应占比为 2.43%、1.23%、0.40%、0.07%。

　　未利用地转出为耕地、林地、草地、水域、建设用地百分比分别为 0.63%、

32.20%、4.84%、0.33%、1.36%。而耕地、林地、草地、水域、建设用地转入未利用地百分比分别为 2.93%、1.32%、3.85%、15.34%、0.00%。

1980～1995 年汉中盆地土地利用转移矩阵见表 3-9。

表 3-9　1980～1995 年汉中盆地土地利用转移矩阵

土地利用类型		耕地	林地	草地	水域	建设用地	未利用地	1980 年合计
耕地	A	578530.94	15576.43	39006.10	1626.30	1021.25	28.45	635789.48
	B	91.17	3.43	5.38	10.39	17.67	28.14	
	C	90.99	2.45	6.14	0.26	0.16	0.00	
林地	A	8434.70	408517.41	26827.84	64.43	677.72	0.00	444522.10
	B	1.33	90.02	3.70	0.41	11.73	0.00	
	C	1.90	91.90	6.04	0.01	0.15	0.00	
草地	A	44354.70	29576.74	657957.27	409.79	733.16	45.34	733077.00
	B	6.99	6.52	90.83	2.62	12.69	44.84	
	C	6.05	4.03	89.75	0.06	0.10	0.01	
水域	A	1469.57	156.35	496.75	13543.05	120.99	27.32	15814.03
	B	0.23	0.03	0.07	86.56	2.09	27.02	
	C	9.29	0.99	3.14	85.64	0.77	0.17	
建设用地	A	1754.64	3.83	75.74	1.87	3225.56	0.00	5061.65
	B	0.28	0.00	0.01	0.01	55.82	0.00	
	C	34.67	0.08	1.50	0.04	63.73	0.00	
1995 年合计		634544.56	453830.76	724363.71	15645.44	5778.68	101.11	1834264.25

耕地转出为其他用地中，耕地转为草地最多，占比为 6.14%；其他是转为林地，百分比为 2.45%；转为其他由高到低依次排序为建设用地、水域、未利用地，百分比分别为 0.16%、0.26%、0.00%。而林地、草地、水域、建设用地转入为耕地的百分比分别为 1.33%、6.99%、0.23%、0.28%。

林地转出为其他用地中，转为草地最多占比为 6.04%，其次是转为耕地占比为 1.90%，转为其他用地由高到低依次是建设用地、水域、未利用地，对应占比分别是 0.15%、0.01%、0.00%。而其他用地转入为林地中，草地转入最多占比为 6.52%、其次是耕地转入占比为 3.43%，其他转入由高到低依次是水域、建设用地，对应占比分别是 0.03%、0.00%。

草地转出为耕地、林地、水域、建设用地、未利用地百分比分别为 6.05%、4.03%、0.06%、0.10%、0.01%。而其他用地转入草地中，耕地转入最多为 5.38%，其次是林地转入为 3.70%，其他用地转入由高到低依次是水域、建设用地，对应占比为 0.07%、0.01%。

水域转出为耕地、林地、草地、建设用地和未利用地的百分比依次为 9.29%、0.99%、3.14%、0.77% 和 0.17%。而由其他用地转入为水域中，耕地转入最多为 10.39%，其次是草地转入为 2.62%，其他用地转入由高到低依次为林地、建设用地，对应占比 0.41%、0.01%。

建设用地转出为其他用地中，建设用地转出为耕地较多为 34.67%，其次是转为草地，百分比为 1.50%，其他依次林地、水域、未利用地，占比分别为 0.08%、0.04%、0.00%。而耕地、林地、草地、水域、未利用地转入建设用地，对应占比为 17.67%、11.73%、12.69%、2.09%。

1995～2010 年关中盆地土地利用转移变化特征见表 3-10。

表 3-10 1995～2010 年关中盆地土地利用转移矩阵

土地利用类型		耕地	林地	草地	水域	建设用地	未利用地	1995 年合计
耕地	A	2296980	25733.93	80714.42	6917.849	52112.24	26.52699	2462485
	B	88.38	2.02	5.76	9.85	30.63	0.32	
	C	93.28	1.05	3.28	0.28	2.12	0.00	
林地	A	39841.89	1202052	67204.12	1112.237	2144.215	796.3345	1313151
	B	1.53	94.41	4.80	1.58	1.26	9.54	
	C	3.03	91.54	5.12	0.08	0.16	0.06	
草地	A	135041.5	42423.82	1244108	6219.434	4619.498	481.0709	1432893
	B	5.20	3.33	88.82	8.85	2.71	5.77	
	C	9.42	2.96	86.82	0.43	0.32	0.03	
水域	A	15380.61	452.3363	3407.734	53345.48	346.0246	7.845409	72940.03
	B	0.59	0.04	0.24	75.92	0.20	0.09	
	C	21.09	0.62	4.67	73.14	0.47	0.01	
建设用地	A	111372	2131.923	4719.023	1152.543	110920.4	45.7259	230341.6
	B	4.29	0.17	0.34	1.64	65.19	0.55	
	C	48.35	0.93	2.05	0.50	48.15	0.02	
未利用地	A	467.5759	382.6715	497.6119	1517.06	5.2684	6985.538	9855.725
	B	0.02	0.03	0.04	2.16	0.00	83.73	
	C	4.74	3.88	5.05	15.39	0.05	70.88	
2010 年合计		2599084	1273177	1400651	70264.6	170147.6	8343.041	5521666

耕地转出为其他用地中，转为草地最多占 3.28%，其次是建设用地占 2.12%，其他由大到小排序依次为林地、水域和未利用地，占比对应为 1.05%、0.28% 和

0.00%。而其他由用地转入为耕地的，最多的是草地，占比为 5.20%，其次是建设用地，占比为 4.29%，再次是林地，占比为 1.53%，水域和未利用地转入耕地占比较小，分别为 0.59%和 0.02%。从耕地的转入和转出来看，主要与草地和建设用地发生转移较多，原因主要是它们分布相互靠近，而人类活动改变用地方式，使得它们之间发生复杂变换。

林地转出为其他用地中，转为草地最多，占比为 5.12%，其次是转为耕地，占比为 3.03%，其他由高到低依次是建设用地、水域、未利用地，占比对应为 0.16%、0.08%、0.06%。而其他用地转入林地中，草地转入最多为 3.33%，其次是耕地占比为 2.02%，其他由高到低排序依次为建设用地、水域、未利用地，对应占比分别为 0.17%、0.04%、0.03%。从林地转移可以看出，林地与耕地和草地发生转移多。

草地转为其他用地中，转为耕地最多占比为 9.42%，其次是转为林地占比为 2.96%，其他由高到低依次是水域、建设用地、未利用地，对应占比分别为 0.43%、0.32%、0.03%。而其他用地转入为草地中，耕地转入最多为 5.76%，其次是林地为 4.80%，其他用地依次为建设用地、水域、未利用地，对应占比分别为 0.34%、0.24%、0.04%。从草地转移得出，其主要与草地和耕地发生变换。

水域转出为其他用地中，转为耕地较多占比为 21.09%，其次是草地占比为 4.67%，其他依次是林地、建设用地、未利用地，对应占比为 0.62%、0.47%、0.01%。而其他用地转入为水域的，耕地转入最多为 9.85%，其次是草地转入为 8.85%，林地、建设用地、未利用地转入为水域，百分比分别为 1.58%、1.64%、2.16%。可以看出，水域主要与耕地草地发生转移较多。

建设用地转出为耕地、林地、草地、水域、未利用地，占比分别为48.35%、0.93%、2.05%、0.50%、0.02%。而由耕地、林地、草地、水域、未利用地转入为建设用地为对应占比依次是 30.63%、1.26%、2.71%、0.20%、0.00%。从建设用地转移来看，建设用地主要与耕地发生较大转换，与其他用地转换较小。

未利用地转出为耕地、林地、草地、水域和建设用地占比对应为 4.74%、3.88%、5.05%、15.39%、0.05%。而由耕地、林地、草地、水域和建设用地转入为未利用地的分别为 0.32%、9.54%、5.77%、0.09%、0.55%。

1995~2010 年汉中盆地土地利用转移变化特征见表 3-11。

耕地转出为其他用地中，转出为草地最多，百分比为 6.99%；转出为其他用地中，由高到低排序依次是林地、建设用地、水域，百分比依次是 1.33%、0.28%、0.23%。而由其他用地转入为耕地中，林地、草地、水域和建设用地的百分比分别是 2.46%、6.17%、0.26%、0.16%。

林地转出为其他用地中，转为草地最多，百分比为 6.52%；其他是转为耕地，百分为 3.43%；转出为水域和建设用地百分比分别是 0.03%和 0.00%。由其他用地转入为林地中，草地转入最多，百分比为 6.02%；其次是耕地转入为 1.89%；而水域和建设用地转入较少，百分比分别为 0.01%和 0.15%。

表 3-11　1995～2010 年汉中盆地土地利用转移矩阵

土地利用类型		耕地	林地	草地	水域	建设用地	1995 年合计
耕地	A	578530.94	8434.70	44354.70	1469.57	1754.64	634544.56
	B	91.55	1.89	6.04	9.24	26.83	
	C	91.17	1.33	6.99	0.23	0.28	
林地	A	15576.43	408517.41	29576.74	156.35	3.83	453830.76
	B	2.46	91.65	4.03	0.98	0.06	
	C	3.43	90.02	6.52	0.03	0.00	
草地	A	39006.10	26827.84	657957.27	496.75	75.74	724363.71
	B	6.17	6.02	89.61	3.13	1.16	
	C	5.38	3.70	90.83	0.07	0.01	
水域	A	1626.30	64.43	409.79	13543.05	1.87	15645.44
	B	0.26	0.01	0.06	85.20	0.03	
	C	10.39	0.41	2.62	86.56	0.01	
建设用地	A	1021.25	677.72	733.16	120.99	3225.56	5778.68
	B	0.16	0.15	0.10	0.76	49.32	
	C	17.67	11.73	12.69	2.09	55.82	
未利用地	A	28.45	0.00	45.34	27.32	0.00	101.11
	B	0.00	0.00	0.01	0.17	0.00	
	C	28.14	0.00	44.84	27.02	0.00	
2005 年合计		631953.71	445728.82	734245.98	15896.06	6539.68	1834364.25

草地转出为耕地最多，百分比为 5.38%；其次是转出为林地，百分比为 3.70%；而转出为水域和建设用地较少，百分比分别为 0.07%和 0.01%。由其他用地转入为草地中，耕地转入最多，百分比为 6.04%；林地、水域、建设用地和未利用地转入为草地，百分比分别为 4.03%、0.06%、0.10%、0.01%。

水域转出为耕地、林地、草地、建设用地分别为 10.39%、0.41%、2.62%、0.01%。而耕地、林地、草地、建设用地和未利用地转入为水域百分比依次为 9.24%、0.98%、3.13%、0.76%、0.17%。

建设用地转出为耕地、林地、草地、水域百分比分别为 17.64%、11.73%、12.69%、2.09%。而有耕地、林地、草地、水域转入为建设用地中，百分比依次是 26.83%、0.06%、1.16%、0.03%。

　　综上所述，根据河谷盆地土地利用变化特征得出，随着社会的发展，城镇化加快，人类对土地利用的干扰越来越明显，使得各类用地之间发生明显的转变。例如，城市扩建，会大量占用城市周边的耕地或者其他用地，要确保粮食安全，应保证耕地平衡，向林地、草地或者未利用地开垦为耕地。从各类用地变化幅度和动态度可以看出，建设用地、耕地、水域和未利用地的变化较明显，原因是这些用地人为干扰较明显。1980～1995 年和 1995～2010 年，河谷盆地土地利用综合指数在不断地提高，说明后期的土地利用程度比前期的要高。表明人们在不断地提高土地利用程度，使有限的资源最大化，达到优化资源作用。

第四章　关中、汉中盆地生态系统服务功能物质量测评与变化分析

土地利用与土地覆盖变化（LUCC）直接影响生态系统时空格局变化，进而影响到生态系统服务功能。相反，生态系统服务功能的变化可反应区域土地变化所引发的生态效应。根据土地变化引起的生态效应特点，本章主要针对净初级生产力、涵养水源、土壤保持、固碳释氧等方面从生态服务功能的角度进行综合生态效应的测评与分析。

第一节　净初级生产力物质量测评与变化分析

净第一性生产力（net primary productivity，NPP）也称净初级生产力，是陆地植被通过光合作用固定太阳能的过程，指单位面积和单位时间内累积的有机干物质总量。植被净第一性生产力不仅是研究生态系统生态平衡和自身健康的重要指标，而且是调节生态过程和判定碳汇量的主要因子。动态监测 NPP 有助于区域动植物资源的可持续利用研究，可以为调节全球碳平衡、维护全球气候稳定和减缓温室效应等全球变化问题提供科学理论依据。

目前直接或者全面地测量植被净初级生产力相对较困难，通常利用 CASA（Carnegie-Ames-Stanford approach）遥感模型估算区域植被净生产力。CASA 遥感估算已经广泛应用于估算植被 NPP 模拟和碳循环研究中，该模型能较好地模拟区域植被净初级生产力时空特征，同时模拟结果与实测相接近，是估算植被净初级生产力典型模型之一。

一、模型构建与技术路线

（一）CASA 模型构建

植被净初级生产力估算模型主要是通过植被所吸收的光合有效辐射（absorbed photosynthetic active radiation，APAR）与光能转化率（ε）两个指标的乘积来确定。公式如下：

$$\mathrm{NPP}(x,T) = \mathrm{APAR}(x,t) \times \varepsilon(x,t) \tag{4-1}$$

式中，APAR（x，t）表示像元 x 在 t 月份吸收的光合有效辐射（MJ/m^2）；$\varepsilon(x,t)$

表示像元 x 在 t 月份的实际光能利用率（g C/MJ）。

1. 光合有效辐射（APAR）估算模型

植被所吸收的光合有效辐射根据太阳总辐射和植被对光合有效辐射的吸收比例来确定，计算公式为

$$\text{APAR}(x,t) = \text{SOL}(x,t) \times \text{FPAR}(x,t) \times 0.5 \tag{4-2}$$

$$\text{FPAR}(x,t) = \left[\text{FPAR}(x,t)_{\text{NDVI}} + \text{FPAR}(x,t)_{\text{SR}}\right] / 2 \tag{4-3}$$

$$\text{FPAR}(x,t)_{\text{NDVI}} = \frac{\left[\text{NDVI}(x,t) - \text{NDVI}_{i,\min}\right] \times \left(\text{FPAR}_{\max} - \text{FPAR}_{\min}\right)}{\left(\text{NDVI}_{i,\max} - \text{NDVI}_{i,\min}\right)} + \text{FPAR}_{\min}$$

$$\tag{4-4}$$

$$\text{SR}(x,t) = \frac{\left[1 + \text{NDVI}(x,t)\right]}{\left[1 - \text{NDVI}(x,t)\right]} \tag{4-5}$$

$$\text{FPAR}(x,t)_{\text{SR}} = \frac{\left[\text{SR}(x,t) - \text{SR}_{i,\min}\right] \times \left(\text{FPAR}_{\max} - \text{FPAR}_{\min}\right)}{\left(\text{SR}_{i,\max} - \text{SR}_{i,\min}\right)} + \text{FPAR}_{\min} \tag{4-6}$$

式中，SOL (x, t) 表示 t 月份像元 x 处的太阳总辐射量，单位为 MJ/m²；FPAR (x, t) 是植被层对入射光合有效辐射的吸收比例；0.5 为植被所能利用的太阳有效辐射占太阳总辐射的比例常数；FPAR $(x, t)_{\text{NDVI}}$ 表示归一化植被指数（NDVI）计算得的植被层对入射光合有效辐射的吸收比例；FPAR $(x, t)_{\text{SR}}$ 分别表示比值植被指数（SR）计算而得的植被层对入射光合有效辐射的吸收比例；$\text{FPAR}_{\max}$ 和 $\text{FPAR}_{\min}$ 为常数，分别为 0.95 和 0.001，其值与植被类型无关；$\text{NDVI}_{\max}$ 以及 $\text{NDVI}_{\min}$ 分别表示的是第 i 种植被类型的 NDVI 最大值和最小值；$\text{SR}_{\max}$ 和 $\text{SR}_{\min}$ 分别为第 i 种植被类型的 SR 最大值和最小值。本书的 NDVI 和 SR 最大值和最小值采用朱文泉（2007）的模拟结果（表 4-1）。

表 4-1　NDVI 和 SR 最大值和最小值

代码	植被类型	$\text{NDVI}_{\max}$	$\text{NDVI}_{\min}$	$\text{SR}_{\max}$	$\text{SR}_{\min}$
1	落叶针叶林	0.738	0.023	6.63	1.05
2	常绿针叶林	0.647	0.023	4.67	1.05
3	常绿阔叶林	0.676	0.023	5.17	1.05
4	落叶阔叶林	0.747	0.023	6.91	1.05
5	灌丛	0.636	0.023	4.49	1.05
6	疏林	0.636	0.023	4.49	1.05
7	其他	0.634	0.023	4.46	1.05

每日太阳总辐射计算公式为

$$R = R_0 \left[a + b \left(\frac{S}{S_0} \right) \right] \tag{4-7}$$

式中，R 为日总辐射；R_0 为日天文辐射量[MJ/（$m^2 \cdot d$）]；a 和 b 为系数；S/S_0 是实际日照时数与可日照时数的比值。a 和 b 的取值采用宋富强等（2011）太阳辐射模拟结果（表 4-2）。通过将 7 站的实测值与据公式计算所得值相比较，可以知计算结果的相对误差仅为 5%～10%，均在允许的范围以内。

表 4-2 中国典型植被类型最大光能转化率（宋富强等，2011）（单位：g C/MJ）

项目	落叶针叶林	常绿针叶林	落叶阔叶林	常绿阔叶林	针阔混交林	常绿落叶阔叶混交林	灌丛	草地	耕地	其他
最大光能转化率模拟值	0.485	0.389	0.692	0.985	0.475	0.768	0.429	0.542	0.542	0.542

根据高国栋等（1996）的研究，日天文辐射量为

$$R_0 = T \times I_0 \left(\omega \sin\varphi \sin\delta + \cos\varphi \cos\delta \cos\omega \right) / \pi \times \rho^2 \tag{4-8}$$

式中，I_0 为太阳常数（I_0=1367W/m^2），其小时累计值为 4.921MJ/（$m^2 \cdot h$）；T 按一日计算（T=24h）；ω 为日出没时角；ρ 为相对日地距离；φ 为地理纬度；δ 为太阳赤纬。

ρ 和 δ 的计算公式为

$$\rho = 1 + 0.033 \cos\left(\frac{2\pi}{365} J \right) \tag{4-9}$$

$$\delta = 0.406 \sin\left(\frac{2\pi}{365} J - 1.39 \right) \tag{4-10}$$

式中，J 为该年中所述的天数。日出没时角 ω 的计算公式为

$$\omega = \arccos\left(-\tan\varphi \tan\delta \right) \tag{4-11}$$

2. 光能转化率（ε）计算

光能转化率是指植被把所吸收的光合有效辐射（PAR）转化为有机碳的效率。实际光能利用率的计算公式为

$$\varepsilon(x,t) = f_1(x,t) \times f_2(x,t) \times w(x,t) \times \varepsilon_{max} \tag{4-12}$$

$$f_1(x,t) = \begin{cases} 0.8 + 0.02 T_{opt}(x) - 0.0005 \left[T_{opt}(x) \right]^2 & [T(x,t) > -10] \\ 0 & [T(x,t) < -10] \end{cases} \tag{4-13}$$

当 $T(x,t) - T_{opt}(x) > 10$ 或者 $T(x,t) - T_{opt}(x) < -13$ 时

$$f_2(x,t) = \frac{1.1814 \left(1 + e^{-3} \right)}{2 \left(1 + e^{-2} \right)} \tag{4-14}$$

否则

$$f_2\left(x,t\right)=\frac{1.184\left\{1+\exp\left[0.3\left(-T_{\mathrm{opt}}\left(x\right)-10+T\left(x,t\right)\right)\right]\right\}}{1+\exp\left[0.2T_{\mathrm{opt}}\left(x\right)-10-T_{\mathrm{opt}}\left(x\right)\right]} \tag{4-15}$$

$$w\left(x,t\right)=0.5+0.5E\left(x,t\right)/\mathrm{EP}\left(x,t\right) \tag{4-16}$$

式中，$\varepsilon\left(x,t\right)$ 为像元 x 在 t 月份的实际光能利用率；$f_1\left(x,t\right)$ 为低温胁迫指数；$f_2\left(x,t\right)$ 为高温胁迫指数；$w\left(x,t\right)$ 为水分胁迫系数，反映水分条件的影响；$\varepsilon_{\max}$ 为理想条件下的最大光能转化率（g C/MJ），采用根据朱文泉（2007）模拟值（表 4-2）；$T_{\mathrm{opt}}\left(x\right)$ 为区域年内 NDVI 值达到最高时当月的平均气温；$T\left(x,t\right)$ 表示 t 月的平均气温；$\mathrm{EP}\left(x,t\right)$ 表示研究区的潜在蒸散量（mm/月）；$E\left(x,t\right)$ 表示研究区的实际蒸散量（mm/月）；潜在蒸散量和实际蒸散量采用朱文泉等（2007）的研究方法获得。

E 为估算的实际潜在蒸散量（mm），可根据周广胜等（1995）建立的区域实际蒸散模型计算：

$$E=\frac{\left[PR_{\mathrm{net}}\left(P^2+R_{\mathrm{net}}^2+PR_{\mathrm{net}}\right)\right]}{\left[\left(P+R_{\mathrm{net}}\right)\times\left(P^2+R_{\mathrm{net}}^2\right)\right]} \tag{4-17}$$

式中，P 表示降水量（mm）；R_{net} 表示净辐射量（mm）。

根据联合国粮食与农业组织（Food and Agriculture Organization of the United States，FAO）推荐，作物参考蒸散量定义假设表面开阔、具有充足水分、生长茂盛，而且均一高度为 0.12m 的草地的蒸散量，表明阻抗为 70s/m，反照率 $a=0.23$。潜在蒸散量（EP）计算公式为

$$\mathrm{EP}=\frac{0.408\varDelta\left(R_n-G\right)+\gamma\dfrac{900}{T+273}u_2\left(e_{\mathrm{s}}-e_{\mathrm{a}}\right)}{\varDelta+r\left(1+0.34e_{\mathrm{s}}\right)} \tag{4-18}$$

式中，EP 表示参考作物蒸散发能力（mm/d）；$\varDelta$ 为饱和水汽压-温度曲线斜率（kPa/℃）；R_n 为作物表面的净辐射 $[\mathrm{MJ}/\left(\mathrm{m}^2\cdot\mathrm{d}\right)]$；$G$ 为土壤热通量 $[\mathrm{MJ}/\left(\mathrm{m}^2\cdot\mathrm{d}\right)]$；$\gamma$ 为干湿表常数（kPa/℃）；T 为 2m 处的日均气温（℃）；e_{a} 为实际水汽压（kPa）；e_{s} 为饱和水汽压（kPa）；u_2 为 2m 处的风速（m/s），各种参数计算方法详见相关文献（Liu et al.，2008；Wang et al.，2005）。

（二）技术路线

根据模型以及模型中所涉及数据，研究的技术路线见图 4-1。

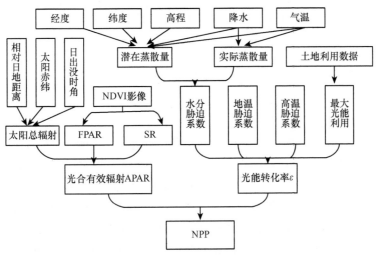

图4-1　NPP计算技术路线图

二、NPP测评结果与变化分析

（一）陕西河谷盆地植被净初级生产力物质量年际变化

从图4-2和表4-3可以得出，关中NPP物质量年际变化呈上升趋势，增速约为0.0142×10⁵t/a，表明整个时期关中盆地生态有所改善。其中在1982～1989年，关中盆地植被净初级生产力物质量年际变化呈弱下降趋势，降速约为0.004×10⁵t/a；1990～1999年，植被净初级生产力物质量年际变化呈下降趋势更明显，降速约为0.533×10⁵t/a；2000～2011年，植被净初级生产力物质量年际变化开始有所回升，增幅约为0.992×10⁵t/a。整体看关中盆地植被净初级生产力物质

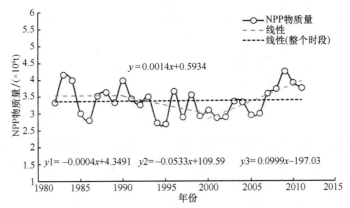

图4-2　关中盆地植被净初级生产力物质量年际变化

$y1$是1982～1989年拟合；$y2$是1990～1999年拟合；$y3$是2000～2011年拟合。下同

表 4-3 关中盆地 NPP 物质量各时段变化率

项目	整个时段	1982~1989 年	1990~1999 年	2000~2011 年
变化率/（×10⁵t/a）	0.0142	−0.004	−0.533	0.992

量年际变化呈先降后升走向，1982~1989 年变化趋势较小，1990~1999 年开始出现转折，2000~2011 年逐渐回升。

汉中盆地植被净初级生产力物质量年际变化呈上升趋势（图 4-3，表 4-4），增速约为 $0.002×10^5$t/a。其中在 1982~1989 年，汉中盆地植被净初级生产力物质量年际变化呈弱的上升趋势，增速约为 $0.112×10^5$t/a；1990~1999 年，汉中盆地植被净初级生产力物质量年际变化呈下降趋势，降幅约为 $0.611×10^5$t/a。2000~2011 年，植被净初级生产力物质量年际变化开始有所回升，增幅约为 $0.847×10^5$t/a。整体来看，汉中盆地植被净初级生产力物质量年际变化，80 年代变化趋势较小，90 年代出现明显下降趋势，21 世纪初呈明显上升趋势。

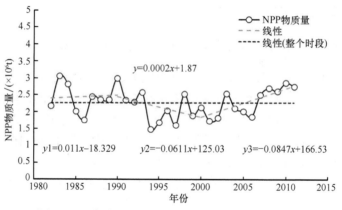

图 4-3 汉中盆地植被净初级生产力物质量年际变化

表 4-4 汉中盆地 NPP 物质量各时段变化率

项目	整个时段	1982~1989 年	1990~1999 年	2000~2011 年
变化率/（×10⁵t/a）	0.002	0.112	−0.611	0.847

综上所述，两个盆地植被净初级生产力物质量年际变化相似，都呈先降后升走向，在 1982~1989 年变化幅度较小，1990~1999 年出现明显的下降趋势，2000~2011 年出现明显回升现象。

（二）关中盆地植被净初级生产力物质量空间分布特征

关中盆地植被净初级生产力物质量空间分布特征见图 4-4。根据图 4-4 得出，关中盆地植被净初级生产力单位面积物质量多年均值在 1.54～14.49t/hm²,其中高值区域主要分布在坡度较大的、人类活动较少地区,而低值区域主要分布在城市密集地区,以及人类活动较频繁区域。从值域范围统计来看,值小于等于 3.00t/hm² 的面积约占区域的 5.49%,值在 3.00～4.00t/hm² 的约占区域的 10.22%,值在 4.00～5.00t/hm² 的约占区域的 20.62%,值在 5.00～6.00t/hm² 的约占区域的 22.44%,值在 6.00～7.00t/hm² 的约占区域的 14.71%,值在 7.00～8.00t/hm² 的约占区域的 11.63%,值在 8.00～9.00t/hm² 的约占区域的 9.43%,大于 9.00t/hm² 的约占区域的 5.46%,从值域范围统计可以得出,关中盆地植被净初级生产力物质量单位面积物质量值主要在 4.00～8.00t/hm²。

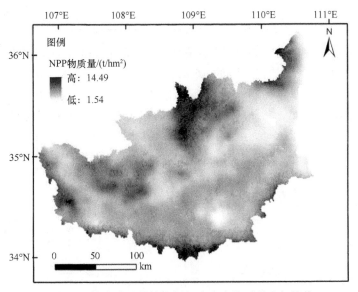

图 4-4　关中盆地植被净初级生产力物质量多年均值

　　关中盆地植被净初级生产力单位面积物质量年代均值空间变化特征见图 4-5。从图 4-5 可得出,1982～1989 年关中盆地植被净初级生产力物质量空间分布特征,低值主要出现在渭南部分地区,高值主要出现在铜川地区以及关中盆地靠近秦岭一带,其他大部分区域的值域都在 4.00～8.00t/hm²。其中植被净初级生产力单位面积物质量统计中,值小于等于 3.00t/hm² 的面积约占区域的 5.32%,值在 3.00～4.00t/hm² 的约占区域的 9.21%,值在 4.00～5.00t/hm² 的约占区域的 19.03%,值在 5.00～6.00t/hm² 的约占区域的 23.91%,值在 6.00～7.00t/hm² 的约占区域的 15.01%,值在 7.00～8.00t/hm² 的约占区域的 12.30%,值在 8.00～9.00t/hm² 的约占区域的 9.27%,大于 9.00t/hm² 的约占区域的 5.95%[图 4-5（a）]。1990～1999 年关中盆地植被净初级生产力物质量空间分布特征与 1982～1989 年相似,都是高值主要出现在铜川地区和靠近秦岭一带地区，低值主要出现在渭南地区，只是高值范围在减少，低值区域在增大。其中植被净初级生产力单位面积物质量统计中，值小于等于 3.00t/hm² 的约占区域的 7.04%，值在 3.01～4.00t/hm² 的约占区域的 12.66%，值在 4.01～5.00t/hm² 的约占区域的 22.76%，值在 5.01～6.00t/hm² 的约占区域的 21.48%，值在 6.01～7.00t/hm² 的约占区域的 13.52%，值在 7.01～8.00t/hm² 的约占区域的 10.26%，值在 8.01～9.00t/hm² 的约占区域的 8.32%，大于 9.00t/hm² 的约占区域的 3.96%[图 4-5（b）]。2000～2011 年关中盆地植被净初级生产力物质量空间分布特征与 1982～1989 年和 1990～1999 年相似，都是高值主要出现在铜川地区和靠近秦岭一带地区，低值主要出现在渭南地区，高值区域范围进一步减少，低值范围进一步增大。其中植被净初级生产力单位面积物质量统计中，值小于等于 3.00t/hm² 的约占区域的 4.11%，值在 3.01～4.00t/hm² 的约占区域的 8.79%，值在 4.01～5.00t/hm² 的约占区域的 20.07%，值在 5.01～6.00t/hm² 的约占区域的 21.92%，值在 6.01～7.00t/hm² 的约占区域的 15.61%，值在 7.01～8.00t/hm² 的约占区域的 13.33%，值在 8.00～9.00t/hm² 的约占区域的 10.70%，大于 9.00t/hm² 的约占区域的 6.47%[图 4-5（c）]。从年代空间变化来看，1980 年代到 90 年代的变化中，高

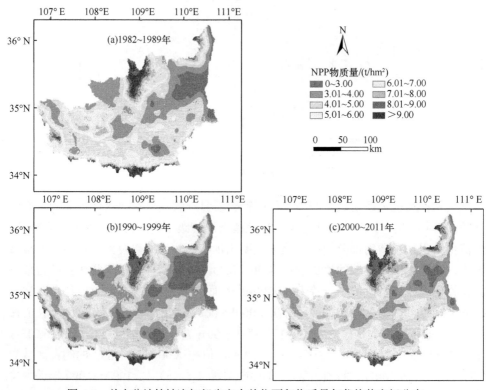

图 4-5　关中盆地植被净初级生产力单位面积物质量年代均值空间分布

值区域缩减，低值区域增加；而 1990 年代到 21 世纪初，高值区域有所增加，低值区域明显减少。这表明在早期人类对生态环境变化的影响较小；中期，社会发展，人类活动频繁，对生态环境的破坏越来越明显，以至于 NPP 物质量高值区域减少，低值增加；而到末期，高值区域增加，低值区域减少，主要原因是人们意识到生态环境破坏的严重性，政府重视和出台一系列生态环境保护的政策和措施，使得生态环境有所改善。

（三）汉中盆地植被净初级生产力物质量空间分布特征

1980～2010 年汉中盆地植被净初级生产力单位面积物质量多年均值空间分布特征见图 4-6。图 4-6 呈南北递增现象，单位面积物质量值域范围为 1.86～12.18t/hm²，在区域北部靠近秦岭一侧地区出现高值中心，在盆地中部以及西部出现低值中心。根据汉中盆地植被净初级生产力单位面积物质量值域分布来看，值小于等于 3.00t/hm² 的面积约占区域的 8.79%，值在 3.01～4.00t/hm² 的约占区域的 10.53%，值在 4.01～5.00t/hm² 的约占区域的 16.82%，值在 5.01～6.00t/hm² 的约占区域的 18.52%，值在 6.01～7.00t/hm² 的约占区域的 14.37%，值在 7.01～8.00t/hm² 的约占区域的 13.12%，值在 8.01～9.00t/hm² 的约占区域的 10.47%，大于 9.00t/hm² 的约占区域的 7.39%。这说明该区域植被净初级生产力单位面积物质量值域主要在 4.00～8.00t/hm²，其空间分布特征较明显，中部为低值区域，北部为高值区域。

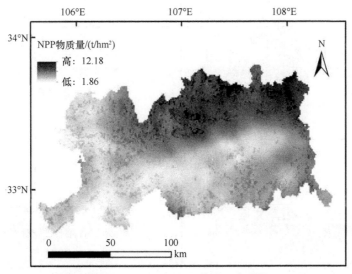

图 4-6　汉中盆地植被净初级生产力单位面积物质量多年均值空间分布

汉中盆地植被净初级生产力单位面积物质量年代均值空间变化特征见图 4-7。1982～1989 年植被净初级生产力单位面积物质量年代均值空间特征为，高值中心出现在区域北部地区，低值中心出现在中部和西部地区。值域变化中，值小于等于 3.00t/hm² 的面积约占区域的 8.01%，值在 3.01～4.00t/hm² 的约占区域的 10.21%，值在 4.01～5.00t/hm² 的约占区域的 16.03%，值在 5.01～6.00t/hm² 的占区域的 18.73%，值在 6.01～7.00t/hm² 的约占区域的 15.01%，值在 7.01～8.00t/hm² 的约占区域的 13.62%，值在 8.01～9.00t/hm² 的约占区域的 11.17%，大于 9.00t/hm² 的约占区域的 7.22%[图 4-7（a）]。1990～1999 年植被净初级生产力单位面积物质量年代均值空间特征与 1982～1989 年相似，都是高值中心出现在区域北部地区，低值中心出现在中部和西部地区，只是高值区域有所缩减，低值区域有所增加。其值域变化中，值小于等于 3.00t/hm² 的约占区域的 10.42%，值在 3.01～4.00t/hm² 的约占区域的 11.58%，值在 4.01～5.00t/hm² 的约占区域的 17.69%，值在 5.01～6.00t/hm² 的约占区域的 18.21%，值在 6.01～7.00t/hm² 的约占区域的 14.24%，值在 7.01～8.00t/hm² 的约占区域的 12.04%，值在 8.01～9.00t/hm² 的约占区域的 9.52%，大于 9.00t/hm² 的约占区域的 6.80%[图 4-7（b）]。2000～2011 年植被净初级生产力单位面积物质量年代均值空间特征与 1982～1989 年和 1990～1999 年相似，都是高值中心出现在区域北部地区，低值中心出现在中部和西部地区，只是高值区域范围缩减更明显，低值区域范围增加更显著。其中值域变化中，值小

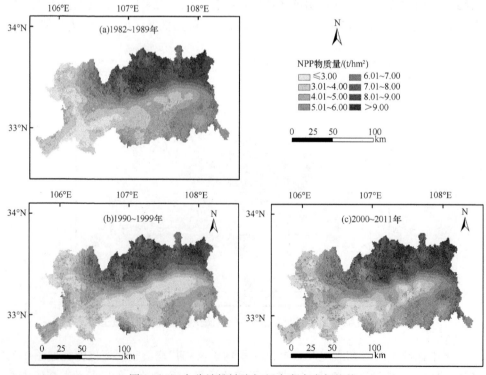

图 4-7　汉中盆地植被净初级生产力多年均值

于等于 3.00t/hm² 的约占区域的 7.94%，值在 3.01～4.00t/hm² 的约占区域的 9.79%，值在 4.01～5.00t/hm² 的约占区域的 16.73%，值在 5.01～6.00t/hm² 的约占区域的 18.61%，值在 6.01～7.00t/hm² 的约占区域的 13.85%，值在 7.01～8.00t/hm² 的约占区域的 13.71%，值在 8.01～9.00t/m² 的约占区域的 11.23%，大于 9.00t/hm² 的约占区域的 8.14%[图 4-7（c）]。综合汉中盆地植被净初级生产力年代变化来看，其空间分布都相似，只是高值和低值范围有所变化。这表明在早期，人类对生态环境变化的影响较小；到中期，高值区域减少，低值区域增加，这是社会发展和人类活动使生态环境出现退化；到了末期，高值区域增加，低值区域有所减少，这与人们对生态环境保护的意识增强，以及相关政策和措施的实施有关。

第二节　涵养水源物质量测评与变化分析

涵养水源功能主要通过陆地表面的植被覆盖防止降雨迅速形成地表径流而流失，枯枝落叶以及地表覆盖的腐殖质层对地表水分进行吸附，土壤内部的空隙结构对降雨进行存贮并能达到补充地下水资源，从而完成并改善水循环的功能。

当前该区可利用的水资源普遍紧缺，一方面是水资源分布不均导致区域性缺水；另一方面是人类对水资源需求增加加剧了水资源的短缺。生态系统在地球水循环中起调节器和稳定水源供应的作用，而农田生态系统是受人类强烈干预的具有截流蓄水的生态系统。生态系统水源涵养服务功能及其经济价值日益受到国内外学者的重视。本节应用蓄水能力模型以及替代工程模型对研究区植被涵养水源的物质量和价值量进行综合测算。

一、模型构建与技术路线

（一）涵养水源物质量测评模型

蓄水能力法估算有综合蓄水能力法和土壤蓄水估算法两种。

（1）综合蓄水能力法。该法考虑冠层、枯枝物层和土壤层的水分截留。计算公式为

$$Q = Q_1 + Q_2 + Q_3 \tag{4-19}$$

式中，Q 为研究区植被涵养水源总物质量；Q_1 为植被的林冠截流量；Q_2 为枯枝落叶的吸持水分能力截流量；Q_3 为土壤的最大持水能力即土壤层截流量。

林冠层截留物质量计算公式为

$$Q_1(t) = P \times L \times A \times 10 \tag{4-20}$$

式中，P 为降水量（mm）；L 为林冠截留率（%）；A 为面积（hm²）。

枯枝落叶层物质量估算公式为

$$Q_2(t) = WswaA \tag{4-21}$$

式中，$Q_2(t)$ 为枯枝落叶层物质量；W 为枯枝落叶层的干重（t/hm^2）；swa 为饱和吸水率。

土壤层截留物质量计算公式为

$$Q_3(t) = \sum_{i=1}^{65} FMC \times A \times h_i \times 10^4 \tag{4-22}$$

式中，FMC 为田间最大持水量；h_i 为第 i 种土壤的厚度。

田间最大持水量的计算公式为

$$FMC = 0.003075n_1 + 0.005886n_2 + 0.008039F + 0.002208Q_a - 0.1434R$$
$$\tag{4-23}$$

式中，n_1 为土壤砂粒含量百分比；n_2 为土壤粉砂粒含量百分比；F 为土壤黏粒含量百分比；O_a 是土壤有机质含量（%）；R 是土壤容重（g/cm^3）。

（2）土壤蓄水估算。该法认为土壤层的涵养水源物质量就是最终涵养，只是考虑土壤层的水分截留量。计算公式为

$$Q = \sum S_i h_i v_i \tag{4-24}$$

式中，S_i 为土壤的面积（hm^2）；h_i 为土壤深度；v_i 为土壤非毛管孔隙度。

或者是：

$$Q = \sum v_i S_i (1 - I_i) \times 10 \tag{4-25}$$

式中，S_i 表示土壤的面积（hm^2）；I_i 表示第 i 种森林的林冠截留率。

（二）计算路线

本节主要是估算研究区植被涵养水源物质量和价值量，所需数据包括研究区的土地利用数据、气象数据和土壤数据。具体操作技术路线见图 4-8。

（1）参考相关文献，对研究区不同植被类型的截留率、枯枝落叶层的持水率、和土壤的粉砂粒含量、沙粒含量以及有机质含量进行统计，建立相关数据库。

（2）通过 ANUSPLIN 4.2 对研究区 1982～2011 年的年降水量进行空间插值，选用 Krasovsky1940 椭球体，投影方式为 Albers，分辨率为 $1km^2$，与本书所有栅格数据的投影和分辨率都一致。

（3）根据公式，通过 MATLAB 计算出研究区的林冠截留量、枯枝落叶层截留量和土壤截留量，最后算出总物质量。

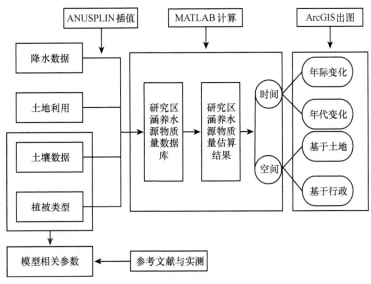

图4-8 涵养水源物质量估算技术路线

二、涵养水源物质量测评结果与变化分析

（一）陕西河谷盆地涵养水源物质量年际变化特征

通过涵养水源估算模型测算陕西河谷盆地涵养水源物质量变化特征，其中关中盆地涵养水源物质量年际变化特征见图4-9、表4-5。从图4-9中可以看出，1992~2011 年关中盆地涵养水源物质量年际变化呈弱的增加趋势，增速约为 0.057×10^6t/a。从年代角度来看，1982~1989 年关中盆地涵养水源物质量年际变化呈增加趋势，增速约为 0.793×10^6t/a；1990~1999 年该盆地涵养水源物质量年际变化呈

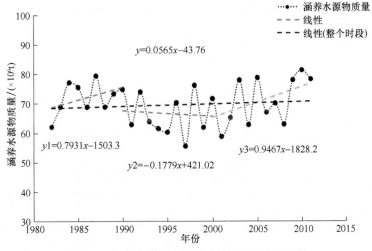

图4-9 关中盆地植被涵养水源物质量年际变化

表 4-5　关中盆地涵养水源物质量各时段变化率

项目	整个时段	1982~1989 年	1990~1999 年	2000~2011 年
变化率/（×10⁶t/a）	0.057	0.793	-0.178	0.947

减少趋势，降幅约为 $0.178×10^6$t/a；到 2000~2011 年，关中盆地涵养水源物质量年际变化开始有所增加，增速约为 $0.947×10^6$t/a。从整体来看关中盆地涵养水源物质量变化，变化特征呈"升—降—升"走势，1982~1989 年呈上升趋势，1990~1999 年开始出现转折，2000~2011 年呈逐渐上升趋势。

　　汉中盆地涵养水源物质量年际变化特征见图 4-10、表 4-6。从图 4-10 可见，1982~2011 年汉中盆地涵养水源物质量变化呈增加趋势，但增加程度较弱，增速约为 $0.057×10^6$t/a。从年代变化来看，1982~1989 年汉中盆地涵养水源物质量变化呈下降趋势，降幅约为 $0.174×10^6$t/a；1990~1999 年汉中盆地涵养水源物质量年际变化出现一次明显的下降趋势，降幅约为 $1.489×10^6$t/a；2000~2011 年盆地涵养水源物质量年际变化呈增加趋势，增速约为 $1.397×10^6$t/a。整个时段的变化，汉中盆地涵养水源物质量年际变化呈先降后升走势，1982~1989 年变化减少趋势相对缓慢，1990~1999 年出现明显的减少趋势，到 2000~2011 年就开始呈上升趋势，整个过程变化波动性较大。

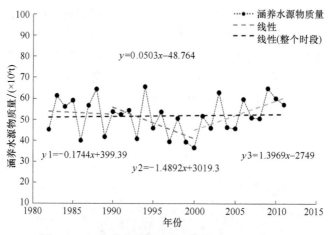

图 4-10　汉中盆地植被涵养水源物质量年际变化

表 4-6　汉中盆地涵养水源物质量各时段变化率

项目	整个时段	1982~1989 年	1990~1999 年	2000~2011 年
变化率/（×10⁶t/a）	0.057	-0.174	-1.489	1.397

（二）陕西河谷盆地涵养水源物质量空间变化特征

陕西河谷盆地涵养水源物质量多年均值空间分布特征见图4-11。从图4-11可以看出，关中盆地和汉中盆地涵养水源物质量分布特征存在明显不同。关中盆地涵养水源物质量多年均值空间分布中，低值主要分布在盆地中部地区，高值分布在盆地周边较大坡度地区，而汉中盆地保水物质量多年均值分布无明显空间差异，相对关中盆地而言值较小。从关中盆地保水物质量多年均值统计来看，值在 $0\sim30.0t/hm^2$ 的区域约占该盆地的1.52%，主要集中分布在盆地中部地区；值在 $30.1\sim60.0t/hm^2$ 的区域约占关中盆地的9.69%；值在 $60.1\sim90.0t/hm^2$ 的约占关中盆地的62.75%；值在 $90.1\sim120.0t/hm^2$ 的约占关中盆地的16.75%；值在 $120.1\sim150.0t/hm^2$ 的区域约占关中盆地的6.82%；值大于 $150.0t/hm^2$ 的约占关中盆地的2.46%。从汉中盆地涵养水源物质量多年均值统计来看，值在 $0\sim30.0t/hm^2$ 的约占该盆地的1.69%；值在 $30.1\sim60.0t/hm^2$ 的区域约占关中盆地的27.32%；值在 $60.1\sim90.0t/hm^2$ 的约占关中盆地的42.70%；值在 $90.1\sim120.0t/hm^2$ 的约占关中盆地的19.40%；值在 $120.1\sim150.0t/hm^2$ 的约占关中盆地的8.83%；值大于 $150.0t/hm^2$ 的区域为0.06%。

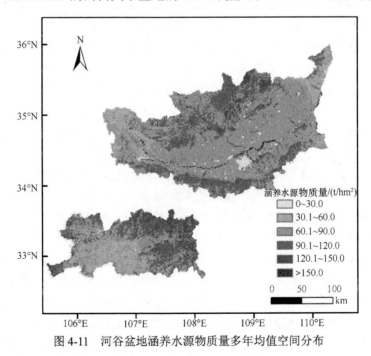

图4-11　河谷盆地涵养水源物质量多年均值空间分布

（三）陕西河谷盆地涵养水源物质量年代空间分布特征

从年代变化角度分析河谷盆地植被涵养水源物质量空间变化特征见图4-12。从图4-12（a）可以看出，1982～1989年，在坡度较大地区，也就是人类活动较少的地区，主要以林地为主的地块其涵养水源单位面积物质量值较高；而在坡度较小的地区，主要以耕地为主，其涵养水源单位面积物质量值较低。从盆地涵养水源单位面积物质量统计来看，关中盆地中，值在 0～30.0t/hm² 的区域约占该盆地的 1.05%，主要集中分布在盆地中部地区；值在 30.1～60.0t/hm² 的区域约占关中盆地的 9.76%；值在 60.1～90.0t/hm² 的约占关中盆地的 62.71%；值在 90.1～120.0t/hm² 的区域约占关中盆地的 16.23%；值在 120.1～150.0t/hm² 的约占关中盆地的 7.1%；值大于 150.0t/hm² 的约占关中盆地的 3.15%。从汉中盆地涵养水源物质量多年均值统计来看，值在 0～30.0t/hm² 的约占该盆地的 1.64%；值在 30.1～60.0t/hm² 的约占关中盆地的 27.23%；值在 60.1～90.0t/hm² 的约占关中盆地的 62.16%；值在 90.1～120.0t/hm² 的约占关中盆地的 20.19%；值在 120.1～150.0t/hm² 的约占关中盆地的 8.72%；值大于 150.0t/hm² 的区域为 0.06%。

　　1990～1999 年河谷盆地涵养水源物质量空间分布特征见图 4-12（b）。从图可知，其空间分布与 1982～1989 年的相似，都是坡度较大的、以林地为主的区域涵养水源单位面积涵养水源物质量值较高，而在盆地坡度较小的、城市密集地区区域保水单位面积物质量值较低，与 1982～1989 年不同的主要是高值区域有所缩减，低值区域有所增加。从盆地单位面积涵养水源物质量统计来看，关中盆地值在 0～30.0t/hm² 的约占该盆地的 2.14%，主要集中分布在盆地中部地区；值在 30.1～60.0t/hm² 的约占关中盆地的 10.84%；值在 60.1～90.0t/hm² 的约占关中盆地的 63.21%；值在 90.1～120.1t/hm² 的约占关中盆地的 16.62%；值在 120.1～150.0t/hm² 的约占关中盆地的 5.04%；值大于 150.0t/hm² 的约占关中盆地的 2.15%。从汉中盆地涵养水源物质量多年均值统计来看，值在 0～30.0t/hm² 的约占该盆地的 2.04%；值在 30.1～60.0t/hm² 的约占关中盆地的 29.59%；值在 60.1～90.0t/hm² 的约占关中盆地的 43.33%；值在 90.1～120.0t/hm² 的约占关中盆地的 17.31%；值在 120.1～150.0t/hm² 的约占关中盆地的 7.70%；值大于 150.0t/hm² 的区域为 0.03%。

　　2000～2011 年河谷盆地涵养水源物质量空间分布特征图 4-12（c），其空间分布与 1982～1989 年和 1990～1999 年空间分布相似，相对 1990～1999 年而言，高值区域范围有所扩大，低值区域有所减少。这个时期盆地单位面积涵养水源物质量统计中，关中盆地值在 0～30.0t/hm² 的约占该盆地的 1.37%，主要集中分布在盆地中部地区；值在 30.1～60.0t/hm² 的约占关中盆地的 10.48%；值在 60.1～90.0t/hm² 的约占关中盆地的 62.34%；值在 90.1～120.0t/hm² 的约占关中盆地的 17.41%；值在 120.1～150.0t/hm² 的约占关中盆地的 8.32%；值大于 150.0t/hm² 的约占关中盆地的 2.08%。从汉中盆地涵养水源物质量多年均值统计来看，值在 0～30.0t/hm² 的约占该盆地的 1.4%；值在 30.1～60.0t/hm² 的约占关中盆地的 25.15%；值在 60.1～90.0t/hm² 的约占关中盆地的 42.61%；值在 90.1～120.0t/hm² 的约占关中盆地的 20.7%；值在 120.1～150.0t/hm² 的约占关中盆地的 10.02%；值大于 150.0t/hm²

的区域为 0.08%。

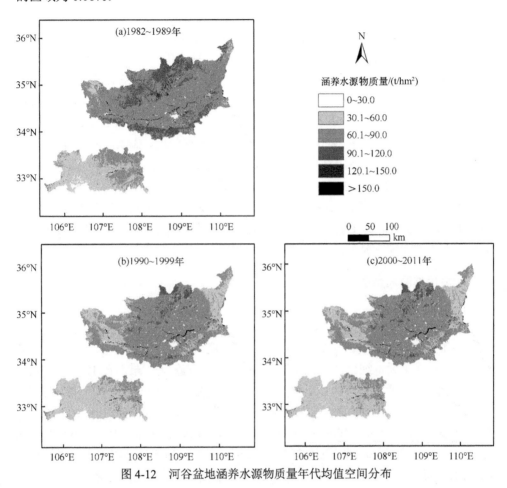

图 4-12　河谷盆地涵养水源物质量年代均值空间分布

综合河谷盆地涵养水源物质量年代变化特征来看，不同年代河谷盆地涵养水源物质量空间分布相似。关中盆地涵养水源物质量空间分布中，盆地中部地区涵养水源物质量值相对较低，在盆地坡度较大的周边地区涵养水源物质量值相对较高。年代变化中，1982～1989 年到 1990～1999 年河谷盆地植被涵养水源物质量变化相对有所减缓，而 1990～1999 年到 2000～2011 年的变化相对有所增加。在盆地周边主要以林地或者草地为主，因此涵养水源物质量相对较高。

第三节　土壤保持物质量测评与变化分析

土壤侵蚀不仅能够破坏土壤结构，而且会降低土地生产力，同时对环境、水质和农业生产构成很大威胁，也是当前科学研究重大课题之一。土壤学、水文学、农学、环境科学等多学科已广泛关注土壤保持研究。掌握土壤保持量的动态变化对水土资源保护、水土保持措施优化配置和生态环境建设具有重要意义。

土壤保持模型较多，不同的区域使用不同的模型，每个模型都其优缺点。通用土壤流失方程 USLE 是由美国的 Wischmeier 等建立的。1993 年，美国农业部颁布用于农耕地、林地、草地和建设用地的土壤流失预报的 RUSLE 模型。到 20 世纪 80 年代，国内学者在 USLE 模型基础上，不断修正模型，建立不同土壤保持预报模型，如刘宝元等（1998）建立的中国水土流失方程 CSLE 和江忠善等（2004）构建的坡面土壤流失预报模型。同时其他模型也相继问世，如欧洲的 EUROSEM、美国的 WEPP、荷兰的 SEMMED 和 LISEM 等。由于区域的局限性和数据资料不够完善，应用最为广泛的是 USLE/RUSLE 模型。

本书以 NDVI 数据、土地利用数据、气象数据、土壤数据和 DEM 等数据集，通过 RUSLE 模型估算 1982～2011 年研究区土壤保持物质量，从不同的时空尺度分析研究区的土壤保持时空特征。

一、土壤保持物质量测评与技术路线

（一）土壤保持量估算模型构建

20 世纪 30 年代初，美国发生严重的水土流失，因此成立了水土保持国家实验室，并开展了大量细致的研究工作。经过几十年的努力，最后在 1965 年，建立著名的土壤流失通用方程（USLE）。该模型是可操作性最强的估算方法，是适用性最广的模型，也是目前预报水土流失和指导水土保持措施配置的有效工具之一。国内外学者（Qin et al.，2009；Gen et al.，2004；Morgan et al.，1998；Wischmeier et al.，1978）广泛关注并不断修正通用水土流失方程和修订通用水土流失方程。RUSLE 已成为当前国际上计算年均土壤流失量采用最常用的方程之一。

采用该模型来估算陕西河谷盆地土壤保持量，RUSLE 的基本形式为

$$A_m = R \times K \times V_g \times LS \times SP \tag{4-26}$$

$$A_p = LS \times K \times R \tag{4-27}$$

$$A_c = A_p - A_m \tag{4-28}$$

式中，A_m 表示土壤实际侵蚀量；A_p 表示土壤潜在的侵蚀量；A_c 表示土壤保持量；K 表示土壤可侵蚀性因子；R 表示降水量侵蚀力因子；V_g 表示植物覆盖因子；LS 表示坡长与坡度结合量；SP 表示土壤保持措施因子。

（1）土壤侵蚀因子 K 值计算。土壤可蚀性是影响土壤流失的内在因素，是对某一特定土壤内在可蚀性的定量化描述，表示在雨滴冲刷、打击等外营力作用下土壤被搬运、分散的难易程度。Williams 等（1984）的 K 值估算方法使用更

方便，主要采用土壤有机碳含量和土壤颗粒分布来估算土壤可蚀性 K 值。计算公式为

$$K = \left\{ 0.2 + 0.3\exp\left[-0.0256\text{SAN}\left(1 - \frac{\text{SIL}}{100} \right) \right] \right\} \left(\frac{\text{SIL}}{\text{CLA+SIL}} \right)^{0.3}$$
$$\times \left(1.0 - \frac{0.25\text{SOC}}{\text{SOC} + \exp(3.72 - 2.95\text{SOC})} \right) \left(1.0 - \frac{0.7\text{SNI}}{\text{SNI} + \exp(-5.51 + 22.9\text{SNI})} \right)$$
$$(4\text{-}29)$$

式中，K 表示土壤可蚀性因子[t·hm²·h/（hm²·MJ·mm）]；CLA 表示黏粒比例（%，粒径＜0.002mm）；SAN 表示沙粒比例（%，粒径 0.05～2.00mm）；SIL 表示为粉粒比例（%，粒径 0.002～0.05mm）；SOC 表示土壤中有机碳含量（%）；SNI 等于 1–SAN/100。从 K 的计算公式中可以看出，K 值的变化主要与土壤的成分有关，无明显的规律分布。K 值计算结果如图 4-13 所示。

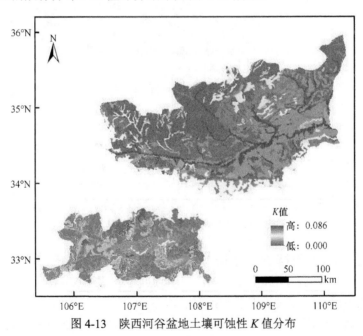

图 4-13　陕西河谷盆地土壤可蚀性 K 值分布

（2）坡度坡长因子 LS 计算。地形对土壤保持的影响主要通过坡度坡长因子来表征，因为地形因子是影响土壤保持的主要参数。本书采用 Wischmeier 和 Smith（1978）的模型计算 LS，公式为

$$\text{LS} = \left(\frac{\lambda}{22.13} \right)^{n} (65.41\sin^2\theta + 4.56\sin\theta + 0.065) \qquad (4\text{-}30)$$

式中，λ 表示坡长；θ 表示坡度；n 为基于坡度的常数（取值如表 4-7）。

表 4-7　坡度常数取值

项目	坡度/(°)			
	<0.57	0.57~1.72	1.72~2.85	>2.85
坡度常数 n 取值	0.2	0.3	0.4	0.5

　　计算步骤：首先通过 ArcGIS 提取坡度和坡长（图 4-14），然后再通过栅格计算器计算。

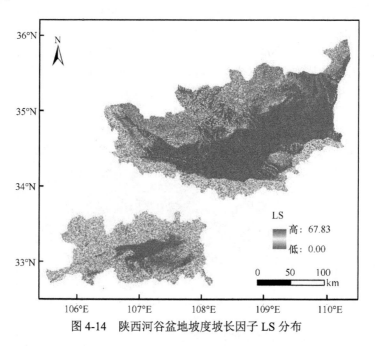

图 4-14　陕西河谷盆地坡度坡长因子 LS 分布

　　由于因子 LS 是根据 DEM 提取坡度和坡长计算得出，从图 4-14 可以得出，在关中渭河一带以及汉中和安康的汉江一带坡度坡长因子 LS 值相对较小，而在秦岭和大巴山一带坡度坡长因子 LS 值较大。

　　（3）降雨侵蚀因子 R 计算。降雨侵蚀力反映了对土壤保持的潜在能力，由降雨动能和瞬时雨强组成，该指标成为土壤流失方程 R 因子的经典算法。然而，该方法计算过程比较烦琐，而且所需要的是长期连续的降水量数据，在很多地方很难获得所必需的降雨数据。目前国内外学者提出通过简化的模型估算 R 因子，主要利用到日降雨量、月降雨量、年降雨量或者其他雨量等参数。计算中主要通过地面气象站的多年气象观测数据，采用软件 ANUSPLIN 4.2 进行空间插值模拟获得。

　　根据研究区以及周边气象站获得气象数据，数据来源于国家气象科学数据共享服务平台（http：//data.cma.cn）。1982～2011 年，因为研究区有些站点的数据不全或者站点更改等，所以剔除一些站点。鉴于降水数据的有限性，国内外学者提出各种基于月降水量的简易模型，本书采用 Wischmeier 等（1971）提出的经验公式：

$$R = \sum_{i=1}^{12} \left(1.735 \times 10^{\left(1.5 \times \lg \frac{P_i^2}{P} - 0.8088 \right)} \right) \tag{4-31}$$

式中，R 表示降雨侵蚀因子。计算结果见图 4-15。

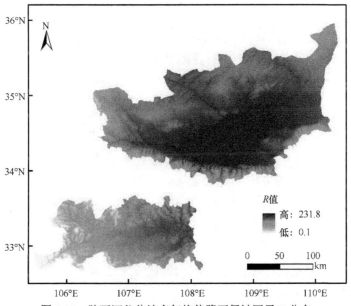

图 4-15　陕西河谷盆地多年均值降雨侵蚀因子 R 分布

（4）水土保持措施因子 SP 计算。水土保持措施因子主要反映人为对不同的土地利用类型所采取保护措施，防止土壤流失的作用。水土保持措施因子（P）是指特定水土保持措施下的土壤流失量与未实施水土保持措施的水土流失量的比值。0≤SP≤1，SP=0 时表示防侵蚀措施良好，SP=1 时表示无措施。

本书在对研究区进行实际考察的基础上，结合欧阳志云等（1999b）对不同的土地利用方式的赋值结果，确定各类用地的水土保持措施因子值，将土地类型的二级分类中水浇地的水土保持因子赋值为 0.15，旱地的赋值为 0.5，其他类型的土地利用类型取值为 0.5，没有采用水保措施用地取值为 1。水土保持措施因子 SP 计算结果见图 4-16。

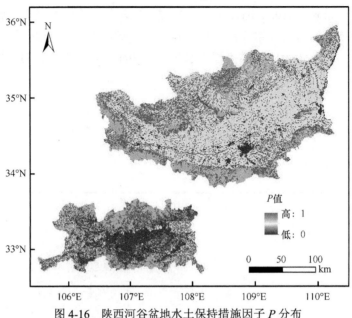

图 4-16　陕西河谷盆地水土保持措施因子 P 分布

（5）植被因子 V_g 计算。作物覆盖与管理因子 V_g 采用蔡崇法（2000）提出的植被覆盖度与 V_g 因子的方程，其方程为

$$V_g = \begin{cases} 1 & (f = 0) \\ 0.6508 - 0.3436 \times f & (0 < f \leqslant 78.3\%) \\ 0 & (f > 78.3\%) \end{cases} \qquad （4-32）$$

式中，V_g 表示作物覆盖与管理因子；f 为植被覆盖度。

计算植被覆盖度 f 公式为

$$f = \frac{(\text{NDVI} - \text{NDVI}_{\text{soil}})}{(\text{NDVI}_{\text{max}} - \text{NDVI}_{\text{soil}})} \qquad （4-33）$$

式中，$\text{NDVI}_{\text{soil}}$ 代表纯土壤覆盖像元的最小值；NDVI_{max} 表示归一化植被最大值。计算结果见图 4-17。

（二）土壤保持物质量估算技术路线

根据 RUSLE 模型收集所需要的各类数据，应用 ARCGIS 10.1、MATLAB、ERDAS、ENVI 等相关软件的操作平台对所获得数据按模型的要求进行处理和计算，最终达到对研究区土壤保持量评估的目的。具体的操作过程见图 4-18。

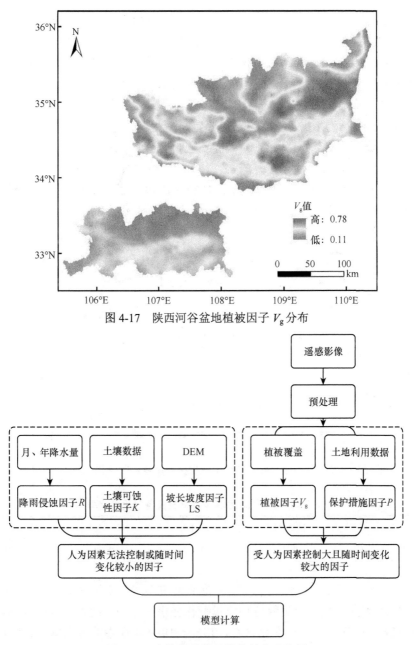

图 4-17　陕西河谷盆地植被因子 V_g 分布

图 4-18　土壤保持量估算的技术路线图

二、土壤保持物质量测评结果与变化分析

（一）陕西河谷盆地土壤保持物质量年际变化特征

通过土壤保持模型测算河谷盆地土壤保持物质量变化特征，其中关中盆地土壤

保持物质量年际变化特征见图4-19，表4-8。从图4-19可以反映出，1982~2011年关中盆地土壤保持物质量年际变化呈弱的增加趋势，增速约为 0.256×10^6 t/a。从年代角度来看，1982~1989年关中盆地土壤保持物质量年际变化呈增加趋势，增速约为 1.072×10^6 t/a；1990~1999年该盆地土壤保持物质量年际变化呈减少趋势，降速约为 0.486×10^6 t/a；2000~2011年，关中盆地土壤保持物质量年际变化开始有所增加，增速约为1.025t/a。从整体来看关中盆地土壤保持物质量变化，变化特征呈"升—降—升"走势，1982~1989年呈上升趋势，1990~1999年开始出现转折，2000~2011年又呈逐渐上升趋势。综合表明关中盆地生态环境整体在改善，土壤保持物质量在减少，年代变化中，1982~1989年区域生态环境改善较明显，1990~1999年有所退化，到2000~2011年退化程度相对有所缓慢。

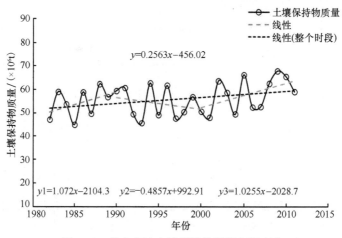

图4-19 关中盆地土壤保持物质量年际变化

表4-8 关中盆地土壤保持物质量各时段变化率

项目	整个时段	1982~1989年	1990~1999年	2000~2011年
变化率/（$\times 10^6$ t/a）	0.256	1.072	-0.486	1.025

汉中盆地土壤保持物质量年际变化特征见图4-20，表4-10。从图4-20可见，1982~2011年汉中盆地土壤保持物质量变化呈增加趋势，但增加程度较弱，增速约为 0.229×10^6 t/a。从年代变化来看，1982~1989年汉中盆地土壤保持物质量变化呈弱上升的趋势，增速约为 0.387×10^6 t/a；1990~1999年汉中盆地土壤保持物质量年际变化出现一次明显的下降趋势，降幅约为 0.376×10^6 t/a；2000~2011年盆地土壤保持物质量年际变化呈增加趋势，增速约为 0.596×10^6 t/a。整个时段汉中盆地土壤保持物质量年际变化呈"升—降—升"走势，1982~1989年变化增加趋势，1990~1999年出现明显的减少趋势，到2000~2011年就开始呈上升趋势，

整个过程变化波动性较大。

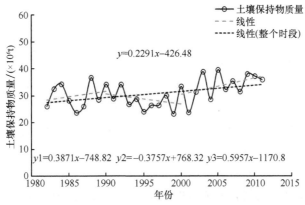

图 4-20 汉中盆地土壤保持物质量年际变化

表 4-9 汉中盆地土壤保持物质量各时段变化率

项目	整个时段	1982~1989 年	1990~1999 年	2000~2011 年
变化率/（$\times 10^6$ t/a）	0.229	0.387	-0.376	0.596

（二）陕西河谷盆地土壤保持空间分布特征

陕西河谷盆地土壤保持单位面积物质量多年均值空间分布见图 4-21。从图 4-21 可以看出，土壤保持单位面积物质量低值主要集中在盆地的中部坡度较

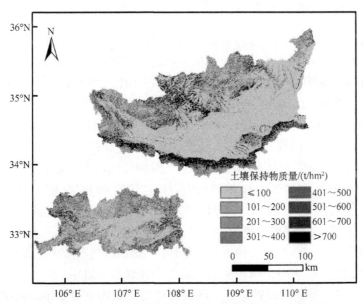

图 4-21 陕西河谷盆地土壤保持单位面积物质量多年均值空间分布

小地区，如关中盆地和汉中盆地中部，而土壤保持单位面积物质量高值主要分布在盆地周边坡度较大地区，如关中盆地北部铜川、咸阳和宝鸡部分地区，以及关中盆地靠近秦岭一带。主要原因是盆地四周大部分为林地，而树木具有保持土壤作用，盆地中部地区主要是耕地为主，也是人类干扰较明显的区域，导致这些土壤保持量相对较低。从河谷盆地土壤保持单位面积物质量多年均值范围来看，关中盆地中，值小于等于 $100t/hm^2$ 的面积约占该盆地的 36.56%，值在 $101\sim200t/hm^2$ 的约占关中盆地的 24.02%；值在 $201\sim300t/hm^2$ 的约占关中盆地的 14.32%；值在 $301\sim400t/hm^2$ 的约占关中盆地的 9.97%；值在 $401\sim500t/hm^2$ 的约占关中盆地的 5.60%；值在 $501\sim600t/hm^2$ 的约占关中盆地的 4.79%；值在 $601\sim700t/hm^2$ 的约占关中盆地 3.06%；值大于 $700t/hm^2$ 的约占关中盆地的 1.68%。

从汉中盆地土壤保持单位面积物质量多年均值统计来看，值小于等于 $100t/hm^2$ 的面积约占该盆地的 49.04%；值在 $101\sim200t/hm^2$ 的约占汉中盆地的 23.17%；值在 $201\sim300t/hm^2$ 的约占汉中盆地的 10.86%；值在 $301\sim400t/hm^2$ 的约占汉中盆地的 6.54%；值在 $401\sim500t/hm^2$ 的约占汉中盆地的 4.49%；值在 $501\sim600t/hm^2$ 的约占汉中盆地的 3.04%；值在 $601\sim700t/hm^2$ 的约占汉中盆地 1.75%；值大于 $700t/hm^2$ 的约占汉中盆地的 0.65%。

从关中盆地和汉中盆地土壤保持空间分布来看，在盆地中部地区主要以耕地为主，人类活动影响较大，土壤保持量相对较低，而在盆地四周以林草地为主，对土壤保持促进作用，值相对较高。

（三）陕西河谷盆地土壤保持物质量年代空间变化特征

图 4-22（a）为 1982～1989 年陕西河谷盆地土壤保持单位面积物质量多年均值空间变化特征，其中关中盆地土壤保持单位面积物质量均值统计中，值小于等于 $100t/hm^2$ 的面积约占该盆地的 36.28%，值在 $101\sim200t/hm^2$ 的约占关中盆地的 23.73%；值在 $201\sim300t/hm^2$ 的约占关中盆地的 14.05%；值在 $301\sim400t/hm^2$ 的约占关中盆地的 10.14%；值在 $401\sim500t/hm^2$ 的约占关中盆地的 6.14%；值在 $501\sim600t/hm^2$ 的约占关中盆地的 5.06%；值在 $601\sim700t/hm^2$ 的约占关中盆地 3.11%；值大于 $700t/hm^2$ 的约占关中盆地的 1.49%。汉中盆地土壤保持单位面积物质量均值统计中，值小于等于 $100t/hm^2$ 的面积约占该盆地的 49.64%；值在 $101\sim200t/hm^2$ 的约占关中盆地的 24.73%；值在 $201\sim300t/hm^2$ 的约占关中盆地的 10.17%；值在 $301\sim400t/hm^2$ 的约占关中盆地的 6.19%；值在 $401\sim500t/hm^2$ 的约占关中盆地的 4.78%；值在 $501\sim600t/hm^2$ 的约占关中盆地的 2.64%；值在 $601\sim700t/hm^2$ 的约占关中盆地 1.32%；值大于 $700t/hm^2$ 的约占关中盆地的 0.53%。

1990～1999 年陕西河谷盆地土壤保持单位面积物质量多年均值空间变化特征见图 4-22（b），其空间分布与 1982～1989 年空间特征相似。其中关中盆地土壤保持单位面积物质量均值统计中，值小于等于 100t/hm² 的面积约占该盆地的 40.37%；值在 101~200t/hm² 的约占关中盆地的 26.48%；值在 201~300t/hm² 的约占关中盆地的 15.39%；值在 301~400t/hm² 的约占关中盆地的 9.03%；值在 401~500t/hm² 的约占关中盆地的 3.59%；值在 501~600t/hm² 的约占关中盆地的 3.12%；值在 601~700t/hm² 的约占关中盆地 1.21%；值大于 700t/hm² 的约占关中盆地的 0.81%。同期汉中盆地土壤保持单位面积物质量均值统计中，值小于等于100t/hm² 的面积约占该盆地的 52.44%；值在 101~200t/hm² 的约占关中盆地的 25.15%；值在 201~300t/hm² 的约占关中盆地的 11.89%；值在 301~400t/hm² 的约占关中盆地的 5.13%；值在 401~500t/hm² 的约占关中盆地的 3.32%；值在 501~600t/hm² 的约占关中盆地的 1.58%；值在 601~700t/hm² 的约占关中盆地 0.36%；值大于 700t/hm² 的约占关中盆地的 0.13%。1990~1999 年与 1982~1989 年比较来看，1990~1999 年河谷盆地土壤保持单位面积物质量高值区域面积有所缩减，低值区域面积有所扩大。

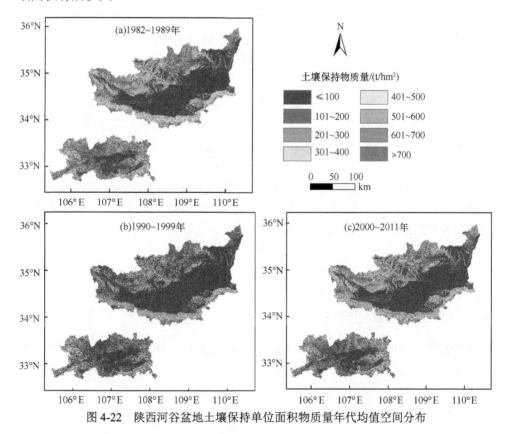

图 4-22　陕西河谷盆地土壤保持单位面积物质量年代均值空间分布

2000～2011 年陕西河谷盆地土壤保持单位面积物质量多年均值空间变化特征见图 4-22（c）。其空间分布与 1990～1999 年和 1982～1989 年相似，都是高值区域主要分布在盆地中部坡度较小的地区，低值区域主要集中分布在盆地周边坡度较大的地区。其中关中盆地土壤保持单位面积物质量均值统计中，值小于等于 $100t/hm^2$ 的面积约占该盆地的 33.04%；值在 $101～200t/hm^2$ 的约占关中盆地的 21.85%；值在 $201～300t/hm^2$ 的约占关中盆地 13.53%；值在 $301～400t/hm^2$ 的约占关中盆地的 10.73%；值在 $401～500t/hm^2$ 的约占关中盆地的 7.06%；值在 $501～600t/hm^2$ 的面积约占关中盆地的 6.18%；值在 $601～700t/hm^2$ 的约占关中盆地 4.87%；值大于 $700t/hm^2$ 的约占关中盆地的 2.74%。同期汉中盆地土壤保持单位面积物质量均值统计中，值小于等于 $100t/hm^2$ 的面积约占该盆地的 45.04%；值在 $101～200t/hm^2$ 的约占关中盆地的 19.64%；值在 $201～300t/hm^2$ 的约占关中盆地的 10.53%；值在 $301～400t/hm^2$ 的约占关中盆地的 8.31%；值在 $401～500t/hm^2$ 的约占关中盆地的 6.73%；值在 $501～600t/hm^2$ 的约占关中盆地的 4.90%；值在 $601～700 t/hm^2$ 的约占关中盆地 3.57%；值大于 $700t/hm^2$ 的约占关中盆地的 1.28%。从这个时期汉中盆地土壤保持量与 1990～1999 年的变化来看，低值区域有所减少，高值区域有所增多，说明这个时期的生态有所改善。

综合来看，土壤保持量 1982～1989 年无明显变化，1990～1999 年开始出现明显的下降趋势，2000～2011 年逐渐增加。不同年代，土壤保持空间分布相似，在林草地土壤保持量相对较高，在耕地土壤保持量相对较低。空间分布中，1982～1989 年到 1990～1999 年的变化中，高值区域面积缩小，低值区域面积有所增多，而从 1990～1999 年到 2000～2011 年，高值区域面积开始增多，低值区域面积呈缩减趋势。表明 20 世纪 80 年代到 90 年代生态环境受到一定程度的破坏，到 21 世纪初，相关部门越来越重视环境保护，提出相应的政策和措施，以及人们对生态环境保护的意识增强，使得该时期生态环境逐渐改善。

第四节　固碳释氧物质量测评与变化分析

一、固碳释氧物质量测评模型

植物光合作用不仅进行碳汇功能，同时固定了 CO_2 释放了 O_2，这种功能被称为固碳释氧。光合作用公式为

$$6CO_2 + 6H_2O \xrightarrow{\text{光合作用}} C_6H_{12}O_6 + 6O_2 \tag{4-34}$$

根据光合作用的公式简化估算固碳释氧价值量，公式为

$$E = 1.63A + 1.2A \tag{4-35}$$

式中，E 为固碳释氧物质量；A 为 NPP 物质量。

二、固碳释氧物质量测评结果与变化分析

（一）陕西河谷盆地固碳释氧年际变化特征

根据模型估算陕西河谷盆地固碳释氧物质量，其中关中盆地固碳释氧物质量年际变化特征见图 4-23，表 4-10。由图 4-23 可以得出，1982～2011 年关中盆地固碳释氧物质量年际变化呈增加趋势，增速约为 $0.004×10^6t/a$，整体呈先降后升走势。其中 1982～1989 年呈弱的下降趋势，降幅约为 $0.001×10^6t/a$；1990～1999 年呈明显的下降趋势，降幅约为 $0.151×10^6t/a$；2000～2011 年呈上升趋势，增速约为 $0.283×10^6t/a$。其变化特征与关中盆地净初级生产力物质量年际变化特征相似。

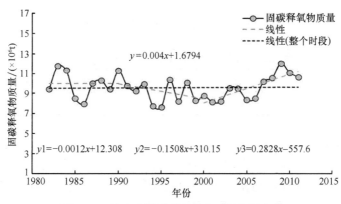

图 4-23   关中盆地固碳释氧物质量年际变化

表 4-10   关中盆地固碳释氧物质量各时段变化率

项目	整个时段	1982～1989 年	1990～1999 年	2000～2011 年
变化率/（$×10^6t/a$）	0.004	−0.001	−0.151	0.283

汉中盆地固碳释氧物质量年际变化特征见图 4-24，表 4-11。由图 4-24 可以得出，1982～2011 年汉中盆地固碳释氧物质量年际变化呈增加趋势，增速约为 $0.0006×10^6t/a$，整体走势与关中盆地的相似，都呈先降后升的趋势。其中 1982～1989 年呈弱的增加趋势，降幅约为 $0.031×10^6t/a$；1990～1999 年呈明显的下降趋势，降幅约为 $0.173×10^6t/a$；2000～2011 年呈上升趋势，增速约为 $0.240×10^6t/a$。其变化特征与汉中盆地净初级生产力物质量年际变化特征相似。

（二）陕西河谷盆地固碳释氧年际空间分布特征

关中盆地固碳释氧单位面积物质量空间分布特征见图 4-25。由图 4-25 可以看出，关中盆地固碳释氧单位面积物质量多年均值在 $4.36～41.01t/hm^2$，空间分布和

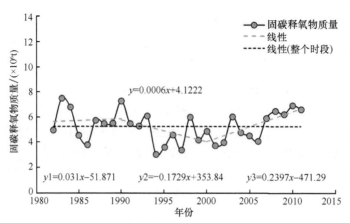

图 4-24　汉中盆地固碳释氧物质量年际变化

表 4-11　汉中盆地固碳释氧物质量各时段变化率

项目	整个时段	1982～1989 年	1990～1999 年	2000～2011 年
变化率/（×10⁶t/a）	0.0006	0.031	−0.173	0.240

净初级生产力物质量空间分布相同，都与地形、坡度和用地类型等因素相关。其中高值区域主要分布在盆地四周坡度较大的区域，主要原因是这些地区受人为干扰较小，以林地和草地为主，产生的固碳释氧量较多；而在盆地中部地区，地势平坦，以耕地为主，是城市发展集聚地，同时是人类活动较频繁区域，因此固碳释氧物质量相对较小。

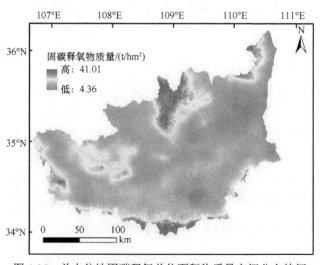

图 4-25　关中盆地固碳释氧单位面积物质量空间分布特征

汉中盆地固碳释氧物质量空间分布特征见图4-26。根据图反映得出汉中盆地固碳释氧单位面积物质量多年均值在 5.26～34.47t/hm²，高值区域集中分布在汉中盆地北部，靠近秦岭一带，而在盆地中部区域值相对较低。分布特征与关中相似，与地形、坡度和用地类型等因素相关。在坡度较大的林地和草地区域，固碳释氧量较高，其他的区域固碳释氧量相对较小。

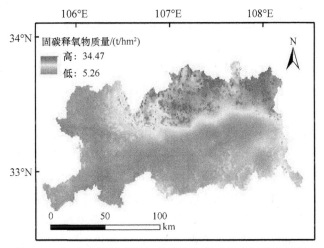

图 4-26　汉中盆地固碳释氧单位面积物质量空间分布特征

第五章　生态系统服务功能价值量测评与变化分析

表层植被具有净化水质、调节气候、保持水土等生态调节功能和生态系统服务功能，这种自然资源和生态系统服务功能对人类生存与现代文明发展起着重要作用，如果忽视其生态调节能力和生态系统服务功能将带来巨大的经济损失，因此定量估算自然生态系统服务功能的价值不仅可为政府部门制定生态环境保护措施提供科学依据，而且可以增强人们生态文明建设的意识。随着人们对生态环境保护意识的增强，各国开始对自然资源的价值和生态系统服务价值进行大量的探索和估算。Costanza（1997）和 Daily 等（1997）认为生态系统服务是一种功能或是一个过程。石垚等（2012）对全国陆地生态系统服务功能的时空变化进行研究。欧阳志云等（1999a）认为生态系统服务功能是指自然环境条件以及对人类生存的效用。乔旭宁等（2011）对渭干河流域的生态系统服务价值进行了空间转移研究。麦麦提吐尔逊·艾则孜等（2012）对土地利用与生态系统服务价值之间的关系进行了分析研究。陕西河谷盆地（关中盆地、汉中盆地）自然资源较丰富，有林地、草地、耕地等诸多生态系统。随着人类社会的快速发展，人们对生态系统的保护意识也增强，但局部地区仍存在破坏现象。目前人们在生态系统对人类重要性的认识已成共识，但在生态系统健康的作用机制研究方面仍处于初级阶段。本章以陕西河谷盆地为研究对象，对几种主要生态系统服务功能的价值量进行测评，从不同的时空尺度对陕西河谷盆地的生态系统服务功能变化进行研究。

第一节　生产有机物价值测评与变化分析

一、生产有机物价值测评模型

估算陕西河谷盆地植被净初级生产力价值量，主要采用有机质转化为价值量模型，公式为

$$V_{\mathrm{NPP}} = \frac{A \times Q_1}{B \times Q_2} \times p \tag{5-1}$$

式中，V_{NPP} 为植被净初级生产力价值量；A 为 NPP 物质量[单位：t C/（hm^2·a）]；B 为标煤的质量系数；Q_1 表示为 NPP 物质量折合的热量，取值为 6.7kJ/g；Q_2 表示标煤折合的热量，取值为 10kJ/g；p 表示标煤单位质量的交易价格，即 346 元/t。

二、生产有机物价值量测评结果与变化分析

（一）陕西河谷盆地生产有机物价值量年际变化

关中盆地地表植被生产有机物的价值量及其年际变化特征可以通过模型计算获得。由图 5-1、表 5-1 可看出，1982～2011 年该盆地生产有机物价值年际变化无明显的增加趋势，增速约为 0.032 亿元/10a。从年代变化来看，在 1982～1989 年关中盆地生产有机物价值量变化波动较大，呈降低趋势，降速约为 0.009 亿元/10a；1990～1999 年关中盆地生产有机物价值量变化开始出现明显的下降趋势，降幅约为 1.236 亿元/10a；2000～2011 年关中盆地生产有机物价值量变化呈明显上升趋势，增速约为 2.317 亿元/10a。整体来看，关中盆地生产有机物价值量年际变化呈先降后升的走向，1982～1989 年变化相对平稳，1990～1999 年下降较明显，2000～2011 年呈明显上升趋势，整体呈增加趋势。

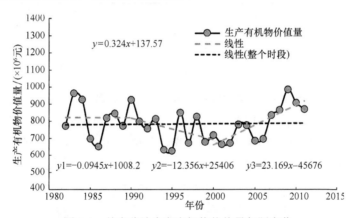

图 5-1　关中盆地生产有机物价值量年际变化

表 5-1　关中盆地生产有机物价值量各时段变化率

项目	整个时段	1982～1989 年	1990～1999 年	2000～2011 年
变化率/（亿元/10a）	0.032	−0.009	−1.236	2.317

1982～2011 年汉中盆地生产有机物价值量年际变化与关中盆地的变化相似（图 5-2，表 5-2），均呈先降后升的走向。1982～1989 年汉中盆地生产有机物价值量年际变化呈上升趋势，变化率为 0.254 亿元/10a；1990～1999 年汉中盆地生产有机物价值量年际变化出现明显的下降趋势，降幅约为 1.416 亿元/10a；2000～2011 年汉中盆地生产有机物价值量年际变化呈明显上升趋势，增幅约为 1.963 亿元/10a。整个过程走势相对较平稳，变化率为 0.005 亿元/10a，但变化过程波动性较大。

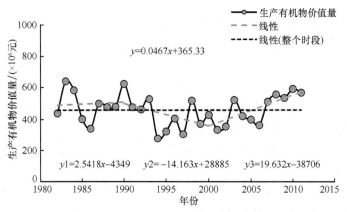

图 5-2 汉中盆地生产有机物价值量年际变化

表 5-2 汉中盆地生产有机物价值量各时段变化率

项目	整个时段	1982~1989 年	1990~1999 年	2000~2011 年
变化率/（亿元/10a）	0.005	0.254	−1.416	1.963

（二）陕西河谷盆地生产有机物价值量多年均值空间分布

陕西河谷盆地生产有机物价值量单位面积多年均值空间分布特征见图 5-3。从图 5-3 来看，值域范围主要在 357.00~3359.07 元/hm²。关中盆地生产有机物价值量单位面积多年均值空间分布，高值区域主要集中在铜川地区，而低值区域主要分布在咸阳、渭南以及西安城区等地。汉中盆地生产有机物价值量单

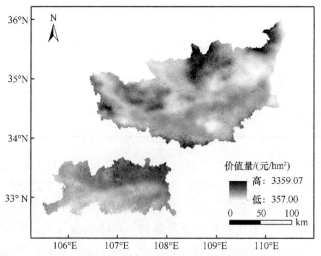

图 5-3 陕西河谷盆地生产有机物价值量单位面积多年均值空间分布

位面积多年均值空间分布，低值主要分布在盆地中部，高值主要分布在靠近秦岭一带。综合来看，河谷盆地生产有机物价值量单位面积多年均值空间分布高值集中分布在坡度较大、以林地和草地为主的地区，低值主要集中分布在坡度较低的盆地中部地区，主要以耕地为主。

（三）基于土地利用生产有机物价值量分析

通过陕西河谷盆地不同用地类型统计分析各类用地生产有机物价值量变化特征，结果见表 5-3 和表 5-4。由表中可以得知，不同的用地类型生产有机物价值量也不同，从单位面积生产有机物价值量均值来看，关中盆地和汉中盆地不同用地类型单位面积生产有机物价值量均值中，都是林地＞草地＞耕地＞水域＞未利用地＞建设用地。而价值总量中，不同的盆地用地类型面积不同总量也不同，如关中盆地面积最大的是耕地，其总量也是最大，而汉中盆地中面积最大的是草地，其价值量最高。

表 5-3　关中盆地不同用地类型生产有机物价值量

土地类型	MIN /（元/hm²）	MAX /（元/hm²）	RANGE /（元/hm²）	MEAN /（元/hm²）	STD /（元/hm²）	SUM /元
耕地	511.18	4832.32	4321.14	1511.51	363.73	367403000.00
林地	580.37	3467.43	2887.07	1928.14	520.28	156989000.00
草地	709.31	3602.97	2893.66	1688.32	460.44	185478000.00
水域	821.25	2961.29	2140.04	1435.29	302.17	10692900.00
建设用地	548.22	3223.81	2675.59	1362.82	295.63	37945700.00
未利用地	1046.35	2752.44	1706.09	1384.41	344.88	1457650.00

表 5-4　汉中盆地不同用地类型生产有机物价值量

土地类型	MIN /（元/hm²）	MAX /（元/hm²）	RANGE /（元/hm²）	MEAN /（元/hm²）	STD /（元/hm²）	SUM /元
耕地	1002.00	3207.00	2205.00	1687.49	389.64	101080000.00
林地	979.22	3123.37	2144.15	1772.07	446.13	83269700.00
草地	989.98	3204.73	2214.75	1764.51	448.21	127821000.00
水域	1255.92	2521.41	1265.49	1684.03	305.86	2846001.00
建设用地	1038.74	2685.87	1647.13	1397.94	325.89	3888207.00

第二节　涵养水源价值测评与变化分析

一、涵养水源价值测评模型

植被涵养水源价值测评方法有以下几种：①根据级差地租来确定。②根据水库工程蓄水成本确定其价值。③根据供水的商品价格来确定。④根据海水的淡化所需的费用来确定。⑤根据电能生产的成本来确定。⑥根据区域之间水源的输送费用确定。本书采用替代工程法对保水的价值量进行综合评价，公式为

$$V = L \times \frac{Q}{Q_g} \times V_g \tag{5-2}$$

式中，L 为发展阶段系数；Q 为涵养水源物质量；Q_g 为可替代生态系统的某种工程含水量；V_g 为可替代工程的价值。

二、涵养水源价值量测评结果与变化分析

（一）陕西河谷盆地涵养水源价值量年际变化

1982～2011 年关中盆地涵养水源价值量年际变化见图 5-4、表 5-5。图 5-4 反映出该盆地涵养水源价值量年际变化呈上升趋势，变化率约为 0.004 亿元/10a。整个过程波动较大，其中 1982～1989 年的变化呈上升趋势，上升约为 0.053 亿元/10a；1990～1999 年的变化呈下降趋势，降幅约为 0.119 亿元/10a；2000～2011 年的变化就开始逐渐呈上升趋势，增速约为 0.063 亿元/10a。整个时段呈"升—降—升"走向，总体呈增加趋势。

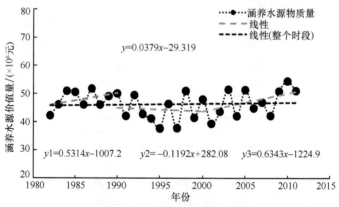

图 5-4　关中盆地涵养水源价值量年际变化

表 5-5　关中盆地涵养水源价值量各时段变化率

项目	整个时段	1982～1989 年	1990～1999 年	2000～2011 年
变化率/（亿元/10a）	0.004	0.053	-0.119	0.063

同期汉中盆地涵养水源价值量年际变化见图 5-5、表 5-6。从图 5-5 中得知，该区域的涵养水源价值量年际变化呈弱的上升趋势，增速约为 0.003 亿元/10a。从年代变化来看，1982～1989 年的变化呈下降趋势，降幅约为 0.012 亿元/10a；1990～

1999 年呈下降趋势，降幅较小约 0.099 亿元/10a；2000～2011 年的变化开始出现上升趋势，增速约为 0.093 亿元/10a。整体来看，汉中盆地涵养水源价值量年际变化特征与关中盆地的变化相似，都呈增加趋势。

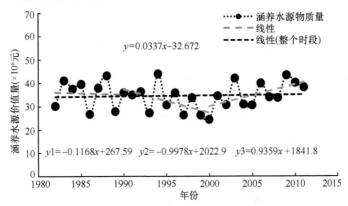

图 5-5 汉中盆地涵养水源价值量年际变化

表 5-6 汉中盆地涵养水源价值量各时段变化率

项目	整个时段	1982～1989 年	1990～1999 年	2000～2011 年
变化率/（亿元/10a）	0.003	−0.012	−0.099	0.093

（二）陕西河谷盆地涵养水源价值量多年均值空间分布特征

陕西河谷盆地涵养水源价值量多年均值空间分布特征见图 5-6。从图 5-6 来看，其

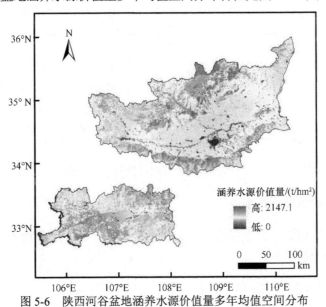

图 5-6 陕西河谷盆地涵养水源价值量多年均值空间分布

空间分布特征与区域的地形、坡度以及土地利用类型存在一定的相关性，涵养水源价值量较高的主要是林地和草地，其次是耕地，建设用地的涵养水源价值量较低。在空间分布中，低值中心主要集中分布在盆地中部地区，高值区域分布在盆地四周，主要原因是盆地中部主要以耕地为主，四周主要是山地，以林地和草地为主。

（三）基于河谷盆地不同用地类型涵养水源价值量分析

从表 5-7 和表 5-8 得知，不同用地类型涵养水源价值量不同，不同的盆地各类用地面积不同，导致各类用地涵养水源价值总量也不同。从各类用地涵养水源单位面积价值量均值来看，单位面积价值量最高的是耕地，其次是草地和林地，建设用地和未利用地的单位面积价值量最低。

表 5-7 关中盆地不同用地类型涵养水源价值量

土地类型	MIN / （元/hm²）	MAX / （元/hm²）	RANGE / （元/hm²）	MEAN / （元/hm²）	STD / （元/hm²）	SUM /元
耕地	63.25	950.53	1150.53	889.89	301.80	21590600.00
林地	42.17	1542.78	1142.78	1059.60	164.23	5325580.00
草地	47.64	1147.20	1147.20	980.23	208.07	7439680.00
水域	29.57	1141.05	1141.05	488.12	345.29	348519.00
建设用地	22.18	548.50	1148.50	263.13	491.30	1771360.00
未利用地	24.53	1108.71	1108.71	658.43	323.10	23259.00

表 5-8 汉中盆地不同用地类型涵养水源价值量

土地类型	MIN / （元/hm²）	MAX / （元/hm²）	RANGE / （元/hm²）	MEAN / （元/hm²）	STD / （元/hm²）	SUM /元
耕地	61.77	988.38	888.38	718.04	175.82	3055380.00
林地	56.16	1157.71	857.71	937.91	96.78	2047250.00
草地	59.68	1076.77	876.77	863.52	137.84	3367900.00
水域	57.81	844.43	844.43	455.50	236.97	76523.70
建设用地	46.72	617.83	817.83	376.94	261.75	112081.00

第三节　土壤保持价值测评与变化分析

一、土壤保持价值测评模型

土壤保持价值量估算包括保持土壤肥力价值量、减少土地废弃的价值量和减少淤积损失的价值估算。

（一）保护土壤肥力价值量估算

由于植被覆盖减少了土壤中氮、磷、钾等营养物质和有机质的流失，节省了

施肥的那部分价值，保护土壤肥力价值量主要根据氮、磷、钾等化肥的市场价格来估算，公式为

$$E_f = \sum_i A_c Q_i p_i / 1000 \quad (i=N, \ P, \ K) \tag{5-3}$$

式中，E_f 为保护土壤肥力价值量[元/（$m^2 \cdot a$）]；A_c 为土壤保持量[t/（$hm^2 \cdot a$）]；Q_i 为土壤中氮、磷、钾的纯含量；p_i 为氮、磷、钾的价格。

（二）减少土地废弃

机会成本法指在决定环境资源的某一特定用途时，不直接计算从该种用途可能获得的收益或损失，而是从被放弃的其他用途的损益间接求得。减少土地废弃的计算公式为

$$E_s = \frac{A_c \times B}{\rho \times 0.6 \times 10000} \tag{5-4}$$

式中，E_s 为减少土地废弃的经济效益[元/（$m^2 \cdot a$）]；ρ 为土壤容重（t/m^3）；B 为林业年均收益（元/hm^2）。

（三）减轻泥沙淤积的经济效益估算

河流泥沙淤积会造成水库江河、湖泊蓄水量的下降，导致干旱、洪涝灾害发生。根据蓄水成本可以计算泥沙淤积带来的损失价值。当环境破坏后，如果人工建造工程来代替原来的环境功能，建造该工程所投资的成本即认为是环境污染损失的经济价值。计算公式为

$$E_n = A_c \times 24\% \times \frac{C}{\rho} / 10000 \tag{5-5}$$

式中，E_n 为减轻泥沙淤积的经济效益[元/（$m^2 \cdot a$）]；C 为建造水库工程费用（元/m^3）。

（四）减轻泥沙淤积的经济效益估算

土壤保持价值量（E）的计算公式为

$$E = E_f + E_s + E_n \tag{5-6}$$

二、土壤保持价值量测评结果与变化分析

（一）陕西河谷盆地土壤保持价值量年际变化

1982～2011 年关中盆地土壤保持价值量年际变化见图 5-7、表 5-9。由图 5-7 来看，关中盆地土壤保持价值量年际变化呈上升趋势，增速约为 1.743 亿元/10a。整个时段变化浮动较大，1982～1989 年的变化呈上升趋势，增幅约为 7.289 亿元/10a；

1990～1999 年的变化下降趋势，降幅约为 3.303 亿元/10a；2000～2011 年的变化呈上升趋势，增幅约为 6.974 亿元/10a。整个时段呈"升—降—升"走向，总体呈增加趋势。

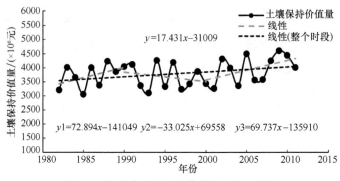

图 5-7　关中盆地土壤保持价值量年际变化

表 5-9　关中盆地土壤保持价值量各时段变化率

项目	整个时段	1982～1989 年	1990～1999 年	2000～2011 年
变化率/（亿元/10a）	1.743	7.289	−3.303	6.974

同期汉中盆地土壤保持价值量年际变化见图 5-8、表 5-10。与关中盆地的变化相似，汉中盆地土壤保持价值量整体呈上升趋势，增幅约为 1.557 亿元/10a。其中 1982～1989 年变化呈上升趋势，增速约为 2.633 亿元/10a；1990～1999 年呈下降趋势，降幅约为 2.555 亿元/10a；2000～2011 年呈上升趋势，增速约为 4.051 亿元/10a。汉中盆地土壤保持价值量年际变化与关中盆地的变化相似，整个时段呈"升—降—升"走向，总体都呈增加趋势。

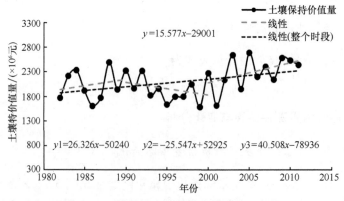

图 5-8　汉中盆地土壤保持价值量年际变化

表5-10　汉中盆地土壤保持价值量各时段变化率

时段	整个时段	1982~1989 年	1990~1999 年	2000~2011 年
变化率/（亿元/10a）	1.557	2.633	−2.555	4.051

（二）陕西河谷盆地土壤保持单位面积价值量多年均值空间分布

陕西河谷盆地土壤保持单位面积价值量多年均值空间分布见图5-9。从图5-9来看，低值区域主要集中分布在两个盆地中部坡度相对较低的地区，而高值主要集中在盆地周边坡度较大的地区，如关中盆地铜川、咸阳和宝鸡等部分地区，以及靠近秦岭和大巴山一带。从空间分布特征来看，在盆地四周以林草地为主，对土壤有保持作用，值相对较高；而在盆地中部地区主要以耕地为主，人为干扰较明显，值相对较低。

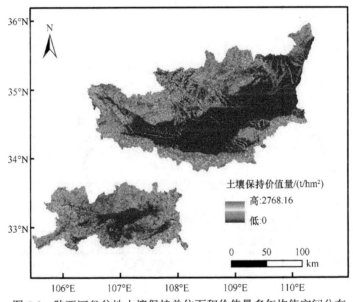

图 5-9　陕西河谷盆地土壤保持单位面积价值量多年均值空间分布

第四节　固碳释氧价值量测评与变化分析

一、固碳释氧价值测评模型

本书根据光合作用的公式[式（4-41）]简化估算固碳释氧价值量，公式为

$$V_2 = 1.63Ac_1 + 1.2Ac_2 \qquad (5\text{-}7)$$

式中，V_2 为单位面积每年的固碳释氧的价值量；A 代表为每年单位面积所生产的NPP 干物质量[t C/（hm²·a）]，具体计算见第 4 章；c_1 表示每吨 CO_2 的成本价格（造

林成本单价是 260.9 元/t）；c_2 表示每吨 O_2 的成本价格（造林成本单价是 352.93 元/t）。

二、固碳释氧价值量测评结果与变化分析

（一）陕西河谷盆地固碳释氧价值量年际变化特征

1982～2011 年关中盆地固碳释氧价值量年际变化特征见图 5-10、表 5-11。从图 5-10 可知，关中盆地固碳释氧价值量年际变化呈平稳增长趋势，增速较小约为 0.119 亿元/10a。其中 1982～1989 年变化呈弱下降趋势，降幅约为 0.035 亿元/10a；1990～1999 年的变化相对 1982～1989 年的变化下降趋势更明显，降幅约为 4.524 亿元/10a；2000～2011 年的变化开始呈上升趋势，增幅约为 8.483 亿元/10a。

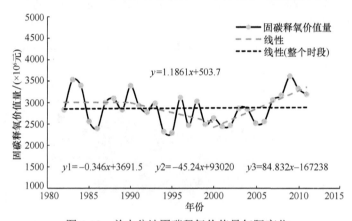

图 5-10　关中盆地固碳释氧价值量年际变化

表 5-11　关中盆地固碳释氧价值量各时段变化率

项目	整个时段	1982～1989 年	1990～1999 年	2000～2011 年
变化率/（亿元/10a）	0.119	−0.035	−4.524	8.483

同期汉中盆地固碳释氧价值量年际变化特征见图 5-11、表 5-12。从图 5-11 可见，1982～2011 年汉中盆地固碳释氧价值量年际变化呈无明显的上升趋势，增速较小约为 0.017 亿元/10a。其中 1982～1989 年的变化波动性较大，呈弱上升趋势，增幅约为 0.931 亿元/10a；1990～1999 年的变化呈明显下降趋势，下降速率约为 5.186 亿元/10a；2000～2011 年的变化开始逐渐呈上升趋势，增速约为 7.188 亿元/10a。整个时段汉中盆地固碳释氧价值量年际变化呈先降后升的走向，总体走势平稳，1982～1989 年波动较大，1990～1999 年下降趋势明显，2000～2011 年开始回升。与关中盆地固碳释氧走势相似，1982～1989 年变化幅度较小，到 1990～1999 年出现明显的下降趋势，2000～2011 年逐渐回升。

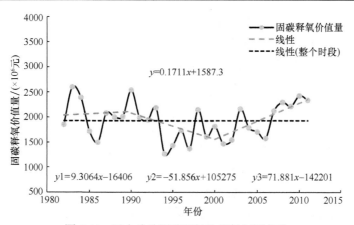

图 5-11 汉中盆地固碳释氧价值量年际变化

表 5-12 汉中盆地固碳释氧价值量各时段变化率

项目	整个时段	1982～1989 年	1990～1999 年	2000～2011 年
变化率/（亿元/10a）	0.017	0.931	−5.186	7.188

（二）陕西河谷盆地固碳释氧价值量多年均值空间分布

由图 5-12 可以得知，陕西河谷盆地固碳释氧价值量多年均值在 357.00～3359.07 元/hm²，其中高值区域主要集中分布在关中盆地铜川地区和汉中盆地靠

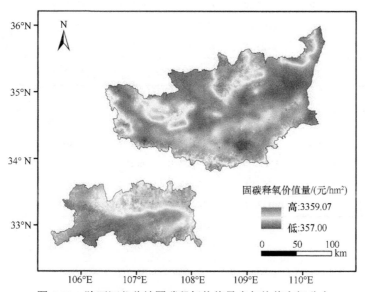

图 5-12 陕西河谷盆地固碳释氧价值量多年均值空间分布

近秦岭一侧地区，而低值分布盆地中部坡度较小地区，如关中盆地西安、咸阳和渭南部分地区，以及汉中盆地南部地区。主要原因是在盆地四周坡度较大，以林地和草地为主，导致固碳释氧价值量较高，而在盆地中部地区主要是以耕地为主，故固碳释氧量价值量相对较小。

（三）基于河谷盆地土地利用类型的固碳释氧价值量变化分析

关中盆地不同土地利用类型的固碳释氧价值量见表5-13。平均值中，林地最高，其次是草地，其他依次是未利用地、耕地、水域、建设用地。价值总量中，耕地最高，这是因为关中盆地耕地面积占大部分；最少是未利用地，原因是未利用地面积最少。汉中盆地不同用地类型的固碳释氧价值量见表5-14。从表可知，平均值中，林地最高，其次是草地，再次到耕地，建设用地最低。固碳释氧价值总量中，草地最高，这是因为汉中盆地草地面积较大；未利用地最低，原因是未利用地占盆地面积最少。

表 5-13 关中盆地不同土地利用类型固碳释氧价值量

土地利用类型	MIN / （元/hm²）	MAX / （元/hm²）	RANGE / （元/hm²）	MEAN / （元/hm²）	STD / （元/hm²）	SUM/元
耕地	1936.72	18308.20	16371.40	5726.65	1378.05	1391980000.00
林地	2198.83	13137.00	10938.20	7305.13	1971.16	594784000.00
草地	2687.36	13650.50	10963.20	6396.51	1744.45	702720000.00
水域	3111.48	11219.40	8107.93	5437.88	1144.84	40512200.00
建设用地	2077.03	9214.00	10137.00	4042.19	1120.05	143764000.00
未利用地	3964.29	10428.10	6463.85	6002.82	1306.65	5522600.00

表 5-14 汉中盆地不同土地利用类型固碳释氧价值量

土地利用类型	MIN / （元/hm²）	MAX / （元/hm²）	RANGE / （元/hm²）	MEAN / （元/hm²）	STD / （元/hm²）	SUM/元
耕地	3796.28	12150.30	8354.06	6393.36	1476.22	382962000.00
林地	3709.95	11833.50	8123.51	6713.84	1690.25	315483000.00
草地	3750.71	12141.70	8391.02	6685.17	1698.11	484274000.00
水域	4758.30	9052.84	4794.53	5080.27	1158.80	10782700.00
建设用地	3935.46	8175.90	6240.47	4632.96	1234.70	14731500.00

第六章 生态系统服务综合价值量时空变化特征

　　河谷盆地自然景观及生态系统，如林地、耕地、草地、水域等，能够提供多种生态系统服务功能。在区域社会经济快速发展和城市化过程中，人类活动对生态系统总体服务功能的供给能力产生了什么样的影响，是该区域生态安全及可持续发展研究的关键问题。基于前面的研究，本章将对几种功能的价值量进行汇总，从不同的时空尺度对陕西河谷盆地的生态综合价值量进行测评。生态系统服务价值量综合评价技术路线见图 6-1。

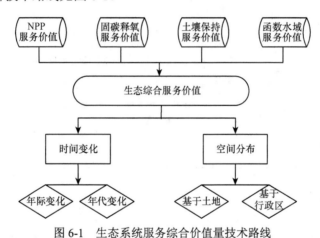

图 6-1　生态系统服务综合价值量技术路线

第一节　生态系统服务综合价值量测评与时空动态分析

一、生态系统服务综合价值量测评模型

　　综合生态系统服务功能价值量估算模型为

$$V_{\text{total}} = \sum_{i}^{n} v_i \tag{6-1}$$

式中，V_{total} 表示生态综合服务价值量（元/a）；i 表示生态系统的第 i 项生态系统服务价值量；根据前文研究分析，各个生态系统服务功能价值量 $n=4$，即为生态系统服务功能的种类数，主要包括净初级生产力价值量、固碳释氧价值量、土壤保持价值量以及保水价值量。

二、生态系统服务综合价值量测评结果与变化分析

（一）陕西河谷盆地生态系统服务综合价值量年际变化特征

1982～2011 年关中盆地生态系统服务综合价值量年均值年际变化特征见图 6-2、表 6-1。整个研究时段关中盆地生态系统服务综合价值量年际变化呈明显的上升趋势，增幅为 1.897 亿元/10a。从年代划分，1982～1989 年关中盆地生态系统服务综合价值量年际变化波动加大，呈上升趋势，变化率为 7.298 亿元/10a；1990～1999 年该地区生态系统服务综合价值量年际变化呈明显的下降趋势，降速约为 9.074 亿元/10a；2000～2011 年，开始出现较大的波动变化，该时期的变化呈增加趋势，增速为 17.837 亿元/10a。整体来看，关中盆地的生态好转较明显，不同年代变化幅度不同。

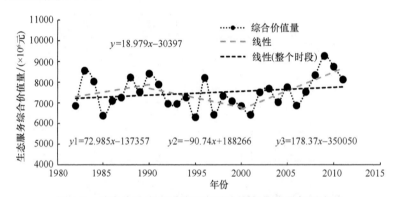

图 6-2　关中盆地生态系统服务综合服务价值量年际变化

表 6-1　关中盆地生态系统服务功能综合价值量各时段变化率

项目	整个时段	1982～1989 年	1990～1999 年	2000～2011 年
变化率/（亿元/10a）	1.897	7.298	−9.074	17.837

从图 6-3 和表 6-2 可以看出，汉中盆地整个研究时段生态系统服务综合服务价值量变化特征和关中盆地的变化相似，都呈上升趋势，增幅为 1.583 亿元/10a。年代变化中，1982～1989 年呈无显著增加趋势，增速为 3.806 亿元/10a；1990～1999 年变化呈下降趋势，降速为 9.256 亿元/10a；2000～2011 年变化呈明显增加趋势，增速为 13.296 亿元/10a。整体来看，汉中盆地生态系统服务综合价值量呈明显上升过程，表明生态改善明显，其中在 1982～1989 年生态环境没有受到破坏，到 1990～1999 年生态环境明显出现退化趋势，到了 2000～2011 年生态环境又逐渐恢复。

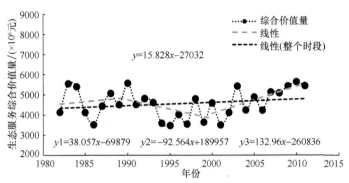

图6-3　汉中盆地生态系统服务综合服务价值量年际变化

表6-2　关中盆地生态系统服务功能综合价值量各时段变化率

项目	整个时段	1982～1989 年	1990～1999 年	2000～2011 年
变化率/（亿元/10a）	1.583	3.806	−9.256	13.296

（二）生态系统服务综合价值量空间分布特征

1. 关中盆地生态系统服务综合价值量空间分布特征

关中盆地生态系统服务综合价值量多年均值空间分布特征如图 6-4 所示。从图中可以看出，低值主要分布在盆地中部地区，高值主要分布在盆地周边，如靠

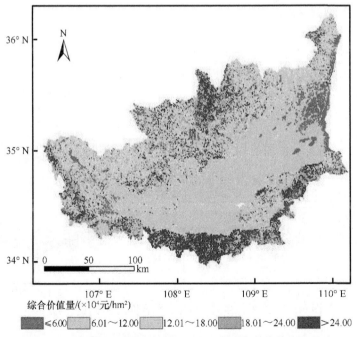

综合价值量/（×10⁴元/hm²）

| ≤6.00 | 6.01～12.00 | 12.01～18.00 | 18.01～24.00 | >24.00 |

图6-4　关中盆地生态系统服务综合价值量多年均值空间分布

近秦岭一带和铜川地区。从各个值域范围来看，值小于等于 $6.00×10^4$ 元/hm² 的面积占区域的 2.50%，值在 $6.01×10^4$～$12.00×10^4$ 元/hm² 的占区域的 49.71%，值在 $12.01×10^4$～$18.00×10^4$ 元/hm² 的约占区域的 28.17%，值在 $18.01×10^4$～$24.00×10^4$ 元/hm² 的占区域的 13.78%，大于 $24.00×10^4$ 元/hm² 的约占区域 5.84%。各个值域百分比中，关中盆地生态系统服务综合价值量多年均值主要在 $6.01×10^4$～$18.00×10^4$ 元/hm²。整个区域空间分布特征呈由盆地中部向四周递增规律。

关中盆地生态系统服务综合价值量不同年代空间分布特征见图 6-5、表 6-3。1982～1989 年、1990～1999 年和 2000～2011 年的空间分布都呈相似的分布规律，低值集中分布盆地中部地区，也是坡度较小、适合城市聚集发展以及人类活动比较频繁的地区；而高值主要分布在坡度较大、城市相对稀疏、人类作用相对较小

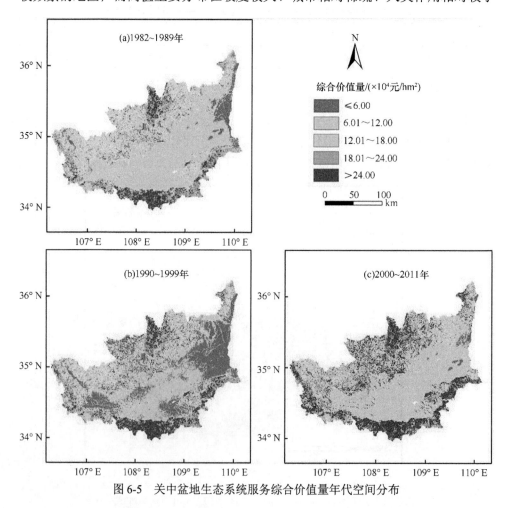

图 6-5　关中盆地生态系统服务综合价值量年代空间分布

表 6-3　关中盆地生态系统服务综合价值量不同年代值域范围百分比（单位：%）

时段	综合价值量/（$\times 10^4$元/hm^2）				
	≤6.00	6.01～12.00	12.01～18.00	18.01～24.00	>24.00
1982～1989 年	1.28	61.34	23.86	10.94	2.58
1990～1999 年	5.93	49.18	28.27	12.27	4.35
2000～2011 年	0.29	38.6	32.39	18.12	10.6

的地区，如靠近秦岭一带的出现高值区。不同的年代，值变化不同。1982～1989 年中，值小于等于 6.00×10^4 元/hm^2 的面积占区域的 1.28%，值在 6.01×10^4～12.00×10^4元/hm^2 的占区域的61.34%，值在 12.01×10^4～18.00×10^4 元/hm^2 的约占区域的 23.86%，值在 18.01×10^4～24.00×10^4 元/hm^2 的占区域的 10.94%，大于 24.00×10^4元/hm^2 的约占区域 2.58%，这说明区域的值大部分集中在 6.01×10^4～18.00×10^4 元/hm^2。1990～1999 年，值小于等于 6.00×10^4 元/hm^2 的占区域的 5.93%，与 1982～1989 年相比有所增加；值在 6.01×10^4～12.00×10^4元/hm^2 的占区域的 49.18%，与 1982～1989 年相比减少；值在 12.01×10^4～18.00×10^4 元/hm^2 的约占区域的 28.27%，值在 18.01×10^4～24.00×10^4 元/hm^2 的占区域的 12.27%，大于 24.00×10^4 元/hm^2 的约占区域 4.35%，与 1982～1989 年相比，范围有所增加。说明 1982～1989 年到 1990～1999 年，不同地区生态系统服务综合价值量变化不同，低值有所减少，而高值有所增加。2000～2011 年，低值小于等于 6.00×10^4 元/hm^2 的面积占 0.29%，值在 6.01×10^4～12.00×10^4 元/hm^2 的约占区域的 38.60%，与 1982～1989 年和 1990～1999 年相对比例有所减少，而高值 12.01×10^4～18.00×10^4 元/hm^2 占 32.39%，18.01×10^4～24.00×10^4 元/hm^2 约占 18.12%，大于 24.00×10^4 元/hm^2 约占 10.60%，与 1982～1989 年和 90 年底相比高值区域有所增多。

从各个年代变化特征来看，空间分布相似，从 80 年代到 90 年代的变化中，高值区域有所缩减，低值区域有所增加；而 90 年代到 21 世纪初，高值区域有所增加，低值区域有所减少。说明初期生态环境受破坏程度较小，这个时期人类活动对环境的影响较小；到中期，生态环境出现明显的退化，这个时期主要是城市快速发展，人类干扰最明显时期；到末期生态环境出现改善趋势，主要是人们意识到生态环境破坏的严重性，政府出台的一系列政策和措施，使得生态环境逐渐改善。

2. 汉中盆地生态系统服务综合价值量空间分布特征

汉中盆地生态系统服务综合价值量多年均值空间分布特征，如图 6-6 所示，低值主要分布在盆地中部地区，高值主要分布在盆地周边，如靠近秦岭一带。从各个值域范围来看，值小于等于 6.00×10^4 元/hm^2 的面积占区域的 0.85%，值在 6.01～12.00×10^4 元/hm^2 的占区域的19.76%，值在 12.01×10^4～18.00×10^4 元/hm^2

的约占区域的 45.69%，值在 $18.01×10^4$～$24.00×10^4$ 元/hm^2 的占区域的 24.77%，大于 $24.00×10^4$ 元/hm^2 的约占区域 8.94%。各个值域百分比中，汉中盆地生态系统服务综合价值量多年均值主要在 $12.01×10^4$～$24.00×10^4$ 元/hm^2。整个区域空间分布特征呈由盆地中部向四周递增规律。

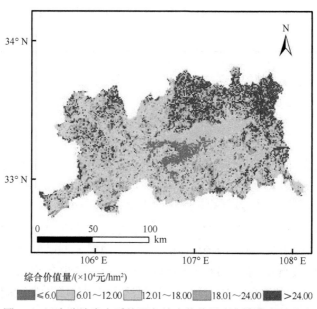

综合价值量/($×10^4$元/hm^2)

| ≤6.0 | 6.01～12.00 | 12.01～18.00 | 18.01～24.00 | >24.00 |

图 6-6　汉中盆地生态系统服务综合价值量多年均值空间分布

　　汉中盆地生态系统服务综合价值量年代变化均值空间特征见图 6-7、表 6-4。1982～1989 年、1990～1999 年和 2000～2011 年生态系统服务综合价值量变化空间分布相似，都是区域中部地区值较低，四周值较高。在城市发展中心地带，人口城市密集，人类活动频繁，对生态的作用较强，反之作用校对较弱。不同的年代，人们对生态环境建设的意识不同，因此不同年代的生态变化也不同。1982～1989 年空间分布中，值小于等于 $6.00×10^4$ 元/hm^2 的面积约占区域的 0.53%，值在 $6.01×10^4$～$12.00×10^4$ 元/hm^2 的约占区域的 29.22%，分布在区域中部地区，是人口城市密集地区，也是经济发展中心；值在 $12.01×10^4$～$18.00×10^4$ 元/hm^2 的约占区域的 47.71%；值在 $18.01×10^4$～$24.00×10^4$ 元/hm^2 的约占区域的 17.18%，大于 $24.00×10^4$ 元/hm^2 的约占区域的 5.36%，空间分布在靠近秦岭地区，离经济发展中心较远的地区。1990～1999 年中，值小于等于 $6.00×10^4$ 元/hm^2 的约占 1.55%，值在 $6.01×10^4$～$12.00×10^4$ 元/hm^2 的约占区域的 18.48%，值在 $12.01×10^4$～$18.00×10^4$ 元/hm^2 的约占区域的 48.93%，值在 $18.01×10^4$～$24.00×10^4$ 元/hm^2 的约占区域的 26.56%，大于 $24.00×10^4$ 元/hm^2 的约占区域的 4.48%。与 1982～1989 年相比，1990～1999 年低值范围在增加，高值范围在减少。2000～2011 年，值大于

等于 $6.00×10^4$ 元/hm² 的约占区域的 0.46%，值在 $6.01×10^4$～$12.00×10^4$ 元/hm² 的约占区域的 11.59%，在 $12.01×10^4$～$18.00×10^4$ 元/hm² 的约占 40.42%，在 $18.01×10^4$～$24.00×10^4$ 元/hm² 的约占区域的 30.56%，大于 $24.00×10^4$ 元/hm² 的约占区域的 16.97%。与 1990～1999 年相比，2000～2011 年的生态变化中，低值区域在减少，高值地区在增加。

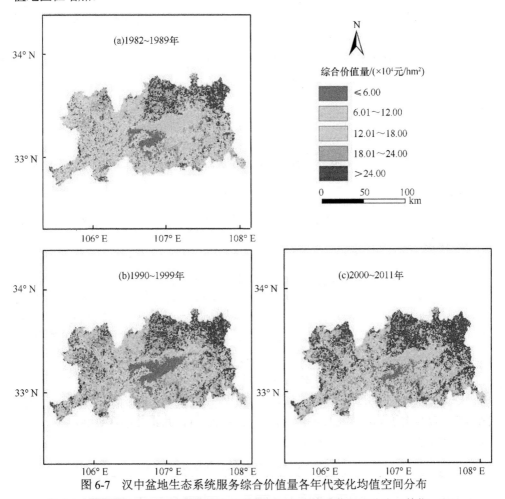

图6-7　汉中盆地生态系统服务综合价值量各年代变化均值空间分布

表6-4　汉中盆地生态系统服务综合价值量不同年代值域范围百分比（单位：%）

时段	综合价值量/（$×10^4$ 元/hm²）				
	≤6.0	6.01～12.00	12.01～18.00	18.01～24.00	＞24.00
1982～1989 年	0.53	29.22	47.71	17.18	5.36
1990～1999 年	1.55	18.48	48.93	26.56	4.48
2000～2011 年	0.46	11.59	40.42	30.56	16.97

总体上，1982～1989 年到 1990～1999 年再到 2000～2011 年，汉中盆地生态系统服务综合价值量变化中，低值区域逐渐在缩小，高值地区在逐步扩大。说明在社会发展中，人们越来越重视生态环境建设与社会经济协调发展。

三、生态系统服务综合价值量持续性变化特征

Hurst 指数是自然界中具有长期依赖性的时间序列普遍存在，是定量描述时间序列信息长期依赖性的有效方法之一。

对于任意正整数 $\tau \geqslant 1$，定义均值序列 $\{\xi(t)\}$

$$<\xi>\tau = \frac{1}{\tau}\sum_{t=1}^{\tau}\xi(t) \quad (\tau = 1, 2, \cdots, N) \tag{6-2}$$

积累离差

$$X(t,\tau) = \sum_{u}^{t}\left[\xi(t) - <\xi>\tau\right] \quad (1 \leqslant t \leqslant \tau) \tag{6-3}$$

极差

$$R(\tau) = \max_{1 \leqslant t \leqslant \tau} X(t,\tau) - \min_{1 \leqslant t \leqslant \tau} X(t,\tau) \quad (\tau = 1, 2, \cdots, N) \tag{6-4}$$

标准差

$$S(\tau) = [\frac{1}{\tau}\sum_{t=1}^{\tau}\left(\xi(t) - <\xi>\tau\right)^2]^{\frac{1}{2}} \quad (\tau = 1, 2, \cdots, N) \tag{6-5}$$

考虑比值 $R(\tau)/S(\tau)$，若存在 $R/S \propto \tau H$ 则说明时间序列 $\{\xi(t)\}$ 存在 Hurst 现象，H 称为 Hurst 指数。在双对数坐标系（$\ln\tau$, $\ln R/S$）中用最小二乘法拟合式得到 H。

（1）若 $0.5 < H < 1$，表明 NDVI 时间序列具有长期正持续相关特征。

（2）若 $H = 0.5$，表明 NDVI 时间序列为相互独立的随机序列。

（3）若 $0 < H < 0.5$，表明 NDVI 时间序列数据具有反持续性，序列有突变跳跃特性。H 值越接近 0，其反持续性越强；越接近 1，其正持续性越强。其中等级划分见表 6-5。

表 6-5　Hurst 指数等级划分

持续性	反持续性				
	很强（Ⅰ）	较强（Ⅱ）	强（Ⅲ）	较弱（Ⅳ）	很弱（Ⅴ）
Hurst 指数	$0.0 < H \leqslant 0.1$	$0.1 < H \leqslant 0.2$	$0.2 < H \leqslant 0.3$	$0.3 < H \leqslant 0.4$	$0.4 < H \leqslant 0.5$
持续性	正持续性				
	很弱（Ⅵ）	较弱（Ⅶ）	强（Ⅷ）	较强（Ⅸ）	很强（Ⅹ）
Hurst 指数	$0.5 < H \leqslant 0.6$	$0.6 < H \leqslant 0.7$	$0.7 < H \leqslant 0.8$	$0.8 < H \leqslant 0.9$	$0.9 < H \leqslant 1.0$

通过 Hurst 指数分析关中盆地综合服务价值量的持续性变化特征（图 6-8），从图可以得出主要分布特征是呈东西走向，东部指数值较高，西部指数值较低，集中指数值主要在 0.4～0.6，正反持续性程度都较弱。

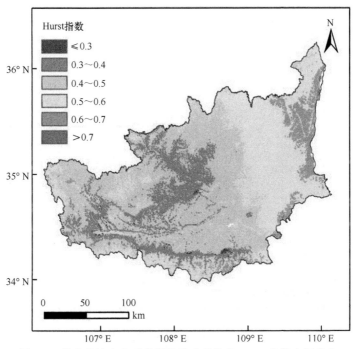

图 6-8　关中盆地生态系统服务综合价值量 Hurst 指数空间分布

由表 6-6 可知，反持续性变化中，持续性很强、持续性较强、持续性强、持续性较弱、持续性很弱所占比例分别为 0.48%、3.66%、8.76%、17.46%、26.59%，这表明反持续性主要表现为较弱和很弱。而正持续性变化中，持续性很强、持续性较强、持续性强、持续性较弱、持续性很弱所占比例分别为 0.22%、1.48%、6.71%、13.72%、20.92%，表明正持续性变化与反持续性一样主要表现为较弱和很弱。

表 6-6　关中盆地生态系统服务综合价值量 Hurst 指数变化情况

项目	反持续性					正持续性				
	很强	较强	强	较弱	很弱	很弱	较弱	强	较强	很强
Hurst 指数	$0.0 < H \leqslant 0.1$	$0.1 < H \leqslant 0.2$	$0.2 < H \leqslant 0.3$	$0.3 < H \leqslant 0.4$	$0.4 < H \leqslant 0.5$	$0.5 < H \leqslant 0.6$	$0.6 < H \leqslant 0.7$	$0.7 < H \leqslant 0.8$	$0.8 < H \leqslant 0.9$	$0.9 < H \leqslant 1.0$
百分比/%	0.48	3.66	8.76	17.46	26.59	20.92	13.72	6.71	1.48	0.22

汉中盆地生态系统服务综合价值量持续变化空间特征见图 6-9。从图 6-9 可以得出，Hurst 指数值分布呈南北递减走向，集中值域范围主要是在 0.4～0.6，较低

值和较高值都很少，也表明近 30 年区域的生态系统服务综合价值量持续性变化较弱。

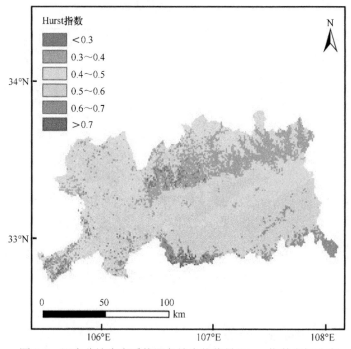

图 6-9　汉中盆地生态系统服务综合价值量 Hurst 指数空间分布

　　由表 6-7 可知，反持续性变化中，持续性很强、持续性较强、持续性强、持续性较弱、持续性很弱所占比例分别为 0.00%、0.95%、5.93%、11.96%、20.02%，表明反持续性主要表现为较弱和很弱。而正持续性变化中，持续性很强、持续性较强、持续性强、持续性较弱、持续性很弱所占比例分别为 0.15%、3.88%、12.37%、20.52%、24.20%，表明正持续性变化与反持续性一样主要表现为较弱和很弱。

表 6-7　汉中盆地生态系统服务综合价值量 Hurst 指数变化情况

项目	反持续性					正持续性				
	很强	较强	强	较弱	很弱	很弱	较弱	强	较强	很强
Hurst 指数	$0.0 < H \leqslant 0.1$	$0.1 < H \leqslant 0.2$	$0.2 < H \leqslant 0.3$	$0.3 < H \leqslant 0.4$	$0.4 < H \leqslant 0.5$	$0.5 < H \leqslant 0.6$	$0.6 < H \leqslant 0.7$	$0.7 < H \leqslant 0.8$	$0.8 < H \leqslant 0.9$	$0.9 < H \leqslant 1.0$
百分比/%	0.00	0.95	5.93	11.96	20.02	24.20	20.52	12.37	3.88	0.15

第二节　生态系统服务综合价值量空间格局相关分析

一、全局自相关分析

全局空间自相关分析主要是通过 Moran's I 空间自相关统计量分析区域总体上的空间关联和空间差异程度。公式为

$$I = \frac{N}{\sum_{i=1}^{N}\sum_{j=1}^{N}w(i,j)} \times \frac{\sum_{i=1}^{N}\sum_{j=1}^{N}w(i,j)(x_i - \bar{x})(x_j - \bar{x})}{\sum_{i=1}^{N}(x_i - \bar{x})^2} \qquad （6\text{-}6）$$

式中，N 为总栅格数；x_i 为栅格 i 的生态系统服务综合价值量；i 为区域生态系统服务综合价值量均值；$w(i,j)$ 为空间权重矩阵。本书采用基于距离的空间权重矩阵，对格网尺度上的生态系统服务综合价值量空间相关分析。

生态系统服务综合价值量空间自相关通过 GeoDa 进行模拟估算，关中盆地生态系统服务综合价值量全局自相关指标为 0.68，而汉中盆地生态系统服务综合价值量全局自相关指标小于关中盆地，为 0.59。表明关中盆地生态系统服务综合价值量自相关程度比汉中盆地高。

二、局部自相关分析

全局 Moran's I 是一个统计指标，很难从空间尺度上体现各个区域对全局的影响程度，无法解析局部空间的聚集情况，而且全局空间自相关很难用于可视化，因此要采用局部空间自相关分析方法研究局部的相关性，通常采用 Moran's I 的 LISA 分析。公式为

$$I = \sum_{i=1}^{N} w(i,j)(x_i - \bar{x})(x_j - \bar{x}) \qquad （6\text{-}7）$$

根据局部相关模型进行关中盆地和汉中盆地生态系统服务综合价值量局部自相关分析。关中盆地生态系统服务综合价值量整体自相关性见图 6-10，LISA 集聚图 [图 6-10（a）] 和 LISA 显著性检验图 [图 6-10（b）] 从空间上反映局部区域的某一地理要素或属性与相邻区域上的同一要素或属性的相关程度。空间分布特征中，呈 H-H 特点的有 7804 个像元，分布在靠近秦岭的边缘地区以及铜川部分地区并呈高度聚集相关；呈 L-L 特点的有 14645 个像元，主要集中分布在关中盆地中部，城市聚集地区；而呈 L-H 和 H-L 特点的只有 459 个像元和 279 个像元，零散分布。其中在 H-H 和 L-L 地区大部分通过 0.01 显著水平检验，少数部分通过 0.05 显著水平检验。表明在生态系统服务低值聚集地区呈显著的低低聚集，在高

值聚集地区呈显著高–高聚集。

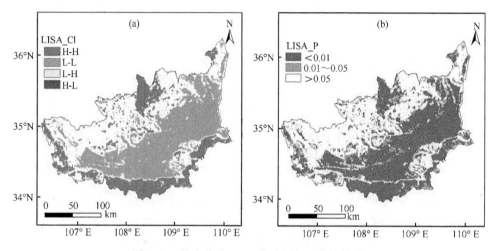

图 6-10　关中盆地 LISA 集聚图与显著性检验

汉中盆地生态系统服务综合价值量空间自相关（图 6-11）中，呈 H-H 特点的有 12335 个像元，大部分分布在盆地中部地区；呈 L-L 特点的有 14708 个像元，主要分东部地区，即靠近秦岭地区；而呈 L-H 和 H-L 特点的只有 1408 和 754 个像元，零星分布。其中呈 H-H 和 L-L 特点的区域，大部分通过 0.01 显著水平检验，只有少数部分通过 0.05 显著水平。说明在盆地中部生态系统服务低值集中地区呈显著的低低聚集，在生态系统服务高值集中地区呈显著高高（H-H）聚集。

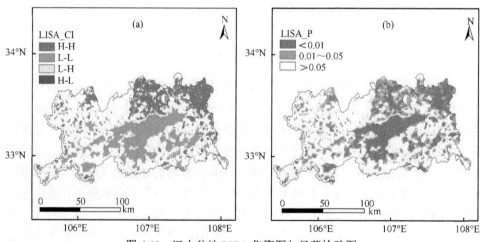

图 6-11　汉中盆地 LISA 集聚图与显著检验图

第三节　自然因子与生态系统服务综合价值量相关分析

一、气候要素变化特征

（一）关中盆地气温和降水变化特征分析

1. 关中盆地气温变化特征

1982～2011 年关中盆地年均气温年际变化特征（图 6-12）为变化波动性较小，整个时段呈明显增加趋势，增速为 0.034℃/a。年代变化中，1982～1989 年变化呈上升趋势，增速为 0.063℃/a；1990～1999 年变化和 1982～1989 年变化相似，都呈上升趋势，只是增速更明显，为 0.095℃/a；2000～2011 年年均气温开始有所下降，下降速率为-0.025℃/a。整体得出关中盆地年均气温变化呈上升趋势，到 2000～2011 年上升趋势有所减缓，这与全球气温变化一致。

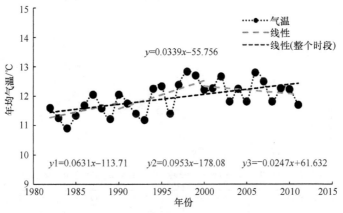

图 6-12　1982～2011 年关中盆地年均气温年际变化

2. 关中盆地年降水量变化特征

1982～2011 年关中盆地年降水量年际变化波动幅度较大，整个时段呈下降趋势，年变化率为-1.56mm/a。从年代角度来看，1982～1989 年的变化呈减少趋势，变化率为-16.03mm/a；1990～1999 年变化呈减少趋势，变化率为-0.88mm/a；2000～2011 年变化呈上升趋势，增速为 14.59mm/a。整体来看，关中盆地年降水量变化呈先减少后增加的过程，但整个过程呈无显著的减少趋势（图 6-13）。

（二）汉中盆地气温和降水变化特征分析

1982～2011 年汉中盆地年均气温年际变化特征呈明显上升趋势，增加速率为 0.052℃/a，整个过程变化幅度较小。年代变化中，1982～1989 年呈上升趋势，增

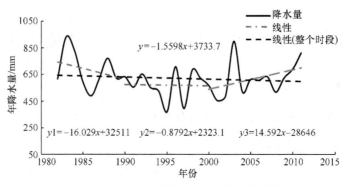

图 6-13　1982~2011 年关中盆地年降水量年际变化

速为 0.055℃/a；1990~1999 年出现明显波动的上升趋势，增速为 0.091℃/a；2000~2011 年年均气温年际变化上升趋势有所减缓，呈减少趋势，减少速率为−0.007℃/a。汉中盆地年均气温年际变化整体呈先升后降，即 1982~1989 年年均气温上升速率较慢，1990~1999 年呈上升趋势较明显，2000~2011 年上升趋势开始有所减缓（图 6-14）。

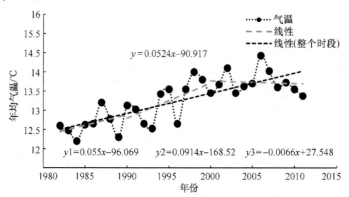

图 6-14　1982~2011 年汉中盆地年均气温年际变化

　　汉中盆地年降水量年际变化特征呈无明显减少趋势，减少速率为 1.98mm/a。年代变化中，1982~1989 年变化波动加大，呈减少趋势，减少速率为 10.19mm/a；1990~1999 年变化开始呈弱下降趋势，减少速率为 2.65mm/a；2000~2011 年年际降水量增加趋势较明显，增速为 26.84mm/a，通过 0.05 显著水平检验。整个研究时段汉中盆地年降水量呈先降后升的变化过程，与关中盆地年降水量走势相似（图 6-15）。

二、植被覆盖时空变化特征

　　本书通过多年均值分析植被覆被空间分布特征，结合 Sen 趋势分析方法研究 1982~2011 年河谷盆地植被覆盖变化空间特征，同时根据小波分析方法研究该时间段植被覆盖变化的周期特征。

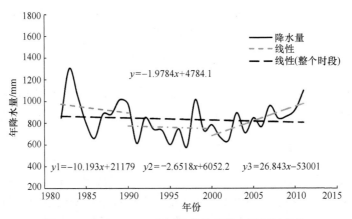

图 6-15　1982～2011 年汉中盆地年降水量年际变化

研究中采用 Sen 方法分析河谷盆地植被变化趋势的空间特征，并通过 Mann-Kendall 方法进行检验。该方法能够避免数据的缺失、剔除异常值的干扰以及数据分布形态对分析结果的影响。公式为

$$\rho = \text{median} \frac{\left(x_j - x_i\right)}{\left(j - i\right)} \quad (1 < i < j < n) \tag{6-8}$$

式中，x_j，x_i 为时间序列数据。$\rho < 0$ 表示数据呈下降趋势，反之表示数据呈上升趋势。通过 Mann-Kendall 方法检验变化趋势是否显著。

Mann-Kendall 检验（MK 检验）是比较常用的时间序列趋势检验方法之一。MK 检验不需要样本遵从一定的分布，适用于非正态分布的数据。

方法如下：

$$Q = \sum_{i=1}^{n-1} \sum_{j=i+1}^{n} \text{sign}(x_j - x_i) \tag{6-9}$$

$$\text{sign}(s) = \begin{cases} 1 & (s > 0) \\ 0 & (s = 0) \\ -1 & (s < 0) \end{cases} \tag{6-10}$$

$$Z = \begin{cases} \dfrac{Q-1}{\sqrt{V(Q)}} & (Q > 0) \\ 0 & (Q = 0) \\ \dfrac{Q+1}{\sqrt{V(Q)}} & (Q < 0) \end{cases} \tag{6-11}$$

式中，Q 检验统计量；Z 为标准化后的检验统计量；x_j，x_i 为时间序列数据；n 为样本数，当 $n \geq 8$ 时，Q 近似为正态分布。其均值和方差计算公式为

$$E(Q) = 0 \tag{6-12}$$

$$V(Q) = \frac{n(n-1)(2n-5)}{18} \tag{6-13}$$

标准化后 Z 为标准正态分布，若 $|Z| > z_{1-a/2}$，表明存在明显趋势变化。$z_{1-a/2}$ 为标准正态函数分布表在置信度水平 a 下对应的值。

（一）关中盆地植被覆盖时空变化特征

从图 6-16 可以看出，1982～2011 年关中盆地植被覆盖呈上升趋势，变化率约为 0.001/10a。年代变化中，1982～1989 年盆地植被覆盖变化呈增加趋势，增速约为 0.024/10a；1990～1999 年盆地植被覆盖变化呈减少趋势，下降速率约为 0.022/10a；2000～2011 年盆地植被覆盖呈上升趋势，增速约为 0.022/10a。整体来看，关中盆地植被覆盖年际变化呈上升趋势，却不明显，整个过程呈"升—降—升"走向。

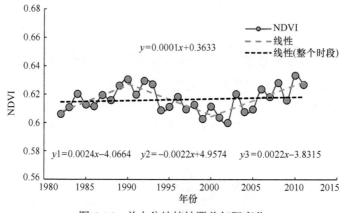

图 6-16　关中盆地植被覆盖年际变化

1982～2011 年关中盆地植被覆盖年均值空间分布特征见图 6-17。从中可以得出，NDVI 多年均值在 0.28～0.84，区域均值为 0.52。NDVI 高值主要分布在坡度较大的地区，如铜川地区，以及宝鸡部分地区和靠近秦岭边缘地区；而低值主要分布在坡度较小、城市发展地区，如西安城区和渭南地区。土地利用类型看出，不同用地类型存在明显差异，均值依次对应为林地＞草地＞耕地＞水域＞未利用地＞建设用地。

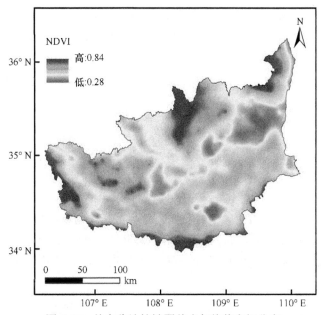

图 6-17　关中盆地植被覆盖多年均值空间分布

通过 Sen 趋势分析，研究 1982～2011 年关中盆地植被覆盖年际变化空间特征（图 6-18），从图得出变化率在–0.084～0.079/10a，其空间分布特征呈东北—西南走向，增加区域约占区域的 64.38%，主要分布在渭南地区和咸阳地区，其中通过 0.01 显著

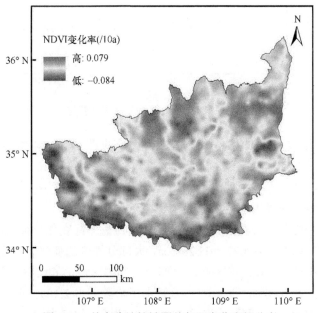

图 6-18　关中盆地植被覆盖年际变化空间分布

性检验的约占区域的 11.33%，通过 0.05 显著水平检验的约占区域的 26.41%；呈退化的区域约占区域的 35.62%，主要为铜川和靠近秦岭边缘地区，其中通过 0.01 显著性检验的约占区域的 0.21%，通过 0.05 显著水平检验的约占区域的 6.3%。综合说明 1982～2011 年关中盆地植被覆盖改善，少数区域退化，且退化程度较弱。

（二）汉中盆地植被覆盖时空变化

1982～2011 年汉中盆地植被覆盖年际变化呈上升趋势（图 6-19），增速约为 0.004/10a。年代变化中，1982～1989 年盆地植被覆盖年际变化呈增加趋势，增速约为 0.018/10a；1990～1999 年盆地植被覆盖年际变化呈下降趋势，降幅约为 0.018/10a；2000～2011 年盆地植被覆盖年际变化与 1990～1999 年相似都呈下降趋势，只是降幅增大，约为 0.028/10a。整体来看，汉中盆地植被覆盖年际变化呈增加趋势，整个过程呈"升—降—升"走向，其变化特征与关中盆地的变化相似。

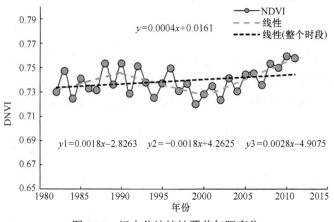

图 6-19　汉中盆地植被覆盖年际变化

汉中盆地植被覆盖 NDVI 多年均值空间分布见图 6-20。从图 6-20 可以看出，多年均值在 0.58～0.84，高值主要集中在盆地北部地区，低值中心主要集中在盆地坡度较小的地区。不同用地类型的 NDVI 多年均值依次为林地＞草地＞耕地＞水域＞未利用地＞建设用地。

通过 Sen 趋势分析方法研究汉中盆地植被覆盖年际变化特征（图 6-21），盆地植被覆盖年际变化率在–0.077～0.026/10a，大部分地区的变化率都大于 0，只有少数地区变化率小于 0，即改善区域占大部分，约占区域的 69.25%，其中通过 0.01 显著水平检验的占 0.06%，通过 0.05 显著水平检验的占 2.13%；退化区域占少数，约占区域的 30.75%，主要集中分布在盆地中部城市的集中地区以及北部部分地区，其中没有通过 0.01 显著水平，通过 0.05 显著水平检验的约占 1.07%。

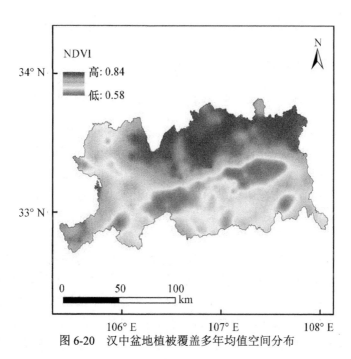

图 6-20 汉中盆地植被覆盖多年均值空间分布

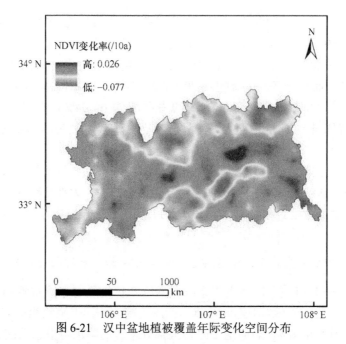

图 6-21 汉中盆地植被覆盖年际变化空间分布

第四节　气候与生态系统服务综合价值量相关分析

一、关中盆地生态效应与气候因子相关分析

（一）关中盆地生态系统服务综合价值量与年均气温的相关分析

1982～1989 年关中盆地生态系统服务综合价值量与同期气温相关系数值在 -0.90～0.26，中部地区为高值中心，而在宝鸡西北地区、咸阳北部地区、铜川地区以及关中盆地与秦岭接壤地区出现较低值。其中相关系数大于 0 的约占整个区域的 29.61%，主要分布在中部地区。而呈负相关中，小于-0.6 的约占 3.27%，值在-0.6～0 的约占 66.12%，表明这个时期的气温对生态影响大部分呈负相关 [图 6-22（a）]。

1990～1999 年关中盆地生态系统服务综合价值量与同期气温相关系数值在 -0.57～0.62，空间分布呈中间高四周低，与 1982～1989 年空间分布刚好相反。其中呈负相关，即相关系数小于 0 的分布在关中盆地中部地区，约占整个区域的 78.10%，其中 0～0.40 的约占 65.55%，小于-0.40 的约占 13.45%。而呈正相关的主要分布在关中盆地四周。整体来看，该时期气温对生态的影响大部分呈负相关 [图 6-22（b）]。

2000～2011 年关中盆地生态系统服务综合价值量与同期气温相关系数值在-0.24～0.69，空间分布呈东高西低走向。其中呈负相关的，即相关系数值小于 0 的约占该地区的 0.96%，表明这个时期气温对生态系统服务综合价值量呈正相关。而正相关中，数值在 0～0.20 的约占区域的 4.98%，0.20～0.40 的约占区域的 33.71%，大于 0.40 的约占区域的 60.04%，说明这个时期气温与生态系统服务综合价值量相关程度较强，只有少数地区存在弱的负相关 [图 6-22（c）]。

根据关中盆地年均气温年际变化和生态系统服务综合价值量与气温相关特征来看，1982～1989 年和 1990～1999 年气温都在升高，大部分地区气温与生态系统服务综合价值量呈负相关，而 2000～2011 年气温上升趋势有所减缓，大部分地区呈正相关。

（二）关中盆地生态系统服务综合价值量与年降水量的相关分析

1982～1989 年关中盆地生态系统服务综合价值量与年降水量相关系数值在-0.27～0.98，空间分布为中部为低值，四周为高值。其中呈负相关的，即相关系数小于 0 的约占 0.26%，表明这个时期大部分地区的降水与生态系统服务综合价

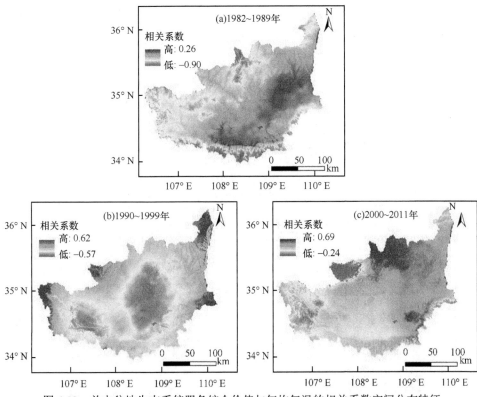

图6-22 关中盆地生态系统服务综合价值与年均气温的相关系数空间分布特征

值量呈正相关。而正相关中，0~0.40 的约占区域的 8.53%，0.40~0.60 的约占 24.97%，大于 0.60 的约占区域的 66.24%，这说明 1982~1989 年关中盆地年降水量减少对生态系统服务综合价值量呈较强的正相关[图 6-23（a）]。

1990~1999 年关中盆地生态系统服务综合价值量与年降水量相关系数值在 −0.72~0.97，空间分布中，只有南部周边，即关中盆地与秦岭接壤地区出现明显的低值，其他地区为较高值。相关系数值域分布中，小于 0 的约为区域的 1.45%，而 0~0.40 的约占区域的 6.45%，0.40~0.60 的约占区域的 23.57%，大于 0.60 的约占区域 68.44%，这表明该时期的降水量变化对生态系统服务综合价值量呈正作用，而且正相关数值较高[图 6-23（b）]。

2000~2011 年关中盆地生态系统服务综合价值量与年降水量相关系数值在 −0.73~0.81，空间分布中，低值主要集中分布在关中盆地与秦岭接壤地区，高值出现东部渭南地区和西部宝鸡部分地区。相关系数中，呈负相关的约占区域的 8.08%，0~0.20 的约占区域的 13.77%，0.20~0.40 的约占区域的 42.30%，0.40~0.6 的约占区域的 29.58%，而大于 0.60 的约占区域的 6.27%，可以看出这个时期绝大部分地区的降水量对生态系统服务综合价值量呈正相关，其中正相关系数主要集中在 0.20～0.60。综合来看，1982～2011 年关中盆地年降水量对该地区的生态系统服务综合价值量的作用大部分呈正相关[图 6-23（c）]。

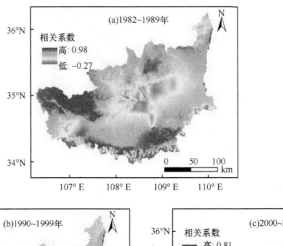

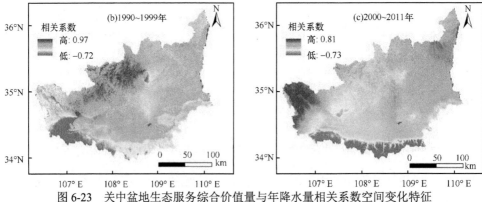

图 6-23　关中盆地生态服务综合价值量与年降水量相关系数空间变化特征

二、汉中盆地生态效应与气候因子相关分析

（一）汉中盆地生态系统服务综合价值量与年均气温的相关分析

1982～1989 年汉中盆地生态系统服务综合价值量与年均气温相关系数值在 −0.82～0.44，空间分布中，在该地区东部出现高值中心，向西逐渐递减。其中呈正相关的约占区域的 11.87%。而负相关中，小于−0.40 的约占 57.77%，−0.40～−0.20 约占区域的 19.73%，−0.20～0 的约占区域的 10.62%，表明这个时期大部分地区的气温与生态系统服务综合价值量呈负相关。而负相关小于−0.40 的约占到汉中盆地的 1/2，说明负相关程度较强[图 6-24（a）]。

1990～1999 年汉中盆地生态系统服务综合价值量与年均气温相关空间分布呈东南-西北递增走向，相关系数值在−0.46～0.62。其中相关系数数值中，小于−0.20 的约占区域的 3.87%，−0.20～0 的约占区域的 36.01%，0～0.20 的约占区域的 52.42%，大于 0.20 的约占区域的 7.70%，可以看出大部地区相关为正相关，而且数值集中在 0～

0.20，而约 1/3 地区为负相关，且数值主要集中在–0.20~0。这说明该时期大部分地区的气温与生态系统服务综合价值量呈正相关，只是相关程度较弱[图 6-24（b）]。

2000~2011 年汉中盆地生态系统服务综合价值量与年均气温相关系数空间分布呈南北递增走向，相关系数值在–0.74~0.49。其中小于 0 的约占区域的 3.02%，0~0.20 的约占区域的 14.85%，值在 0.20~0.40 的约占区域的 70.34%，大于 0.40 的约占区域 11.74%，表明这个时期的气温变化对生态系统服务综合价值量的影响主要表现在正作用，极少数地区为负作用。综合来看，汉中盆地不同时期气温对生态的作用不同，其空间分布也存在差异[图 6-24（c）]。

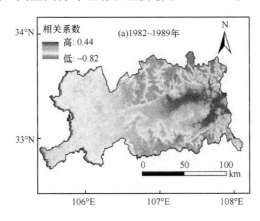

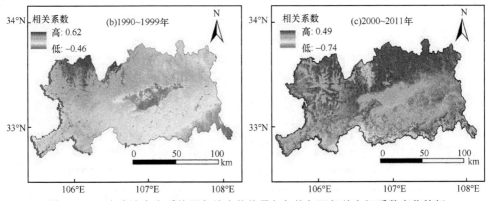

图 6-24　汉中盆地生态系统服务综合价值量与年均气温相关空间系数变化特征

（二）汉中盆地生态系统服务综合价值量与年降水量的相关分析

1982~1989 年汉中盆地生态系统服务综合价值量与年降水量相关空间变化特征[图 6-25（a）]，与气温和生态系统服务综合价值量相关空间分布特征相似，都是东部出现高值，西部为低值。相关系数值在–0.69~0.96，其中呈负相关的地域约占 47.19%，值在–0.20~0 的面积约占区域的 21.02%。呈正相关的区域中，值在 0～0.20 的约占区域的 16.49%，值在 0.20～0.40 的约占区域的 14.25%，大于 0.40 的约占区域的 22.07%。这表明汉中盆地中，正负相关空间分布相当。

1990～1999 年汉中盆地生态系统服务综合价值量与年降水量相关变化空间特征见图 6-25（b）。从图可以看出，中部出现明显低值，由中部逐渐向东西方向递增。相关系数值在 -0.76～0.47，呈正相关的约占区域 11.87%。而负相关中，小于 -0.40 的约占区域 57.77%，值在 -0.40～-0.20 的约占区域的 19.73%，值在 -0.20～0 的约占区域的 10.62%，这说明该时期的年降水量对生态系统服务综合价值量的影响大部分呈负作用，只有少数地区呈正作用，且负作用主要集中在大于 -0.40，进而表明负作用程度较强。

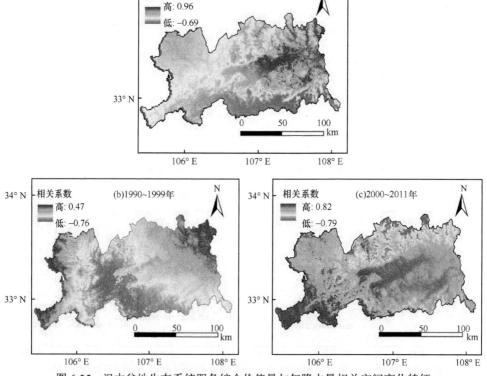

图 6-25　汉中盆地生态系统服务综合价值量与年降水量相关空间变化特征

2000～2011 年汉中盆地生态系统服务综合价值量与年降水量相关空间变化特征见图 6-25（c）。从图可以得出相关程度呈东北-西南递增走向，相关系数值在 -0.79～0.82。其中呈负相关的地区约 18.11%，而呈正相关地区中，值在 0～0.20 的约占区域的 18.32%，值在 0.20～0.40 的约占区域的 34.07%，大于 0.40 的约占区域的 29.50%。可以看出，该时期的年降水量对生态系统服务综合价值量的作用大部分呈正作用，只有少数地区呈负作用。

第五节　植被覆盖与生态系统服务综合价值量相关分析

一、关中盆地植被覆盖对综合生态服务价值量的影响

从图 6-26（a）可以看出，1982~1989 年关中盆地植被覆盖对生态效益影响其空间分布差异明显，大部分地区呈正相关，约占区域的 79.57%，少数中部区域呈负相关，约占区域的 20.43%。与 1982~1989 年相比，1990~1999 年空间分布有相反分布，呈负相关区域的相对增加，约占区域的 25.79%，正相关区域相对减少为 74.21%。与 1982~1989 年相同的是大部分区域呈正相关，且正相关较强，少数地区呈负相关，负相关程度较弱[图 6-26（b）]。与 1990~1999 年相比，2000~2011 年植被覆盖对生态影响空间分布存在差异，呈负相关的区域有所增加，约占区域的 28.26%，而呈正相关的区域有所减少，约占区域的

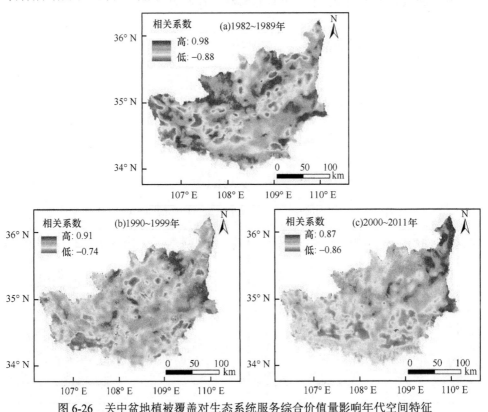

图 6-26　关中盆地植被覆盖对生态系统服务综合价值量影响年代空间特征

71.78%[图 6-26（c）]。综合可以看出，大部分地区植被覆盖对生态效应影响呈正相关，空间差异明显。

二、汉中盆地植被覆盖对生态效应的影响

1982～1989 年汉中盆地植被覆盖对生态效应影响空间特征见图 6-27（a）。呈负相关约占区域 21.16%，而大部分区域呈正相关，约占区域的 78.84%，其空间分布差异明显。相对 1982～1989 年而言，1990～1999 年植被覆盖对生态效应影响呈负相关区域有所增加，约占区域 26.24%，呈正相关区域有所减少约占区域的 73.76%，且东部区域主要呈负相关[图 6-27（b）]。与 1990～1999 年相对，2000～2011 年呈负相关区域有所增加，约占区域 29.62%，呈正相关区域有所减少，约占区域的 71.38%[图 6-27（c）]。综合可以看出，植被覆盖变化与生态系统服务综合价值量主要为正相关。

综合各因子影响来看，气温和降水在不同时期影响程度不同，植被覆盖变化的影响主要以正作用为主。其空间分布特征，存在明显的差异性。

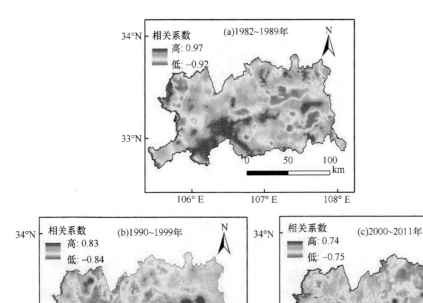

图 6-27　汉中盆地植被覆盖对生态系统服务综合价值量影响年代空间特征

第七章 生态系统服务功能权衡与协同分析

生态系统服务功能多样性、空间分布差异显著，人类的选择性使用使得各个生态系统服务功能之间出现相互作用的动态变化，表现为此消彼长的权衡、相互增益的协同等形式。协同（synergies 或 co-benefits）是指两种或多种生态系统服务同时增强的情形。权衡（tradeoffs）是由于其他类型生态系统服务使用的增加而使某些类型生态系统服务的供给减少的状况。本章主要通过相关性和生产可能性边界（production possibility frontier，PPF）来分析生态系统服务功能之间的权衡与协同。

第一节 方法和模型构建

地理系统是一种多要素的复杂系统，各要素之间密切相关，其中一个要素的变化必然影响到其他要素的变化。一般多用相关分析法来研究要素之间的相关程度，结果为正值，则表示正作用，结果为负值表示负作用，绝对值越大相关性越强，反之越弱。

生产可能性边界是指在资源量固定不变的情景下，所能够产出的一种或多种产品的量的总和，用数学方式表达出来即为一条坐标轴中的曲线。在资源一定的情况下，假设一种资源生产两种产品，那么生产出来的产品量是一定的，PPF 曲线可以表达出不同阶段两种产品的生产搭配情况。如果两种产品组合点在曲线下方，那么说明资源利用不充分，存在优化潜力；如果组合点在曲线中，则为最优搭配；若组合点在曲线外，那么是无法达到的。另外，生产可能性边界并不是固定的，在科技提高等突变影响下，PPF 曲线会根据不同情况增大或减小。

第二节 生态系统服务功能之间的相关性

通过 ArcGIS 的 sample 工具分别对 NPP 物质量、土壤保持物质量、涵养水源物质量、粮食产量进行样点采集，然后在 R 语言中通过编程实现相关性分析。采用饼状图和散点图来表示生态系统服务功能之间的相关性。

饼状图中深色表示正相关，浅色表示负相关，颜色越深相关程度越强，上三角单元格是用饼图来展示相同的信息，颜色的含义和下三角单元格相同，但相关性大小是由被填充的饼图块大小来展示。正相关性从 12 点钟处顺时针填充饼图，而负相关性则逆时针方向填充饼图，填充满整个饼表示相关性为 1。散点图主要通过线性和非线性拟合显示两两之间的相关情况。R 语言制图程序如下：

```
#相关系数饼状图
library（corrgram）
data<-read.delim（"C: \\data.dat", fill=TRUE, sep="）
tiff（file = "C: /a.tiff",）
corrgram（data, order=TRUE, lower.panel=panel.shade, upper.panel=panel.pie, text.panel= panel.txt, main="生态服务功能相关性"）
dev.off（）

#相关散点图
library（car）
#data<-read.delim（"C: \\data.dat", fill=TRUE, sep="）
tiff（file = "C: /b.tiff",）
spm（～粮食产量 ＋NPP＋ 土壤保持 ＋ 保水物质量, data）
```

一、关中盆地生态系统服务功能相关性

（一）1982～1989 年关中盆地生态系统服务功能相关性

1982～1989 年 NPP、土壤保持、保水物质量、粮食产量之间的相关性如图 7-1 所示。从饼状图来看，NPP、保水物质量、土壤保持三者之间均呈明显正相关，而粮食产量与其他生态系统服务功能之间相关程度明显较弱，且与土壤保持和 NPP 呈负相关。结合散点图来看，粮食产量与其他三种生态系统服务功能之间的相关较弱，随粮食产量增加，NPP、土壤保持呈减少趋势，说明粮食产量与 NPP、土壤保持之间存在反向发展关系，即粮食产量与 NPP、土壤保持之间存在一定的权衡关系。

（二）1990～1999 年关中盆地生态系统服务功能相关性

1990～1999 年 NPP、土壤保持、保水物质量、粮食产量之间的相关与 1982～1989 年相似，如图 7-2 所示。该时期各个生态系统服务功能之间的相关性如饼状图所示，粮食产量与保水物质量之间呈正相关，但相关程度较弱；与 NPP 和土壤保持相关成负相关，相关程度较弱。而保水物质量与 NPP、保水物质量和土壤保持、NPP 与土壤保持之间都呈正相关，且相关强度较强。该时期各个生态系统服务功能之间变化关系如散点图所示，粮食产量与其他三种生态系统服务功能之间无明显变化趋势，而 NPP 与保水物质量和土壤保持、保水物质量与土壤保持都呈明显随之增加而增加的变化。

生态服务功能相关性

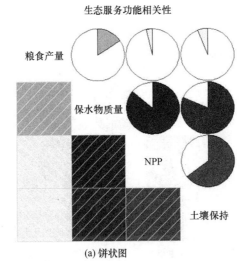

(a) 饼状图

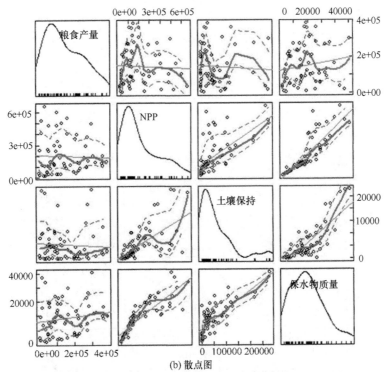

(b) 散点图

图7-1　1982～1989年关中盆地生态系统服务功能相关性

（三）2000～2011年关中盆地生态系统服务功能相关性

2000～2011年关中盆地生态系统服务功能之间的相关与1982～1989年、1990～1999年相似，如图7-3所示。从饼状图中看出，保水物质量、NPP、土壤保持之

生态服务功能相关性

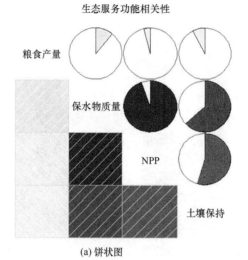

(a) 饼状图

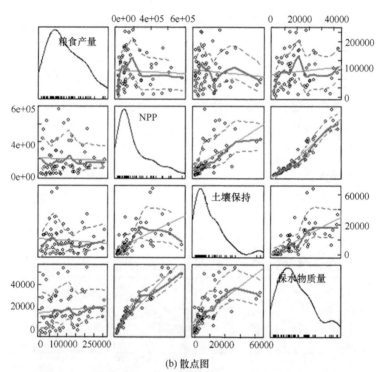

(b) 散点图

图 7-2　1990～1999 年关中盆地生态系统服务功能相关性

间呈明显的正相关,其中保水物质量与 NPP 正相关最强。而粮食产量与保水物质量、NPP、土壤保持之间的相关较弱,其中与保水物质量呈弱的正相关,与 NPP 和土壤保持呈负相关。结合散点图来看,生态系统服务功能两两之间变化关系,NPP、保水物质量、土壤保持之间呈随之增加而增加,而随粮食产量的变化,其他 NPP 和土壤保持呈减弱的趋势。

生态服务功能相关性

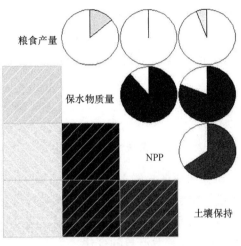

(a) 饼状图

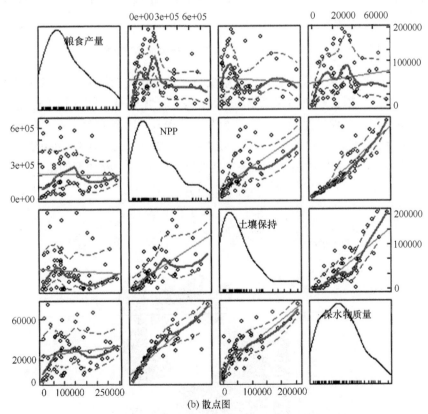

(b) 散点图

图 7-3　2000～2011 年关中盆地生态系统服务功能相关性

　　从各个年代来看，关中盆地生态系统服务功能之间的相关中，随粮食产量的增加，NPP 和土壤保持呈减少趋势，而保水物质量、NPP、土壤保持三者之间的相关呈明显正相关，即某一要素增加其他要素也随之增加。进一步表明粮食产量与 NPP、土壤保持之间呈权衡相关，保水物质量、NPP、土壤保持三者之间呈协同关系。

二、汉中盆地生态系统服务功能相关性

（一）1982～1989 年汉中盆地生态系统服务功能相关性

1982～1989 年汉中盆地生态系统服务功能之间相关性如图 7-4 所示。从饼状图来看，粮食产量与保水物质量、NPP、土壤保持之间的相关程度较弱，而且与土壤保持和 NPP 都呈负相关。保水物质量、NPP、土壤保持三者之间相关较强，而且都呈正相关。结合散点图来看，随粮食产量的变化，其他 NPP 和土壤保持呈反向的变化特征；保水物质量、NPP、土壤保持三者之间的变化中，某一要素增加其他要素随之增加，呈明显的正相关。

（二）1990～1999 年汉中盆地生态系统服务功能相关性

　　1990～1999 年汉中盆地各个生态系统服务功能相关性与 1982～1989 年相似，如图 7-5 所示。粮食产量与保水物质量、NPP、土壤保持之间的相关程度较弱，其中与 NPP 和土壤保持呈负相关。结合散点图来看，随着粮食产量的变化，NPP 和土壤保持都呈反向变化趋势，而保水物质量、NPP、土壤保持之间的关系呈明显的正相关，其中一种生态系统服务功能的增加，随另一种功能的增加而增加。

生态服务功能相关性

(a) 饼状图

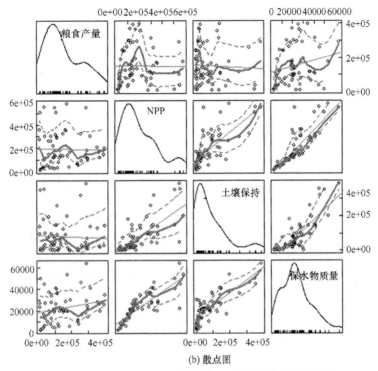

(b) 散点图

图 7-4　1982~1989 年汉中盆地生态系统服务功能相关性

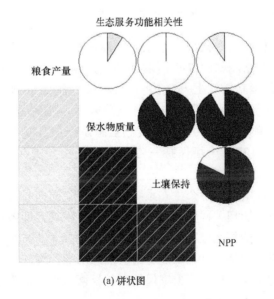

(a) 饼状图

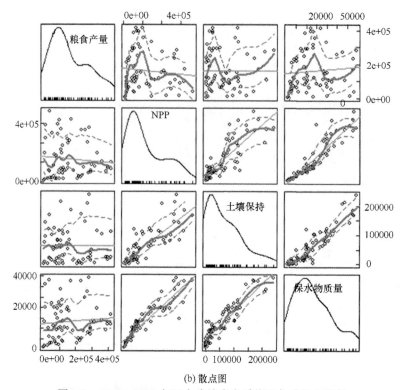

(b) 散点图

图 7-5　1990~1999 年汉中盆地生态系统服务功能相关性

（三）2000~2011 年汉中盆地生态系统服务功能相关性

2000~2011 年汉中盆地各个生态系统服务功能相关与 1982~1989 年、1990~1999 年相似，如图 7-6 所示，粮食产量与保水物质量、NPP、土壤保持之间的相关程度较弱，且与 NPP 呈负相关，而保水物质量、NPP、粮食产量三者之间呈明显的正相关。结合散点图来看，生态系统服务功能之间两两相关变化中，随粮食产量的变化，其他生态系统服务功能呈无明显变化特征，而保水物质量、NPP、土壤保持三者之间的变化呈随某一个生态功能增加而增加。

综合来看，汉中盆地各个生态系统服务功能之间的相关性中，粮食产量与其他生态系统服务功能相关程度较弱，大部分为负相关，即随粮食产量的增加，其他生态系统服务功能随之呈减少趋势。而保水物质量、NPP、粮食产量三者之间呈明显的正相关，即某一生态功能随另一生态功能的增加而增加。进一步表明粮食产量与保水物质量、NPP、土壤保持存在权衡关系，而保水物质量、NPP、土壤保持三者之间呈协同关系。

生态服务功能相关性

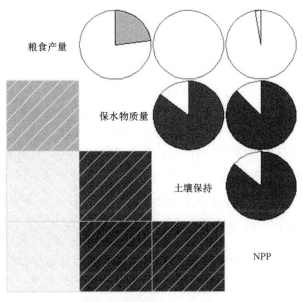

(a) 饼状图

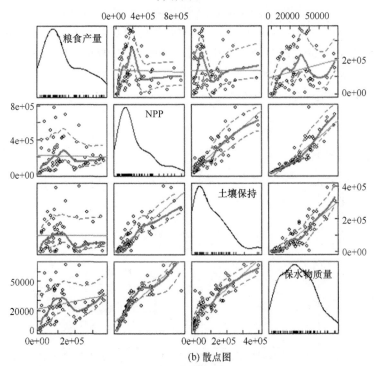

(b) 散点图

图 7-6　2000～2011 年汉中盆地生态系统服务功能相关性

第三节　生态系统服务功能生产可能边界关系

一、关中盆地生态系统服务功能生产可能边界

协同关系是指一种生态系统服务功能的增加或者降低，导致另一种生态系统服务功能随之朝相同方向增加或者降低，即两种生态系统服务具有同样的上升或降低趋势。通过相关分析得出 NPP、保水物质量、土壤保持之间为正相关，即它们之间的变化具有相同的上升或降低趋势互为协同关系，三者中一种的增长会对另外两者的发展起促进作用，NPP 的增加，土壤保持和保水物质量会有一定的增长；反之，土壤保持或保水物质量增加，对 NPP 也有促进作用。

（一）关中盆地 NPP 物质量与保水物质量协同关系

根据生成可能性边界模型，通过 python 制作帕累托效率曲线，如图 7-7 所示。从图中可以看出，NPP 物质量与保水物质量呈向内凹的曲线，当保水物质量增加时，NPP 物质量也随之增加，变化的速度也在不断地变化。如图中 a（500，42.3）到 b（1000，97.9）之间的平均斜率 k=（97.9-42.3）/（1000-500）=55.6/500，表示意义是增加 55.6（$\times 10^6$t）的保水，就可以实现 500（$\times 10^6$t）的 NPP 增加；b（1000，97.9）到 c（1500，164.7）之间的平均斜率 k=（164.7-97.9）/（1000-500）=66.8/500，表示意义是增加 66.8（$\times 10^6$t）的保水，就可以实现 500（$\times 10^6$t）的 NPP 增加；c（1500，164.7）到 d（2000，247.7）之间的平均斜率 k=（247.7-164.7）/（1000-500）=

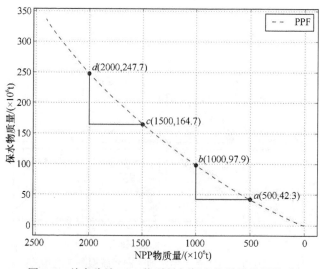

图 7-7　关中盆地 NPP 物质量与保水物质量协同关系

83/500，表示意义是增加 83（×10⁶t）的保水物质量，就可以实现 500（×10⁶t）的 NPP 增加。从 $a{\rightarrow}b{\rightarrow}c{\rightarrow}d$ 变化中，平均斜率在增大，表明要实现相同数量 NPP 的增加，需要保水物质量也在逐渐增加，且数值也在不断加大。

（二）关中盆地 NPP 与土壤保持协同关系

制作土壤保持物质量与 NPP 物质量帕累托效率曲线，如图 7-8 所示。和 NPP 物质量与保水物质量协同关系曲线相似，都呈向内凹曲线，NPP 物质量增加或者减少，土壤保持物质量也相应地增加或者减少。具体可以通过 a（100，111.6）、b（200，226.8）、c（600，1087.9）、d（700，1645.7）分析特征。a 点到 b 点之间的平均斜率 k=（226.8-111.6）/（200-100）=115.2/100，表示意义是增加 115.2（×10⁶t）的 NPP，就可以实现 100（×10⁶t）的土壤保持增加；c 点到 d 点之间的平均斜率 k=（1645.7-1087.9）/（700-600）=557.8/100，表示意义是增加 557.8（×10⁶t）的 NPP，就可以实现 100（×10⁶t）的土壤保持增加。从 $a{\rightarrow}b$ 和 $c{\rightarrow}d$ 变化中，平均斜率在增大，表明要实现相同数量土壤保持的增加，需要的 NPP 也在逐渐增加，且数值也在不断加大。

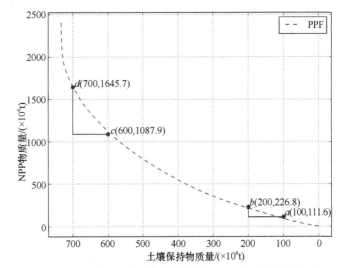

图 7-8　关中盆地土壤保持物质量与 NPP 物质量协同关系

二、生态系统服务功能权衡关系

根据本章第二节相关分析可以得知，粮食产量与保水、NPP、土壤保持之间存在负相关或者相关很弱。而生态系统服务多种多样，粮食生产作为供给服务，由耕地所影响，但耕地的调节服务功能较之森林和草地比较弱，粮食生产与保水、NPP、土壤保持之间存在权衡关系，通过 python 制作生产可能性边界（PPF，也称帕累托效率曲线）可以对盆地生态系统服务功能权衡关系进行量化深入分析。

（一）关中盆地粮食产量与 NPP 权衡关系

制作粮食产量与 NPP 物质量的帕累托效率曲线如图 7-9 所示，形成向外凸出曲线，可以看出粮食产量增加或者减少，NPP 物质量也随着反向减少或者增加，即它们之间具有反向发展关系。具体可以通过 a（20，2142.9）、b（30，1968.2）、c（60，1108.4）、d（70，550.4）分析特征。a 点到 b 点之间的平均斜率 k=（1968.2-2142.9）/（30-20）=-174.7/10，表示意义是减少 174.7（$\times 10^6$t）的粮食产量，就可以实现 10（$\times 10^6$t）的 NPP 增加；c 点到 d 点之间的平均斜率 k=（550.4-1108.4）/（70-60）=-558/10，表示意义是减少 558（$\times 10^6$t）的粮食产量，就可以实现 10（$\times 10^6$t）的 NPP 增加。从 $a \to b$ 和 $c \to d$ 变化中，变化的幅度加大，即曲线初级阶段粮食产量下降一点就可以增加较多的 NPP，到曲线末端需要更多的粮食产量减少才能增加 NPP。说明粮食产量减少可以增加 NPP 物质量，但并不是一味地增加。进一步表明粮食产量与 NPP 物质量之间存在一个饱和阶段，即两者之间的平衡点，在这个平衡点之前，粮食产量减少可以增加 NPP 物质量，在平衡点之后，要增加 NPP 物质量就要需要减少更多粮食产量。

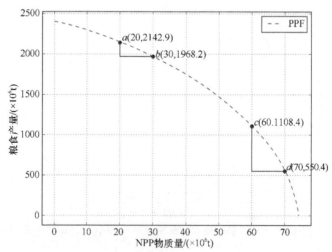

图 7-9　关中盆地粮食产量与 NPP 物质量权衡关系

（二）关中盆地粮食产量与保水物质量权衡关系

粮食产量与保水的帕累托效率曲线如图 7-10 所示，与粮食产量和 NPP 帕累托效率曲线相似，成向外凸出曲线，可以看出粮食产量增加或者减少，保水物质量也随着反向减少或者增加，即它们之间具有反向发展关系。具体可以通过 a（20，

292.9)、b（30，262.7）、c（60，149.7）、d（70，66.8）分析特征。a 点到 b 点之间的平均斜率 k=（262.7-292.9）/（30-20）=-30.2/10，表示意义是减少 30.2（×10⁶t）的粮食产量，就可以实现 10（×10⁶t）的保水增加；c 点到 d 点之间的平均斜率 k=（149.7-66.8）/（70-60）=-82.9/10，表示意义是减少 82.9（×10⁶t）的粮食产量，就可以实现 10（×10⁶t）的保水物质量增加。从 a→b 和 c→d 变化中，变化的幅度加大，说明粮食产量减少可以增加保水物质量，但并不是一味地增加。进一步表明粮食产量和保水物质量之间达到一个平衡点，当在这个平衡点之前，粮食产量减少可以增加保水物质量，在平衡点之后，要增加保水物质量就要需要减少更多粮食产量。

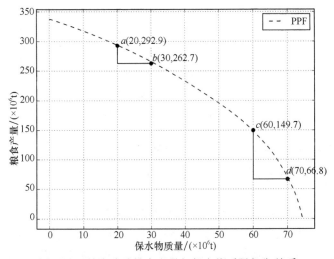

图 7-10　关中盆地粮食产量与保水物质量权衡关系

　　粮食产量与土壤保持物质量的帕累托效率曲线如图 7-11 所示，也是向外凸出曲线，可以看出粮食产量增加或者减少，土壤保持也随着反向减少或者增加，即它们之间具有反向发展关系。a（20，729.3）到 b（30，721.1）之间的平均斜率 k=（721.1-729.3）/（30-20）=-8.2/10，表示意义是减少 8.2（×10⁶t）的粮食产量，就可以实现 10（×10⁶t）的保水增加；c（60，448.5）到 d（70，235.4）之间的平均斜率 k=（235.4-448.5）/（70-60）=-213.1/10，表示意义是减少 213.1（×10⁶t）的粮食产量，就可以实现 10（×10⁶t）的土壤保持增加。从 a→b 和 c→d 变化中，变化的幅度加大，说明粮食产量减少可以增加土壤保持物质量，但并不是一味地增加。从变化曲线来看，分三个阶段，土壤保持从 0~30（×10⁶t），粮食产量减少的幅度较小，土壤保持增加到 30~70（×10⁶t）时，需要粮食产量减少较明显，土壤保持达到 70（×10⁶t）之后，就需要粮食产量减少得更多。也进一步表明粮食产量和土壤保持物质量之间存在一个平衡点，当在这个平衡点之前，粮食产量减少可以增加土壤保持物质量，在平衡点之后，要增加土壤保持物质量就要需要减少更多粮食产量。

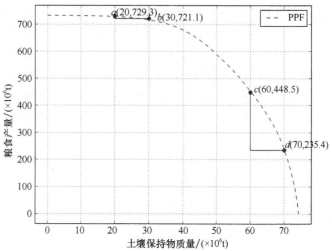

图 7-11　关中盆地粮食产量与土壤保持物质量权衡关系

三、汉中盆地生态系统服务功能生产可能边界

（一）生态系统服务功能功能协同关系

1. 汉中盆地 NPP 物质量与保水物质量协同关系

根据生成可能性边界模型，通过 python 制作帕累托效率曲线，如图 7-12 所示。从图中可以看出，NPP 物质量与保水物质量呈向内凹的曲线，当保水物质量增加时，

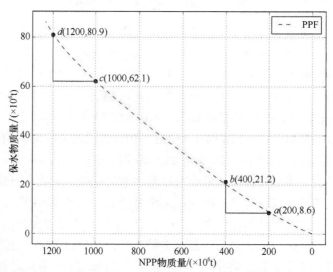

图 7-12　汉中盆地 NPP 物质量与保水物质量协同关系

NPP 物质量也随之增加，变化的速度也在不断地变化。a（200，8.6）到 b（400，21.2）之间的平均斜率 $k=$（21.2-8.6）/（400-200）=12.6/200，表示意义是增加 12.6（×10^6t）的保水物质量，就可以实现 200（×10^6t）的 NPP 增加；c（1000，62.1）到 d（1200，80.9）之间的平均斜率 $k=$（80.9-62.1）/（1200-1000）=18.8/200，表示意义是增加 18.8（×10^6t）的保水物质量，就可以实现 200（×10^6t）的 NPP 物质量增加。从 $a{\to}b$ 和 $c{\to}d$ 变化中，平均斜率在增大，表明要实现相同数量 NPP 物质量的增加，需要的保水物质量也在逐渐增加，且数值也在不断加大。

2. 汉中盆地土壤保持物质量与 NPP 物质量协同关系

土壤保持物质量与 NPP 物质量帕累托效率曲线，如图 7-13 所示。与 NPP 和保水协同关系曲线相似，都呈向内凹曲线，NPP 物质量增加或者减少，土壤保持也相应地增加或者减少。具体可以通过 a（50，72.2）、b（100，168.7）、c（200，458.5）、d（250，731.1）分析变化特征。a 点到 b 点之间的平均斜率 $k=$（168.7-72.2）/（100-50）= 96.5/50，表示意义是增加 96.5（×10^6t）的 NPP 物质量，就可以实现 50（×10^6t）的土壤保持增加；c 点到 d 点之间的平均斜率 $k=$（731.1-458.5）/（250-200）=272.6/100，表示每增加 272.6（×10^6t）的 NPP 物质量，就可以实现 50（×10^6t）的土壤保持增加。从 $a{\to}b$ 和 $c{\to}d$ 变化中，平均斜率在增大，表明要实现相同数量土壤保持的增加，需要的 NPP 物质量也在逐渐增加，且数值也在不断加大。

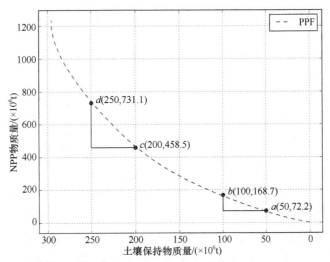

图 7-13　汉中盆地土壤保持物质量与 NPP 物质量协同关系

（二）生态系统服务服务功能权衡关系

1. 汉中盆地粮食产量与 NPP 物质量权衡关系

粮食产量与 NPP 物质量的帕累托效率曲线如图 7-14 所示，是一条向外凸出曲线。可以看出，粮食产量增加或者减少，NPP 物质量也随着反向减少或者增加，即它们之间具有反向发展关系。具体可以通过 a（5，1117.5）、b（10，979.5）、c（20，562.1）、d（25，282.6）分析特征。a 点到 b 点之间的平均斜率 k=（979.5.2-1117.5）/（10-5）=-138/5，表示意义是减少 138（×10⁶t）的粮食产量，就可以实现 5（×10⁶t）的 NPP 物质量增加；c 点到 d 点之间的平均斜率 k=（282.6-562.1）/（20-25）=-279.5/5，表示每减少 279.5（×10⁶t）的粮食产量，就可以实现 5（×10⁶t）的 NPP 物质量增加。从 $a{\rightarrow}b$ 和 $c{\rightarrow}d$ 变化中，变化的幅度加大，说明粮食产量减少可以增加 NPP 物质量，但并不是一味地增加，在曲线初级阶段变化幅度较小，越往后变化幅度逐渐加大。进一步表明粮食产量与 NPP 物质量之间有一个平衡点，在这个平衡点之前，粮食产量减少可以增加 NPP 物质量，在平衡点之后，要增加 NPP 物质量就要更多粮食产量减少。

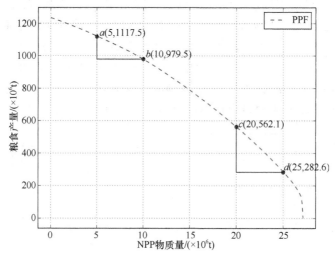

图 7-14　汉中盆地粮食产量与 NPP 物质量权衡关系

2. 汉中盆地粮食产量与保水物质量权衡关系

粮食产量与保水物质量的帕累托效率曲线如图 7-15 所示。与粮食产量和 NPP 物质量帕累托效率曲线相似，成向外凸出曲线，可以看出粮食产量增加或者减少，保水物质量也随着反向减少或者增加，即它们之间具有反向发展关系。具体可以通过 a（5，78.8）、b（10，68.6）、c（20，39.3）、d（25，17.8）分析特征。a 点到 b 点之间的平均斜率 k=（68.6-78.8）/（10-5）=-10.2/5，表示意义是减少 10.2（×10⁶t）的粮食产量，就可以实现 5（×10⁶t）的保水物质量增加；c 点到 d 点之间的平均斜率 k=（17.8-39.3）/（25-20）=-21.5/5，表示意义是减少 21.5（×10⁶t）的粮食产量，就可以实现 5（×10⁶t）的保水物质量增加。从 $a{\rightarrow}b$ 和 $c{\rightarrow}d$ 变化中，变化的幅度加大，说明粮食产量减少可以增加保水物质量，但并不是一味地增加。

进一步表明粮食产量和保水物质量之间有一个平衡点,在这个平衡点之前,粮食产量减少可以增加保水物质量,在平衡点之后,要增加保水物质量就要需要减少更多粮食产量。

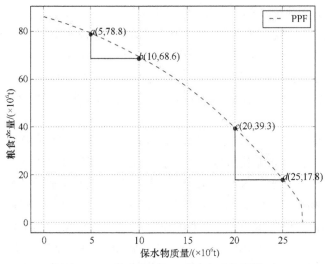

图 7-15　汉中盆地粮食产量与保水权衡关系

3. 汉中盆地粮食产量与土壤保持权衡关系

粮食产量与土壤保持的帕累托效率曲线如图 7-16 所示。可以看出也是向外凸出曲线,粮食产量增加或者减少,土壤保持也随着反向减少或者增加,即它们之

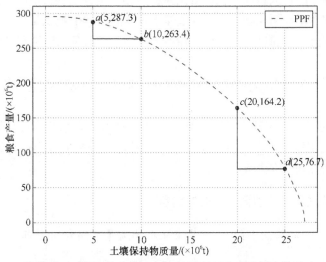

图 7-16　汉中盆地粮食产量与土壤保持物质量权衡关系

间具有反向发展关系。a（5，287.3）点到 b（10，263.4）点之间的平均斜率 k=（263.4-287.3）/（10-5）=-23.9/5，表示意义是减少 23.9（×10^6t）的粮食产量，就可以实现 5（×10^6t）的保水增加；c（20，164.2）点到 d（25，76.7）点之间的平均斜率 k=（76.7-164.2）/（25-20）=-87.5/5，表示意义是减少 87.5（×10^6t）的粮食产量，就可以实现 10（×10^6t）的土壤保持增加。从 a→b 和 c→d 变化中，变化的幅度加大，说明粮食产量减少可以增加土壤保持物质量，但并不是一味地增加。从变化曲线来看，分三个阶段，土壤保持从 0～5（×10^6t），粮食产量减少的幅度较小，土壤保持增加到 5～25（×10^6t）时，需要粮食产量减少较明显，土壤保持达到 25（×10^6t）之后，就需要粮食产量减少得更多。也进一步表明粮食产量和土壤保持物质量之间有一个平衡点，当在这个平衡点之前，粮食产量减少可以增加土壤保持物质量，在平衡点之后，要增加土壤保持物质量就需要更多粮食产量减少。

综合上述，涵养水源物质量、NPP 物质量、土壤保持物质量三者之间呈明显的正相关，而粮食产量与 NPP 物质量、土壤保持之间都呈弱的负相关。与散点图相对应，保水物质量、NPP 物质量、土壤保持三者之间有某一要素增加或者减少时另一要素随之呈增加或者减少，而粮食产量增加时，NPP 物质量、土壤保持变化呈减少趋势。通过帕累托效率曲线分析，保水物质量、NPP 物质量、土壤保持之间呈协同发展关系，即它们之间具有同样的上升或者下降趋势，只是变化幅度有所变化，在曲线左端变化较小，越往右端变化速率越快。而粮食产量与保水物质量、粮食产量与 NPP 物质量、粮食产量与土壤保持之间的帕累托效率曲线为向外凸出曲线，即粮食产量与其他生态系统服务功能之间呈反向发展关系，但两者之间的变化幅度有所变化，在曲线左端变化较小，越往右端变化速率越快。说明追求粮食增产，需要不断扩大耕地面积，必定要将其他用地开垦为耕地，而其他用地变减少，如林地或者草地面积减少，会导致保水物质量、NPP 物质量、土壤保持物质量有所下降。因此，要通过资源优化，使得各生态系统服务功能达到平衡状态。

第四节　生态系统服务功能权衡与协同空间特征

本节通过空间分布和不同海拔来分析河谷盆地生态系统服务功能权衡与协同空间差异。利用线性回归分析生态系统服务功能协同空间差异性，通过不同海拔分析生态系统服务功能权衡关系。

一、生态系统服务功能协同空间分布特征

（一）陕西河谷盆地 NPP 物质量与保水物质量协同空间分布

通过线性回归分析计算 NPP 物质量与保水物质量之间的变化率，其空间分

布如图 7-17 所示。从图可以看出，两者的变化率都为正值，表明一个变量的变化随另个变量的增加或者减少而增加或者减少，即两者的变化为同向发展关系。空间分布特征为：在盆地中部值相对较低，在盆地四周值相对较高，即海拔高的区域，两者之间的变化率值相对高，反之亦然。表明海拔对河谷盆地 NPP 物质量与保水物质量协同存在一定的影响，海拔高两者协同程度相对较高，海拔低协同程度相对较低。

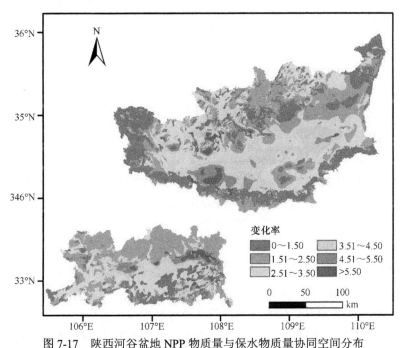

图 7-17　陕西河谷盆地 NPP 物质量与保水物质量协同空间分布

（二）陕西河谷盆地土壤保持与保水物质量协同空间分布

通过同样的线性回归分析河谷盆地土壤保持与保水物质量之间的协同关系，如图 7-18 所示。从图中可以得出，土壤保持与保水物质量之间的变化率都是正值，说明土壤保持量的增加或者减少，保水物质量呈相同方向增加或者减少，两者表现为协同关系。从空间分布来看，在盆地中部地区，两者之间的变化率值相对较小，在盆地四周的值相对较高。

二、不同海拔生态系统服务功能权衡分布特征

将陕西河谷盆地海拔分四个等级，第一等级为小于 500m，第二等级为 500～1000m，第三等级为 1000～1500m，第四等级为大于 1500m 的海拔。根据不同海拔分析河谷盆地生态系统服务功能之间的权衡关系。

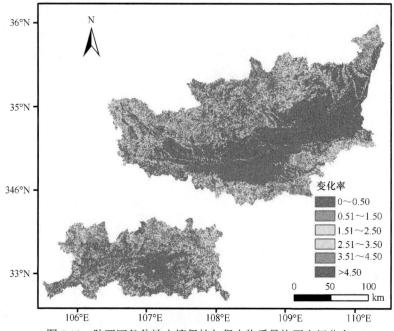

图 7-18　陕西河谷盆地土壤保持与保水物质量协同空间分布

（一）不同海拔粮食产量与 NPP 物质量之间的权衡关系

不同海拔关中盆地粮食产量与 NPP 物质量之间的权衡关系见图 7-19，从图得出海拔 500m 以下和海拔在 500～1000m，两者的帕累托效率曲线变化相似，而海拔 1000～1500m 的帕累托效率曲线比前两个等级的曲线向外凸出，到第四个等级，即海拔大于 1500m 的帕累托效率的曲线向外凸出更明显，这说明不同海拔粮食产量与 NPP 物质量之间的权衡程度也不同。从四个等级的变化曲线来看，海拔越高两者之间的权衡关系变弱，即一个变量发生变化，另一个变量随之变化幅度变慢了。

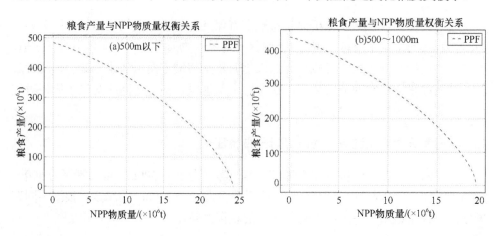

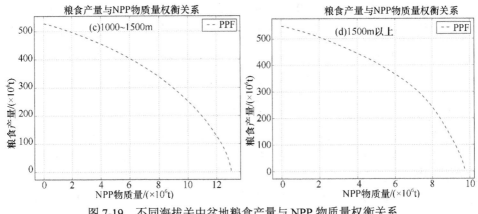

图 7-19 不同海拔关中盆地粮食产量与 NPP 物质量权衡关系

不同海拔汉中盆地粮食产量与 NPP 权衡关系见图 7-20。如图所示，不同海拔这两种生态系统服务功能权衡程度不同。海拔在 500m 以下和 500～1000m，粮食产量和 NPP 之间权衡曲线变化相似，到了海拔 1000～1500m 帕累托效率曲线向

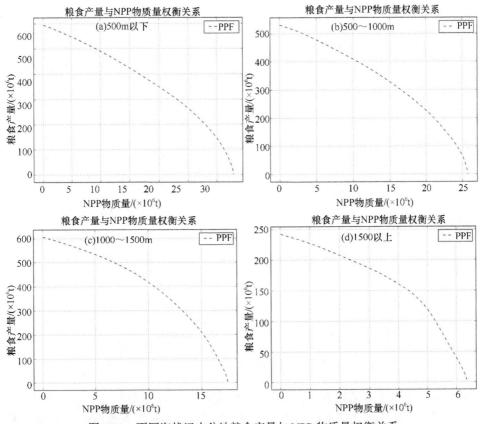

图 7-20 不同海拔汉中盆地粮食产量与 NPP 物质量权衡关系

外凸出较明显，而海拔大于 1500m 的帕累托效率曲线向外凸出更明显。进一步表明不同海拔高度，粮食产量和 NPP 物质量之间的权衡程度发生变化，海拔越高两者之间的权衡程度越低。

（二）不同海拔粮食产量与保水物质量之间的权衡关系

不同海拔关中盆地粮食产量与保水物质量权衡关系见图 7-21。如图所示，在不同海拔上，这两者之间的权衡程度不同。海拔在 500m 以下和 500～1000m，粮食产量和保水物质量之间权衡曲线变化相似，到了海拔在 1000～1500m 帕累托效率曲线向外凸出较明显，而海拔大于 1500m 的帕累托效率曲线向外凸出更明显。进一步表明不同海拔，粮食产量和保水物质量之间的权衡程度发生变化，海拔越高两者之间的权衡程度越低。

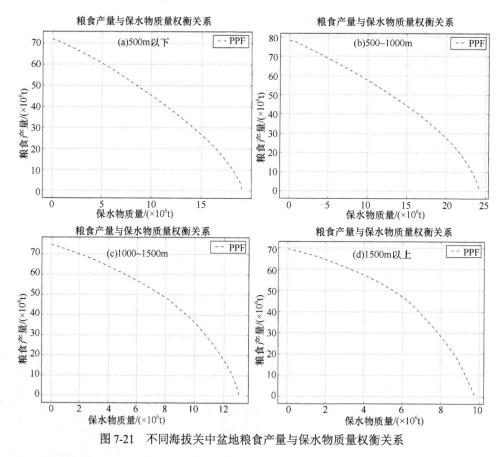

图 7-21　不同海拔关中盆地粮食产量与保水物质量权衡关系

不同海拔汉中盆地粮食产量与保水物质量权衡关系见图 7-22。如图所示，在不同海拔上，这两者之间的权衡程度不同。海拔在 500m 以下和 500～1000m，粮食产量和保水物质量之间权衡曲线变化相似，海拔在 1000～1500m 帕累托效率曲线向外凸出较明显，而海拔大于 1500m 的帕累托效率曲线向外凸出更明显。进一步表明不同海拔，粮食产量和保水物质量之间的权衡程度发生变化，海拔越高两者之间的权衡程度越低。

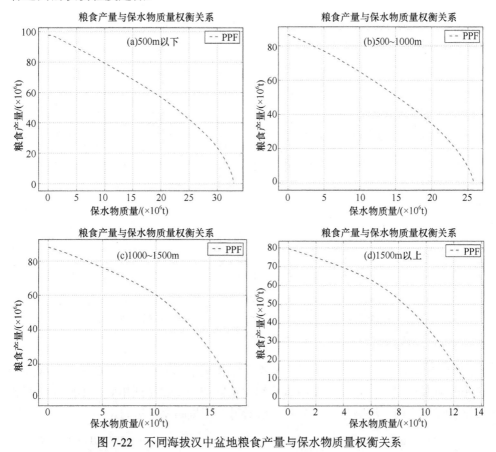

图 7-22　不同海拔汉中盆地粮食产量与保水物质量权衡关系

（三）不同海拔粮食产量与土壤保持之间的权衡关系

不同海拔关中盆地粮食产量与土壤保持物质量权衡关系见图 7-23。如图所示，不同海拔两者之间的权衡程度不同。如果海拔在小于 500m、500～1000m、1000～1500m 和大于 1500m，它们之间的帕累托效率曲线逐渐向外凸出，尤其是在海拔大于 1500m 时最明显，这表明粮食产量与土壤保持物质量权衡程度受海拔影响较明显。

不同海拔汉中盆地粮食产量与土壤保持物质量权衡关系见图 7-24。如图所示，不同海拔两者之间的权衡程度不同。海拔在小于 500m、500～1000m、1000～1500m

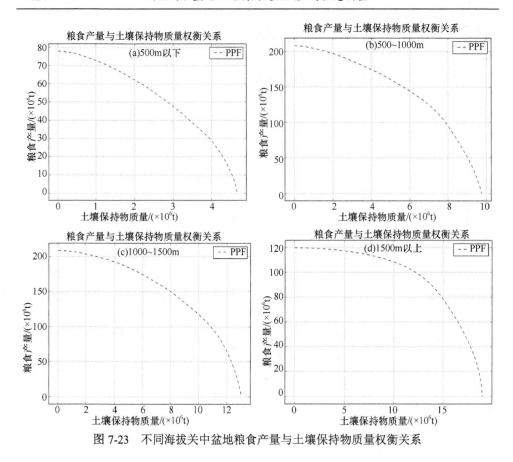

图 7-23　不同海拔关中盆地粮食产量与土壤保持物质量权衡关系

和大于 1500m，它们之间的帕累托效率曲线是逐渐向外凸出，尤其是在海拔大于 1500m 时最明显。可以看出汉中盆地和关中盆地的变化特征相似，不同等级两者的权衡程度不同，海拔越高一个变化量随另个变量的变化越弱。

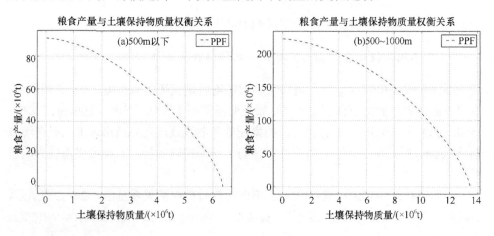

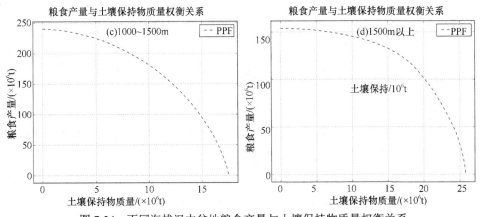

图 7-24　不同海拔汉中盆地粮食产量与土壤保持物质量权衡关系

　　本章通过线性相关和生产可能性边界方法结合分析生态系统服务功能权衡和协同关系，结果表明粮食产量与 NPP 物质量、保水物质量、土壤保持物质量之间存在权衡关系，而 NPP 物质量、保水物质量、土壤保持物质量之间存在协同关系。空间分布特征，生态系统服务功能之间的权衡与协同普遍受海拔影响。海拔越高生态系统服务功能之间的帕累托效率曲线向外凸出越明显。NPP 物质量与保水物质量之间的协同空间分布由盆地中部向四周递减，而土壤保持与保水物质量之间的协同空间分布呈由盆地中部向四周递增的规律。

第八章　汉江上游土地利用变化的水文效应

随着社会经济的快速发展，地表土地利用与土地覆盖大幅度改变，城市建设用地扩展、耕地减少、森林的减少、湿地排水等成为土地利用与土地覆盖变化最主要的表现，这种变化也直接影响蒸散发量、土壤水再分配、下渗及流速、径流的产生及汇流过程等诸多方面，对区域水文现象与过程产生重大影响。研究土地利用与土地覆盖变化的水文效应，对客观把握河谷盆地人类活动对水文过程的影响规律具有重要的科学意义，同时对防洪减灾，提高洪水预报精确度，实现对水资源的可持续利用也具有重要意义。

第一节　水文效应研究进展与主要模型

一、气候变化与水文响应的国内外研究概况

气候变化强烈影响着全球或局部地区的水文循环过程，进而对水资源的空间分配，甚至社会经济发展、生态环境变化等都会产生重要影响。目前，国内水文效应研究的区域主要集中在黄河上中游地区、长江流域以及高原冻土区。流域尺度在这些研究中从小到大都有，但是较多的研究为大、中尺度流域，而小尺度流域则研究的较少。

水文响应的主要研究方法有分布式水文模型、数学模型以及与气候相耦合的模型。分布式水文模型结合了 GIS 和 RS 技术，包括 SWAT 和 MIKSHE 模型，其中 SWAT 模型多用于中国地区，后者则多用于欧洲地区。李道峰等（2005）运用该模型对黄河源区进行了研究；姚允龙等（2008）和胡宏昌等（2008）运用该模型对长江流域进行了研究；张志强等（2008）研究黄土高原时运用了 Mikeshe 模型。数学模型法较容易理解，操作更简便。陈江南等（2002）在对黄河上中游地区、澜沧江云南境内进行研究时采用了概念性模型月水量平衡模型；左海凤（2006）使用多元回归分析法对汾河上中游区域开展研究；巩同梁等（2006）运用非参数检验法（M-K 法）对拉萨河流域进行研究。

从已取得的成果看，目前黄河流域的研究结论为：近几年来黄河流域温度升高，降水量减少是径流量减少的重要原因之一，河川径流与降水变化的同步性响应比较明显。可见，气候变化有规律地影响着流域水循环。相较于气温而言，长江和黄河流域的径流量对降水的变化要更加敏感。

二、土地利用与土地覆盖变化、水文响应的国内外研究概况

土地利用与土地覆盖直接影响水文过程，包括对水质和水量两个部分。郝芳华等（2004）分析了不同土地利用对产流、产沙的环境效应。刘兰岚（2007）分析了不同土地利用情景下的水文响应，如降水径流与土地利用变化间的相互渗透影响。严登华等（2005）基于 GIS 技术分析了天然水资源与土地利用变化之间的响应关系。陈文言等（2007）在分析土地利用变化与水土流失相互关系的基础上，提出了优化空间分布模式。王兆礼（2007）和谢平等（2014）定量分析了土地利用与土地覆盖和水文因子之间的关系。国外学者主要研究水文因子与土地利用之间的关系，并且从模糊定性逐渐向精确定量的方向发展。

三、SWAT 模型的应用与发展

美国农业部农业研究中心基于对多种土地利用、土壤类型等的流域中长时间水文因素的变化的研究，提出了 SWAT 模型。

该模型已经针对气候变化、人类活动或其他因素对较大范围降水的影响在世界不同区域（尤其在美国和欧盟）进行直接性的评价，或对该模型未来的实用性进行探测性的评价。SWAT 模型初步应用在非点源污染、农药输移、产沙量等方面，而广泛应用于长期地表径流、日均径流模拟以及流域水量平衡等方面。大量文献中总结了 Nash-Sutcliffe 模型效率（E_{ns}）和系数参数确定性系数（R^2），这些系数都是运用 SWAT 模型进行率定和验证的结果，评价结果大部分令人满意，但也有部分不太理想。约 50%关于 SWAT 模型的文献都涉及若干种污染物流失指标，有些文献总结了运用 SWAT 模型模拟污染物的消失。对于日尺度来说，由于输入数据对流域特征描述不够充分、污染物实测数据以及污染物运动模拟的率定不确定性等，有部分模拟效果并不理想。区域气候模式（RCMs）和大气环流模式（GCMs）进行耦合并预测气候变化情景是目前研究中应用的主要方法（徐宗学等，2010）。

SWAT 模型的主要版本自 1990 年以来，从 SWAT 94.2 开始，接着是 SWAT 98.1，然后是 SWAT 99.2，直到现在的 SWAT 2009，并且逐步基于 ArcGIS 界面而产生的 Arcswat 等。另外，SWAT 模型在具体运用时要进行改善和提高是因为该模型有一定的应用范围，E-SWAT、SWAT-G、SWATMOD、SWIM 等是目前主要的改进形式。中尺度流域（100～10000km^2）的水质和水文模拟可以运用 SWIM。MODFLOW 模型和 SWAT 模型的长处结合了 SWATMOOD 模型。SWAT 模型中渗透和土壤的公式进一步修正并开发了 SWAT-G 模型。E-SWAT 模型使得 SWAT 模型在水质方面的模拟功能有了极大的提高，并能运用到对流域的研究中。

建立在栅格数据基础上的 SWAT/GRASS 是第一个基于 SWAT 模型的 GIS 界

面程序。在输入输出 SWAT（IOSWAT）软件包中为 SWAT 和 SWAT-G 模型增加了输入和输出数据的图像制作功能，就是采用了 SWAT/GRASS，并将其与地形参数工具（TOPAZ）相结合。伴随着 SWAT 模型的发展，陆续开发了许多工具，其中就包括 i_SWAT（交互式 SWAT）和 CRP-DSS，一些研究工具可以让 SWAT 自动运行以便更好地选择参数。

在过去的几十年，SWAT 模型在研究世界不同地区气候变化对水文要素的影响等方面取得了许多成果。SWAT 模型的适应性经过几十年的应用与发展，已经在世界范围内很多流域得到检验，其研究结果是可信的。

第二节　SWAT 模型数据库的建立

一、SWAT 模型及其原理

SWAT 是 Dr Jeff 为美国农业部农业服务中心开发的流域尺度模型，又叫分布式水文模型。SWAT 模型可以利用地理信息系统和遥感数据对流域内的水文过程进行模拟。SWAT 模型由气象、水文、土壤温度等 8 个模块组成。自 1990 年研发出来后不断更新升级，并且与其他软件集成了多个平台，提高了模拟的宽度和结果的准确度。

（一）SWAT 模型原理

SWAT 的主要目的是预测土地利用，土地管理方法对流域水量、水质等方面的影响。为了均衡气象和水文要素的空间分布，SWAT 模型依据出水口和 DEM 将流域分为若干个子流域，在此基础上，根据土地利用与土地覆盖、土壤类型和坡度划分水文响应单元，并计算其参数。

SWAT 模型可以通过建立模型对连续几年至几十年的数据进行计算，输入每日数据，输出数据可分别采用不同的时间单位。其运行的主要原理是基于模拟同等气候条件下，不同土地类型和农业管理措施对流域产生的后果。SWAT 模型构成主要包括水文、气象、含沙量、土壤温度、作物生长、营养成分、农用药剂和农业管理等八个模块。可以通过组合建立不同条件下的模型，从而分析其在这些过程中产生的效果。本部分仅针对径流条件下的变化进行分析，因此只对 SWAT 模型水文模块原理做简单介绍。

SWAT 模型是基于以下的水量平衡方程：

$$SW_i = SW_0 + \sum (R_i - Q_i - ET_i - Pe_i - QR_i) \tag{8-1}$$

式中，SW_i 为土壤最终含水量（mm）；SW_0 为第 i 天可被植被吸收的土壤原始含水量，定义为原始土壤含水量减去凋萎点含水量（mm）；t 为时间（d）；R_i 为第 i

天降水量（mm）；Q_i 为第 i 天地表径流量（mm）；ET_i 为第 i 天蒸散发（mm）；Pe_i 为第 i 天存在于土壤剖面底层的渗透量和侧流量（mm）；QR_i 为第 i 天地下水回流量（mm）。

SWAT 模型水文部分包括地表径流、下渗、地下侧流、地下水回流、蒸散发和河道的输移损失子模块。

1. 地表径流

SWAT 模型采用 SCS 曲线值方法，根据日土壤湿度状况来预测日降水所产生的地表径流。曲线在前期土壤水分状态从干的状态——凋萎点，到湿的状态——田间持水量和最终接近饱和状态下的最大值 100 的过程是非线性变化的。曲线值将地表径流、土地利用与土地覆盖、土壤类型和管理操作关联起来。

SCS 模型的降水—径流基本关系表达式为

$$Q_{surf} = \frac{\left(R_{day} - I_a\right)^2}{\left(R_{day} - I_a + S\right)} \tag{8-2}$$

式中，Q_{surf} 为径流累积量（mm）；R_{day} 为日降水量（mm）；I_a 为地表径流产生之前，集水区的降雨初损（mm）；S 为降水前的土壤潜在最大滞留量（mm）。

S 是一个土壤持水能力参数。由于土壤、土地利用与土地覆盖、管理、坡度和时间等因素不同而导致的土壤水分不同，其在空间上具有差异性，该参数被定义为

$$S = 25.4 \times \left(\frac{1000}{CN} - 10\right) \tag{8-3}$$

式中，CN 是一个无量纲参数，称为曲线数。它是一个反映雨前流域特征的综合参数，与流域前期土壤水分状态 AMC、坡度、植被、土壤类型和土地利用与土地覆盖方式有关，CN 值越大，越容易产生径流，反之越困难。CN=100，S=0，代表地表存在一层不透水层，如城市中的水泥地表面；当 CN=0 时，$S \rightarrow \infty$，代表地表存在完全渗透层，这种情景下不产生经流。

I_a 是流域土地利用与土地覆盖公式以及截留、填洼和 AMC 的函数，实际应用中不易计算，模型开发者通过大量资料分析，简述了其与最大滞留量 S 的经验关系为

$$I_a = 0.2S$$

则径流量的计算公式可以写成：

$$Q_{surf} = \frac{\left(R_{day} - 0.2S\right)^2}{\left(R_{day} + 0.8S\right)} \tag{8-4}$$

SWAT 模型中提供了不同土地利用与土地覆盖的 CN 值表，但表中的 CN 值是在坡度为 5%、AMC 为正常湿度状态的前提下得来的。为了表达真实流域空间（坡度和 AMC）的差异性，SWAT 模型引入了 SCS 模型 CN 值的土壤水分校正和

坡度校正方程。

SCS 模型定义了三种 AMC：Ⅰ——干旱（凋萎点），Ⅱ——正常湿度状态，Ⅲ——湿润（田间持水量状态）。不同的 AMC 取不同的 CN 值，Ⅰ和Ⅲ状态下的 CN 值计算公式为

$$CN_1 = CN_2 - \frac{20(100 - CN_2)}{\{100 - CN_2 + \exp[2.533 - 0.636 \times (100 - CN_2)]\}} \tag{8-5}$$

$$CN_3 = CN_2 \times \exp\left[0.00673 \times (100 - CN_2)\right] \tag{8-6}$$

式中，CN_1，CN_2 和 CN_3 分别是 AMC 为干旱、正常和湿润状态下未经坡度调节的 CN 值。

SCS 模型的坡度调节方程为

$$CN_{2S} = \frac{(CN_3 - CN_2)}{3} \times \left[1 - 2 \times \exp(-13.86 \times slp)\right] + CN_2 \tag{8-7}$$

式中，CN_{2S} 为经过坡度调节后 AMC Ⅱ下的 CN 值；slp 为子流域平均坡度（m/m）。

土壤可能最大水分滞留量 S 的计算公式为

$$S = S_{max}\left[1 - \frac{SW}{SW - \exp(w_1 - w_2 \times SW)}\right] \tag{8-8}$$

式中，S_{max} 为土壤干旱时最大可能滞留量（mm），即与 CN 相对应的 S 值；SW 为有效水分（mm）；w_1，w_2 分别为第一和第二形状系数。

设定 CN 下的 S 值对应凋萎点的土壤水分，CN_3 下的 S 值对应于田间持水量，当土壤充分饱和时 CN_2 为 99（$S=2.54$）时，形状系数为

$$w_1 = \ln\left\{\frac{FC}{1 - S_3 \times S_{max}^{-1}} - FC\right\} + w_2 \times FC$$

$$w_2 = \frac{\ln\left\{\frac{FC}{1 - S_3 \times S_{max}^{-1}} - FC\right\} - \ln\left\{\frac{SAT}{1 - 2.45 \times S_{max}^{-1}} - SAT\right\}}{SAT - FC} \tag{8-9}$$

式中，FC 为田间持水量（mm）；SAT 为土壤饱和持水量（mm）；S_3 为 CN_3 相对应的 S 值。

2. 下渗

下渗计算从根系层排入地下含水层的水量。土壤剖面可以被分为多个土壤层，SWAT 模型利用耦合了衰退流模型的储量传输技术来预测每个土壤层的下渗量。当一个土壤层含水量超过了田间持水量，而其下层土壤又未达到饱和时就发生下渗；当一个较低土壤层超过田间持水量时，土壤水分将自动调解，通过向上传输水分，最终使上下层土壤都达到田间持水量。

下渗量的计算公式为

$$w_{perc,ly} = SW_{ly,excess} \times \left(1 - \exp\left[\frac{-\Delta t}{TT_{perc}} \right] \right)$$

$$TT_{perc} = \frac{SAT_{ly} - FC_{ly}}{K_{sat}} \tag{8-10}$$

式中，$w_{perc,ly}$ 为某日下渗到下层土壤的渗透量（mm）；$SW_{ly,excess}$ 为某日土壤层排出水量（mm）；Δt 为时间步长（h）；TT_{perc} 为渗透传输时间（h）；SAT_{ly} 为完全饱和时土壤层含水量（mm）；FC_{ly} 为田间持水能力时土壤层含水量（mm）；K_{sat} 为土壤饱和水力传导率（mm/h）。

3. 地下侧流

土壤剖面（0～2m）中的地下侧流和下渗同时计算。基于坡度、坡长和饱和水力传导率的运动学储量传输模型被用来预测每层土壤中的侧流量。当渗透发生后，任何一个土壤层的储水量超过田间持水量时，就产生侧流。侧流量是侧流传输时间、土壤含水量与田间持水量差值的函数。对于多个土壤层，模型从最上层开始，应对每一层分别进行计算。

土壤侧流的计算公式为

$$Q_{lat} = 0.024 \times \left(\frac{2 \times SW_{ly,excess} \times K_{sat} \times slp}{\phi_d \times L_{hill}} \right) \tag{8-11}$$

式中，Q_{lat} 为山坡出口断山净排水量（mm）；$SW_{ly,excess}$ 为饱和带中可流出水量（mm）；K_{sat} 为土壤饱和水力传导率（mm/h）；ϕ_d 为土壤排水孔隙率，表示土壤层总孔隙率与土壤达到田间持水量时的孔隙率之差；L_{hill} 为山坡坡长（m）。

4. 地下水

河川径流中地下水的贡献通过创建一个浅层含水层储量的方法来进行模拟，根带底层的下渗被认为是浅层含水量的补给量。浅层地下水回流直接贡献给河川径流。浅层地下水的水量平衡方程为

$$V_{sa_i} = V_{sa_{i-1}} + R_c - revap - r_f - prec_{gw} - WU_{sa} \tag{8-12}$$

式中，V_{sa} 为浅层含水层储量（mm）；R_c 为土壤剖面底部补给量（mm）；revap 为根带从浅层含水层吸收的水量（mm）；r_f 为回流量（mm）；$prec_{gw}$ 为深层含水量的下渗量（mm）；WU_{sa} 为浅层含水层中水的衰退量（mm）；i 为时间（指某一天）。

5. 蒸散发

（1）潜在蒸散发。SWAT 模型中计算潜在蒸散发采用三种方法：Hargreaves 模型、Priestley-Taylor 模型和 Panman-Monteith 模型。潜在土壤水分蒸发用潜在蒸

散发和叶面积指数的方程来计算。实际土壤水分蒸发用土壤深度和水分含量的指数方程来估算。植被水分蒸腾用潜在蒸散发和叶面积指数的方程来模拟。

Penman-Monteith 模型中计算潜在蒸散发的公式包含了促使蒸发的能量、转移水蒸气的力学机制以及动力学阻抗和地表阻抗。计算公式为

$$\lambda E = \frac{\Delta \times (H_{\text{net}} - G) + \rho_{\text{air}} \times c_{\text{p}} \left[e_z^0 - e_z \right] \Big/ r_{\text{a}}}{\Delta + r \times \left(1 + \dfrac{r_{\text{c}}}{r_{\text{a}}} \right)} \qquad (8\text{-}13)$$

式中，λ 为潜热通量；E 为蒸散发；Δ 为饱和水汽压-气温曲线的斜率；H_{net} 为净辐射；G 为地面热量通量密度；ρ_{air} 为空气密度；c_{p} 为固定压力下的特定热量；e_z^0 为高度 z 处的饱和水汽压；e_z 为高度 z 处的水汽压；γ 为湿度常数；r_{c} 为植被的灌层阻抗；r_{a} 为空气层的扩散阻抗（空气动力学阻抗）。

（2）实际蒸散发。确定潜在蒸散发之后，方可计算实际蒸散发。SWAT 模型数先从植被冠层截留蒸发开始，之后利用 RiChlie 所研究的方法来计算最大蒸腾量、最大升华量和最大土壤蒸发量，最后计算实际升华和土壤蒸发。如果水文响应单元（hydrological response unit，HRU）中有雪，将会发生升华，只有无雪时，才会发生土壤中的蒸发。

（二）SWAT 模型的输入和输出

SWAT 模型需要的输入数据主要分为两个部分，分别为空间数据和属性数据。

（1）基础地形数据。基础地形数据主要包括流域数字高程模型（DEM）和流域河网。覆盖整个汉江流域的 DEM 数据，来源于国际科学数据服务平台，分辨率为 30m；流域河网是从 1∶50 万汉江流域图上将水系手工数字化得到，数据来源于汉中市水文局扫描图。

（2）土壤数据。土壤数据主要包括土壤物理化学属性数据和土壤类型空间分布资料。土壤数据采用的是联合国粮农组织（FAO）和维也纳国际应用系统分析研究所（International Institute for Applied System Analysis，IIASA）构建的世界和谐土壤数据库（HWSD），中国境内数据源为第二次全国土地调查南京土壤所所提供的 1∶100 万土壤数据。

（3）土地利用与土地覆盖数据。该数据主要采用汉江上游 2000 年的土地利用数据，比例尺为 1∶10 万，数据来源由于中国科学院地球科学数据共享网。

（4）气象数据。气象数据主要包括降水、气温、相对湿度、风速和太阳辐射五个方面的逐日观测数据，本书采用 1970~2010 年共 40 年的气象数据，数据来源于中国气象科学数据共享服务网。

（5）水文数据。本书主要采用实测径流数据，数据主要来源于汉中市水文局

和安康市水文局。

二、SWAT 输入数据库的建立

（一）空间数据库

为了更好地完成建模，避免建模过程出现错误，要求所有的空间数据库必须选择一致的投影坐标系。本书根据汉江上游位置，采用 Krasovsky 椭球体，Albers 等积圆锥投影；假东和假北都为 0；中央经线为 111°；双标准纬线分别为 25°和 47°；单位为 m。

数字高程模型是一个物理的地形模型，SWAT 模型可以根据流域的 DEM 生成河网水系，划分出子流域。原始 DEM 要求投影坐标系统投影变换，网格大小重新分类过程中产生 SWAT 模型 DEM 图（图 8-1）。

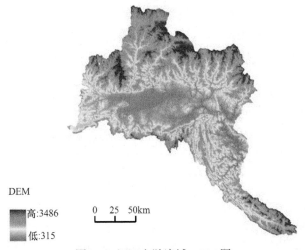

DEM

高:3486

低:315

0　25　50km

图 8-1　汉江上游流域 DEM 图

（二）属性数据库

本书着重于地表径流总量的模拟，仅用到土壤的物理属性数据库、土地利用/植被覆盖数据库以及气象站点数据库。

1. 土壤数据库

地表径流通过对不同土壤类型进行模拟得出，且可以计算出土壤渗透速率和水分在不同土壤中的移动速度和移动方式。根据 SWAT 模型数据需求，本书把土壤划分为 14 种类型。之后，通过数据库索引将土壤类型图与土壤物理属性数据库进行链接，建立表 8-1。而后，将所有数据导入 SWAT 模型重新分类。最后，将输出结果与之前的土地利用类型图共同作为划分水文基础元素区域的根据。

表 8-1　汉江上游流域土壤分类表

代码	类型	名称	面积/km²	百分比/%
0	石灰性始成土	CMc	53.8245	0.22
1	钙质淋溶土	LVk	179.8848	0.73
2	饱和始成土	CMe	3008.186	12.13
3	石灰性冲积土	FLc	344.0475	1.39
4	薄层土	LP	456.4269	1.84
5	薄层淋溶土	LVh	12396.2	50.15
6	不饱和始成土	CMd	2446.759	9.87
7	石灰性粗骨土	RGc	291.9726	1.18
8	饱和粗骨土	RGe	1259.177	5.08
9	堆积人为土	ATc	1871.821	7.55
10	饱和潜育土	GLe	78.3027	0.32
11	松软薄层土	LPm	6.6825	0.03
12	饱和粘磐土	PLe	102.465	0.41
13	漂白淋溶土	LVa	2261.706	9.12

　　SWAT 中会用到土壤物理和化学两种属性数据库，其中化学属性数据库可选择性建立，而物理属性数据库必须建立，本书只建立物理属性数据库（表 8-2）。

表 8-2　SWAT 模型土壤物理属性输入文件

变量名称	变量含义
TITLE/TEXT	位于 .soil 文件的第一行，用于说明文件
SNAM	土壤名称（在 HRU 总表中显示）
HYDGRP	土壤水文学分组（A、B、C 或 D）
SOL_ZMX	土壤剖面最大根系深度（mm）
ANION_EXCL	阴离子交换空隙度，默认值为 0.5
SOL_CRK	土壤的空隙比，可查得
TEXTURE	土壤层的结构
SOL_Z（layer#）	土壤层厚度（mm）
SOL_BD（layer#）	土壤湿密度（mg/m³）
SOL_AWC（layer#）	土壤层可利用的有效水（mm/mm）
SOL_K（layer#）	饱和水力传导系数（mm/h）
SOL_CBN（layer#）	有机碳含量
CLAY（layer#）	黏土（%），由直径 <0.002mm 的土壤颗粒组成
SILT（layer#）	壤土（%），由直径在 0.002~0.05mm 的土壤颗粒组成
SAND（layer#）	砂土（%），由直径在 0.05~2.0mm 的土壤颗粒组成

续表

变量名称	变量含义
ROCK（layer#）	砾土（%），由直径>2.0mm 的土壤颗粒组成
SOL_ALB（layer#）	地表反射率
USLE_K（layer#）	USLE 方差中土壤侵蚀力因子
SOL_EC（layer#）	电导率（dS/m）

土壤颗粒 CLAY、SILT、SAND、ROCK 百分含量的计算过程为：

（1）在全国土壤数据库查得的颗粒百分含量采用的粒径级配标准为国际制标准，而在 SWAT 模型中应用的是土壤粒径级配标准为 USDA 简化的美制标准，因此需要将所查得资料的土壤粒径级配从国际制标准转换为美制标准。本书采用双参数修正的经验逻辑生长模型对土壤粒径进行转换，国际制与美国制的区别如表 8-3。

表 8-3　土壤粒径级配标准对比

美制标准		国际制标准	
粒径/mm	名称	粒径	名称
<0.002	黏土（CLAY）	<0.002	黏粒
0.002~0.05	壤土（SILY）	0.002~0.02	粉砂
0.05~2	砂土（SAND）	0.02~0.2	细砂
>2	砾石（ROCK）	0.2~2	粗砂
		>2	砾石

（2）根据土壤颗粒组成计算部分参数。利用计算得到的 CLAY、SILT、SAND、ROCK 的百分含量来计算 SOL_BD、SOL_AWC、SOL_K 等参数。应用前面求得的各土壤颗粒粒径转换为美制的土壤颗粒含量数据，结合美国华盛顿州立大学研制开发的土壤水特性软件 SPAW（即 Soil-Plant-Atmosphere-Water），可以很好地计算出土壤属性数据所需的部分参数。在计算过程中，利用 SWCT（Soil-Water-Characteristics）模块，将黏土（clay）含量、砂土（sand）含量、砂砾（rock）含量、有机质（organic matter）含量等参数，输入到 SPAW 软件的 SWCT 模块中，即可直接得到建立数据库所需的部分参数，而另一部分参数还需经过人工代入经验公式中计算得到。可直接输出相关数据为：①田间持水率（field capacity，%vol）。②凋萎系数（wilting point，%vol）。③土层饱和度（saturation，%vol）。④土壤容重（bulk density，lb/ft^3），单位需转换为 g/cm^3。⑤饱和导水率（sat. hydraulic cond，in/hr），单位需转换为 cm/h。而后，由变量

①和②可以计算土壤可利用的有效水量值（SOL_AWC），其计算公式为：SOL_AWC=FC-WP，其中 FC 为田间持水率，WP 为凋萎系数。相关研究分析表明：土壤中各颗粒的百分含量与土壤的各物理属性参数之间有着极好的统计关系，该软件的计算值与实测值之间的拟合度很高。

（3）部分参数查阅资料得到。SOL_ZMX、SOl_Z、SOL_CRK 可通过查阅《陕西省土壤志》、《陕西省土种志》等资料得到。SOL_CBN：土壤层中有机碳含量，其值的计算一般由有机质的含量乘以 0.58 得到，而有机质的含量可通过查阅相关资料获得。

（4）部分参数采用模型默认值。SOL_EC、ANION_EXCL 可采用模型默认值。SOL_EC：电导率（dS/m），采用模型默认值 1.0；ANION_EXCL：阴离子交换孔隙度，模型默认值为 0.5。

（5）土壤水文学分组的定义。书中建立的 SWAT 模型进行产流计算时采用的方法是 SCS 径流曲线数法。这个方法的应用需合并研究区的土壤水文学分类，以得到满足径流曲线数法计算径流量所需的土壤分类，因此土壤水文学分组的定义也非常重要。1996 年，美国农业部国家自然资源保护局的土壤调查小组将相同降水和下垫面条件下具有相似的产流过程的土壤的水文学性质归为一类，将土壤分为四类（表 8-4）。影响土壤产流能力的主要因素，包括季节性水文深度、饱和水力传导度和下渗深度。

表 8-4　SCS 模型的土壤水文学分组

土壤分类	土壤的水文特性	最小渗透率/（mm/h）
A	在完全湿润的条件下具有较高渗透率的土壤	7.26～11.43
B	在完全湿润的条件下具有中等渗透率的土壤	3.81～7.26
C	在完全湿润的条件下具有较低渗透率的土壤	1.27～3.81
D	在完全湿润的条件下具有很低渗透率的土壤	0～1.27

土壤渗透率的经验计算公式为

$$X = (20Y)^{18} \tag{8-14}$$

式中，X 为土壤渗透率；Y 为土壤平均的颗粒直径。

2. 土地利用/植被覆盖

不同的土地类型、植被类型都会影响水分的蒸发和下渗，从而使地表流量和最终径流量产生差异。因此，SWAT 模型中土地利用数据需要对原来的数据进行处理，重新分类土地类型，同时建立索引数据库使之与植物生长相适应，作为划分水文基础元素区域的根据。图 8-2 为汉江上游土地利用分类图，表 8-5 为土地利用重分类表。

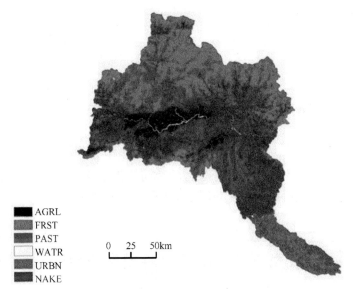

AGRL
FRST
PAST
WATR
URBN
NAKE

0　25　50km

图 8-2　汉江上游流域土地利用分类图

表 8-5　汉江上游土地利用重分类表

代码	类型	名称	面积/km^2	百分比/%
1	耕地	AGRL	6099.891	24.59
2	林地	FRST	9417.287	37.97
3	草地	PAST	8948.637	36.08
4	水域	WATR	143.6616	0.58
5	建筑用地	URBN	192.1806	0.77
6	裸地	NAKE	2.0493	0.01

　　SWAT 模型可以运用自带的植被参数模型模拟所有类型的植被覆盖，运用 TXT 文档在 SWAT 模型运行时将土地利用与土地覆盖图与 SWAT 自带属性数据库链接起来，将 SWAT 模型中对应的土地利用类别属性附加于土地利用类别图的属性中。

　　3. 气象数据库

　　SWAT 模型气象数据库主要包括日相对湿度、日太阳辐射总量、日最高和最低气温、日降水量和日风速。本书的气象站点信息见表 8-6。

表 8-6　流域 5 个气象观测站点情况

序号	站名	经度	纬度
1	石泉	108.27°E	33.05°N
2	佛坪	107.98°E	33.53°N

续表

序号	站名	经度	纬度
3	汉中	107.03°E	33.07°N
4	略阳	106.15°E	33.32°N
5	宝鸡	107.13°E	34.35°N

（三）水文数据库

水文数据的搜集是为了在模型运行后期的参数率定和验证阶段使用，本书的水文数据是安康市石泉站、长枪铺站和高滩站 1999～2010 年的月尺度径流量数据。

第三节　汉江上游模型模拟

一、SWAT 模型的建立

SWAT 模型的建立即为加载所有已建数据库并提取所需信息和参数的过程，主要包括 5 个步骤：流域的划分、土地利用和土壤类型的定义、水文响应单元的划分、输入气象数据、加载所有数据库信息。

（一）流域的划分

（1）DEM 的预处理。SWAT 模型中输入 DEM 后要点击 DEM 项目处理进行预设，这一过程的目的在于修正水系产生时发生的误差，其原理是通过对比 DEM 中各个栅格点，拉高每一低洼处高程值，使整个 DEM 中不存在洼地，可以通过 SWAT 进行计算和模拟。这一过程由 SWAT 模型软件预装的程序完成运算。

（2）确定水流流向。水流流向为水流流出栅格单元的方向。确定 DEM 的水流流向通常是运用 D8 算法进行的，本书在进行计算时，首先计算 DEM 每一栅格单元与其相邻的八个单元之间的坡度，然后根据最陡坡度原则将其中最陡的坡度设定为该栅格单元的水流流向。水流流向的 D8 算法如图 8-3 所示。

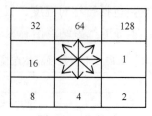

图 8-3　D8 算法

（3）提取水系和流域出水口。流域集水面积图上每个栅格单元的值代表上游集水区流入该单元的所有栅格点的总数。在提取水系时，需要设定一个河道最小集水面积的阈值，该阈值是指形成永久性河流所必需的面积参数。当上游集水面积的值大于该临界值时，将其定义为河道，小于该临界值时不足以产生径流形成河道，则定义为非河道。本书根据汉江上游实际情况，设定最小集水面积阈值为40000hm²，提取得到所需要的河网水系。

（4）划分流域。首先，在所提取的河网水系图上选择子流域出水口，以石泉站为总出水口点，SWAT 模型根据水流方向勾绘流域边界；然后根据定义的河道最小集水面积阈值和流域的出口控制点位置，进行子流域划分；最后，经过上述处理后，将流域划分为 38 个子流域。

（5）计算流域特征参数。在勾绘流域的过程中，按需要提取计算了流域坡度、水流流向、流域累积流量、流域栅格水系和水系等参数，选择 SWAT 模型中的这些参数都是依据数字高程模型计算得出的。

（二）土地利用和土壤类型的定义

将汉江上游流域的土地利用图重分类后得到 6 种土地利用类型，分别为耕地（AGRL）、林地（FRST）、草地（PAST）、水域（WATR）、建筑用地（URBN）、裸地（NAKE）。在 SWAT 模型中用索引文件在土地利用与土地覆盖和土壤类型图与 SWAT 模型数据库链接，可将属性附加于土地利用和土壤类型数据。

（三）水文响应单元的划分

流域水文响应单元（HRU）是地形、地质、土壤和植被特征比较单一而且性质较为均匀的区域，各个单元中具有共同的部分水文特征。针对各个单元地形、地质、土壤和植被特征之间的差异，需要通过对子流域上划分 HRU 进行模拟分析，从而使每个单元上只有一种土地利用类型和土壤类型。按照汉江上游的土地利用类型和土壤类型的特征，设置土地利用类型的面积阈值（land use percentage over subbasin area，即土地利用类型面积与子流域面积百分比）为 20%，设置土壤类型的面积阈值（soil class percentage over land use area，即土壤类型面积与土地利用类型面积百分比）为 10%，来定义 HRU。按照这样的方法可以划分出 38 个HRU。

（四）输入气象数据

本书中共有 5 个气象站的资料，分别为石泉、佛坪、汉中、略阳和宝鸡气象站，共有 41 年的气象资料。

（五）加载所有数据库信息

将所有的数据库信息与对应的索引链接以后，可将数据库信息写入模型中，以便模型运行时使用。写入的文件如表 8-7 所示。

表 8-7　SWAT 模型写入文件

写入文件	名称	文件后缀
Configuration File	流域配置文件	.fig
Soil Data	土壤文件	.sol
Wheather Generator Data	气象文件	.wgn
Subbasin General Data	子流域文件	.sub
HRU General Data	水文响应单元文件	.hru
Main Channel Data	主河道文件	.rte

二、运行模型

对获得的空间数据和属性数据进行汇总和预处理，将模型运行过程分为校准期和验证期，并利用研究区水文观测数据对参数进行校准和验证，找到合适本区域的参数模型。经过模型的适应性评价后，模拟 1970～2010 年汉江上游流域的水文过程。

三、模型的参数率定与验证

在 SWAT 模型中，可采用两种方法进行参数率定，即手动试错法和自动优化参数法。手动试错法是通过大量的试错、模拟、比较、试错等一系列步骤，逐渐向最优值推进的方法进行参数估计的，这种方法耗时较长。与手动试错法相比，自动优化参数法具有计算速度快的优点，且自动优化法比手动试错法更为客观。由于本书使用 SWAT 2009 作为模拟工具，而该模型中只有手动试错法，使用手动试错法时采用"Brute Force"法即微调法进行率定：首先粗略调参，通过计算模型的评价标准，取临界值作为调参范围，然后将调参的步长细化，精确调参，计算模型的评价标准，使模型的适用性达到最优，以确定手动试错调整参数的最终值。

模型参数的率定与验证需要将实测的径流资料整体分为两部分，一部分用于模型参数的率定，另一部分用于模型参数的验证。模型参数率定的过程是使模拟结果更加拟合于实测数据的过程，是模型建立与运行过程中非常关键的一步。模型中，不管是矢量数据还是栅格数据的输入均基于物理过程机制，但是模型内部参数的提取与运算的物理性是否存在局限性有待进一步研究，因此需要通过必要的参数调整来弥补模型的局限性，进而通过另一部分径流资料对模型的适用性进行验证和评价。

本书搜集到的径流资料为石泉站 1999～2010 年的月平均径流资料，为了率定和验证的准确性，要预留几年数据为预热期，因此将模拟参数的率定期设置为

2003~2006 年，验证期为 2007~2010 年。

（一）模型适用性的评价标准

SWAT 模型选择相对误差 Re、相关系数 R^2 和 Nash-Sutcliffe 效率系数 E_{ns} 作为标准来评价水文模型的适用性。

1. 相对误差 Re

相对误差 Re 的计算公式为

$$\text{Re} = \frac{P_t - Q_t}{Q_t} \times 100\% \qquad (8\text{-}15)$$

式中，Re 为模型模拟的相对误差；P_t 为模拟值；Q_t 为实测值。

相关系数的正负值表征模拟值与实测值之间偏差。若 Re 为正，说明模型预测或模拟值偏大；若 Re 为负，说明模型模拟或预测值偏小；若 Re=0，说明模型预测或模拟结果与实测值相吻合。有相关研究表明，相对误差 Re＜10%时，模拟效果较好，表示模型的模拟结果可为现实生产生活的应用提供一定的参考依据。

2. 相关系数 R^2

相关系数 R^2 的计算可在 Microsoft-Excel 中应用线性回归函数求得，其值的大小是预测值或模拟值与实测值间相关程度的一个评价标准。当 R^2=1 时，表示相关性非常好；当 R^2＜1 时，其值越小，表示其相关性越差，即预测值或模拟值与实测值的吻合程度越不令人满意。

3. Nash-Sutcliffe 效率系数 E_{ns}

Nash-Sutcliffe 效率系数 E_{ns} 计算公式为

$$E_{ns} = 1 - \frac{\sum_{i=1}^{n}\left(Q_0 - Q_p\right)^2}{\sum_{i=1}^{n}\left(Q_0 - Q_{avg}\right)^2} \qquad (8\text{-}16)$$

式中，Q_0 为实测值；Q_p 为模拟值；Q_{avg} 为实测平均值；n 为实测数据的个数。当 $Q_0 = Q_p$ 时，E_{ns}=1；若 E_{ns} 为负值，说明模型模拟平均值比直接使用实测平均值的可信度还低。据以往模型的模拟经验，当 E_{ns}＞0.75 时，可认为模拟效果好；当 $0.36 < E_{ns} < 0.75$ 时，模拟效果令人满意；当 E_{ns}＜0.36 时，模拟效果不好。

（二）模型参数敏感性分析

在 SWAT 模型中，必须对各参数进行敏感性分析，这一步骤是判定某一参数对计算结果影响程度的基础，以此来选择敏感性较大的参数来进行模型的参数率定，既可增加率定的准确性和率定的针对性，又可减少模型率定阶段的消耗时间。在分布式水文模型中，存在大量的参数，进行敏感性分析的方法有两种：一种是摩尔斯分类筛选法，即"微扰动"分析方法，调整并计算大量的输入参数并比较每次调整后的输出结果与实测值之间的相关性，以选择相关性最好所对应的最优参数；另一种方法是在筛选分类完成后，运用傅里叶敏感性检验法计算输出结果与实测值间的相关性，选择其中相关性较好的一些参数来进一步计算敏感度指标值，分析这些参数对输出结果的影响程度。本书选择摩尔斯分类筛选法来进行参数敏感性分析，由此针对地表径流模拟的参数敏感性建立参数基础数据集，如表 8-8 所示。

表 8-8　径流模拟调节参数表

校准参数	参数含义
USLE_C	陆地植被被所应用的水土流失 C 因子的最小值
SMFMX	6 月 21 日的融雪因子
SMFMN	12 月 21 日的融雪因子
ALPHA_BF	基流消退系数 α
GWQMN	发生回流所要求的浅层地下水的阈值深度
GW_REVAP	浅层地下水再蒸发系数
REVAPMN	浅层地下水再蒸发的阈值深度
ESCO	土壤蒸发补偿系数
SLOPE	平均边坡陡度
SLSUBBSN	平均坡长
CN	湿润条件 II 下的 SCS 径流曲线数
SOL_AWC	土壤可用水量

通过 SWAT 模型中的敏感性参数分析模块，得到模型的敏感性参数，其中最重要的几个参数如表 8-9 所示。

表 8-9　敏感性分析及率定表

主要敏感参数	参数含义	排序	敏感性
CN2	SCS 径流曲线系数	1	0.750
ESCO	土壤蒸发补偿因子	2	0.315
GWQMN	回流发生要求的浅层地下水深度阈值	3	0.066
ALPHA_BF	基流 α 系数	4	0.005
CANMX	最大冠层蓄水量	5	0.086
SOL_AWC	土壤可用水量	6	0.077
SURLAG	地表径流滞后时间	7	0.219
REVAPMN	地下水蒸发发生的深度阈值	8	0.059
CH_K2	河道有效水力传导系数	9	0.034
SOL_K	饱和导水率	10	0.021
CH_N2	主河道曼宁系数	11	0.004

　　经过在 SWAT 模型中不断调整各项参数的值，将模型输出的模拟结果与实测结果进行对比，使模型模拟出的结果满足精度的要求。率定工作结束后还需验证各个子流域的水文情况，率定与验证的精度由相关系数 R^2 和效率系数 E_{ns} 所控制。

　　本书模型率定和验证期间石泉、长枪铺和高滩水文站，率定期选 2003～2006 年，验证选用的是 2007 年和 2010 年。在模型的率定期，石泉站的 $R^2=0.87$，$E_{ns}=0.83$；长枪铺站的 $R^2=0.84$，$E_{ns}=0.80$；高滩站的 $R^2=0.84$，$E_{ns}=0.84$，说明模拟值与实测值接近，且相关程度高，可信度高。

　　在模型的验证期，石泉站的 $R^2=0.83$，$E_{ns}=0.78$；长枪铺站的 $R^2=0.82$，$E_{ns}=0.79$；高滩站的 $R^2=0.81$，$E_{ns}=0.80$。在率定期和验证期，R^2 和 E_{ns} 均大于 75%，说明模型的模拟效果较好。

第四节　气候因子与径流变化规律及预测

一、降水变化规律

（一）降水年际变化规律

　　由图 8-4 的年降水量曲线可知，1970～2010 年汉江流域年降水量的线性相关系数 $|r|=0.006$，远远小于 $r_{0.5}$ 的值 0.107，说明汉江流域年降水量变化趋势不明显。41 年间汉江流域年均降水量为 847.82mm，其中，1983 年降水量达到一个峰值，为 1319.11mm，比平均降水量高出 471.29mm；1997 年降水量是 636.22mm，为 41 年间最少，低于平均降水量 211.60mm。1982～1983 年的降水量增加最多，增加了约为 462.44mm，增速也最快，增幅约为 54%；2005～2006 年降水量减少最多，减少了 278.89mm；2000～2001 年降水量降速最快，降幅约为 29.2%。

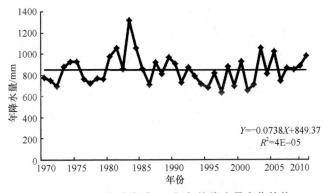

图 8-4　汉江上游流域 41a 间年均降水量变化趋势

　　由图 8-5 降水距平和累积距平曲线可知，1970～2010 年汉江流域降水量有 4 次较大波动,发生在 1972 年、1979 年、1990 年和 2002 年,其中 1972 年、1979 年、2002 年都是降水量由偏少转向偏多的转折点,2002 年为降水量由偏多转向偏少的转折点。

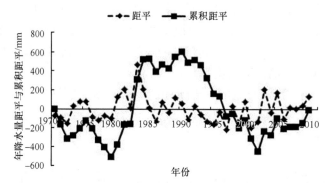

图 8-5　汉江上游流域 41a 间年均降水量距平与累积距平变化趋势

由图 8-6 非汛期年降水量曲线可知,1970～2010 年汉江流域非汛期年降水量的线性相关系数 $|r| = 0.24$,大于 $r_{0.2}$ 的值 0.202,表明非汛期在 $\alpha=0.2$ 显著性水平上是显著的。41 年间汉江流域非汛期年均降水量为 37.11mm,其中 1983 年非汛期降水量最多,为 57.53mm,比非汛期年均降水量高出了 20.42mm;1979 年非汛期年降水量最少,为 23.28mm,低于平均降水量 13.83mm。1982～1983 年非汛期降水量增加最多,增加了 26.76mm,1983～1984 年非汛期降水量减少最多,减少了 28.75mm。1982～1983 年非年汛期降水量增加最快,增加了 87%;1983～1984 年汛期降水量减少最快,减少了 49.98%。

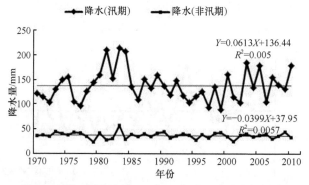

图 8-6　长江上游流域 41a 间汛期/非汛期年均降水量

由图 8-7 中降水距平和累积距平曲线可知,1970～2010 年汛期降水量发生了两次较大波动,其中 1976～1977 年为汛期降水量减少的一个转折点,1981～1982 年为汛期降水量增加的一个转折点。

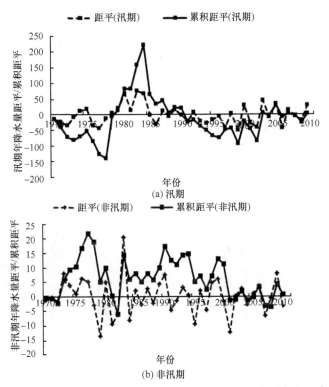

图 8-7 汉江上游流域 41a 间汛期/非汛期年均降水量距平与累积距平变化趋势

由图 8-8 可知，根据丰/枯年计算方法，1970～2010 年间，1981 年、1983 年、1984 年、2003 年、2005 年这 5 年为丰水年，1997 年和 2001 年为枯水年，大部分年份处于平水期。

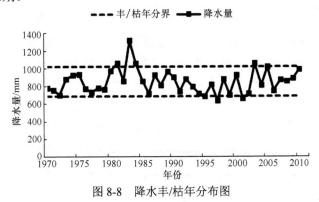

图 8-8 降水丰/枯年分布图

（二）降水年内变化规律

图 8-9 可知，受东南季风和西南季风的影响，我国大部分地区降水年内分配

很不均匀。冬季，我国大陆受西伯利亚干冷气团的控制，气候寒冷，雨雪较少。随后雨带随季风由南不断北移，夏季大部分地区处于雨季，随后天气变凉，雨季也告以结束。根据汉江流域多年降水资料显示，降水以6～9月份最多，尤其是7月，降水量达到全年最多。11月至翌年2月降水量最少。汉江流域汛期（6～9月）降水量占全年降水量的65%，枯水期（11月至翌年2月）降水量仅占年降水量的5.8%。降水季节分配也极不平均，夏季（6～8月）占到全年降水总量的49.15%，冬季（12月至翌年2月）仅占到全年降水总量的2.76%，春季和秋季分别占了20.24%和27.85%。

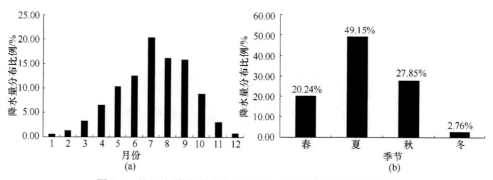

图 8-9　长江上游流域降水量年内分布比例与季节分布比例

二、温度变化规律

（一）温度年际变化规律

由图 8-10 可知，1970～2010 年汉江流域最高温度、最低温度、平均温度变化处于上升趋势，相关系数 $|r|$ 分别为 0.620、0.766 和 0.713，都大于 $r_{0.001}$ 的值 0.490，表明这三者在 $\alpha=0.001$ 显著性水平上是显著的。1970～2010 年间年均温度为15.02℃，其中 2006 年年均温度最高，为 16.26℃，比 30 年间平均温度高了 1.24℃；

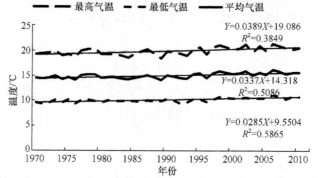

图 8-10　汉江上游流域 41a 间最高、最低、平均气温变化趋势图

1976 年年均温度最低，为 14.07℃，比 30 年间平均温度低了 0.95℃。1993～1994 年
温度升高最多，增加了约 0.97℃；1982～1983 年温度降低最多，减少了约 0.93℃。
1976～1977 年温度增加速度最快，增幅约为 6.9%；1995～1996 年温度减少速度
最快，降幅约为 6%。

　　由图 8-11 累积距平曲线可知，1971～2010 年汉江上游流域年最高温度、年最
低温度、年平均温度在 1992 年有一个由偏小向偏大变化的波动点，至 1995 年温
度略有偏小的趋势，1996 年温度又经历一个向偏大变化的转折点，由此可知
1992～1996 年间年最高温度、年最低温度、年平均温度有较大突变。

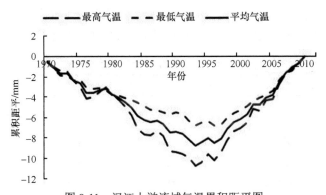

图 8-11　汉江上游流域气温累积距平图

（二）温度年内变化规律

　　如图 8-12 所示，汉江上游流域月平均最高气温、月平均最低气温、月平均气
温在年内表现均为"单峰"状，7 月份温度最高，月平均温度为 25.93℃，月平均
最高温度达 30.78℃，月平均最低温度为 21.09℃。1 月温度最低，月平均温度为
3.17℃，月平均最高温度为 7.69℃，月平均最低温度为-1.35℃。

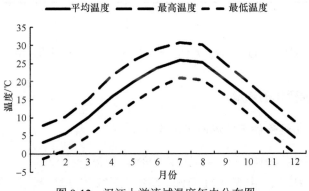

图 8-12　汉江上游流域温度年内分布图

三、气候因子变化趋势预测

根据 MK 非参数检验公式，以 |MK|＝1.96 为临界阈值，|MK|＞1.96 表示置信水平＜0.05，变化趋势显著；|MK|＜1.96 即置信水平＞0.05，变化趋势不显著。由表 8-10 可以看出，冬季降水量、年最高温度以及春、秋、冬季最高温度、全年最低温度、全年平均温度的 |MK| 都大于 1.96，说明这些时段的气候因子在未来都有较显著的增加趋势。对汉江上游流域通过 Kendall 倾斜度 β 进行统计，大于 0、小于 0 分别表示气候因子增强、衰减，等于 0 表示气候因子变化趋势不明显。年降水量总体 β 值大于 0，有较弱的增加趋势，但在春季和秋季，降水量有减少的趋势，最高温度、最低温度、平均温度在四季都有增加的趋势。

表 8-10　径流量的 MK 非参数检验

时间	降水量		最高温度	
	β	MK	β	MK
全年	0.0014	0.1084	0.0387	3.4896
春季	−0.0084	−0.7153	0.0639	3.4029
夏季	0.0066	0.8778	0.0154	1.0621
秋季	−0.0060	−0.7478	0.0256	2.2759
冬季	0.0046	2.2000	0.0382	2.7852

时间	最低温度		平均温度	
	β	MK	β	MK
全年	0.0288	4.7576	0.0344	4.4975
春季	0.0311	3.5872	0.0485	3.8473
夏季	0.0195	3.2187	0.0140	2.4709
秋季	0.0317	3.2837	0.0288	3.4355
冬季	0.0423	4.0423	0.0356	3.8256

第五节　水文因子对气候变化的响应

一、径流对气候变化的响应

（一）不同气候条件下径流的水文响应

设定降水变化-20%、-10%、10%、20%，温度变化-2℃、-1℃、2℃、1℃，经过 SWAT 模型模拟，由表 8-11 可知，汉江上游多年平均径流量随流域温度的升高而减少，温度平均每增加 1℃，径流量减少 3.16%；径流量随着温度的降低而增加，增加幅度不明显。径流量随降水量增多而增多，并且幅度较大，平均每增加 10% 的降水量，径流量就增加 10.19%；径流量随降水量减少而减少，幅度也较大，平均每减少 10% 的降水量，径流量就减少 12.57%。由此可见汉江上游的径流量对降水变化比较敏感，并且降水量能够显著增加径流量，而对温度变化比较不敏感，即对蒸发量的变化不敏感。当温度降低 1℃，降水量增加 20% 时，汉江上游的年平均径流量增幅最大，达到 23.15%；此时，流域内的水资源相对比较丰富，应该结合此时的降水年内分布注意防洪。当气温升高 1℃，降水量减少 20% 时，汉江上游的年平均径流的减幅最大达 27.46%，此时，汉江上游的水资源相对贫乏，应注意防旱工作。

表 8-11　径流对降水、温度变化响应百分比

温度变化/℃	径流量变化百分比/%				
	-20%降水	-10%降水	0 降水	10%降水	20%降水
-2	-24.68	-20.21	2.68	12.66	22.96
-1	-25.98	-17.99	2.33	15.43	23.15
0	-25.14	-21.15	0	14.68	20.37
1	-27.46	-16.10	-3.57	11.97	18.65
2	-23.11	-19.23	-6.31	10.45	17.42

（二）径流变差系数变化分析

根据模型模拟结果，按照变差系数统计得到设定气候方案年径流变差系数，如表 8-12 所示。总体来看，年径流变差系数随着气候变化的变动幅度为 0.3897～0.8066；随着气温的增高，年径流变差系数呈增加趋势，但增加幅度不大，这表明随着气温的升高，径流量的年际波动不会发生太大的变化。年径流变差系数随着降水的增加而减少，减少幅度不大，这表明随着降水的增加，径流的年际变化剧烈程度增加不显著。而随着降水量的减少，年径流变差系数增加，且增加幅度相对较大，说明随着降水量减少，年径流量变化程度比较剧烈。当气温升高 1℃，降水减少 20% 时，年径流变差系数最大为 0.8066，此时，年径流的波动较大，汉江上游容易出现水资源匮乏的情况，对水资源的开发和利用比较不利。

表 8-12　径流变差系数表

温度变化/℃	径流变差系数				
	-20%降水	-10%降水	0 降水	10%降水	20%降水
-2	0.7089	0.6118	0.4792	0.4382	0.3922
-1	0.5671	0.5139	0.4745	0.4328	0.3897

续表

温度变化/℃	径流变差系数				
	-20%降水	-10%降水	0 降水	10%降水	20%降水
0	0.7188	0.6262	0.4903	0.4444	0.3991
1	0.8066	0.5300	0.4968	0.4519	0.4077
2	0.7591	0.6118	0.5536	0.4792	0.4300

（三）径流与气候因子的时滞互相关分析

根据时滞互相关法对汉江上游的气候因子与径流量进行月际尺度互相关分析。由表 8-13 可以看出，月降水量、月最低气温、月平均气温与径流量的最大时滞互相关系数出现在 $K=0$ 时，也就是说月降水量与径流量有较强的同步性。月最高气温与径流量的最大时滞互相关系数出现在 $K=1$ 时，说明径流量对月最高气温的滞后时间为 1 个月。

表 8-13　径流与气候因子时滞互相关系数

气候因子	互相关系数			
	$k = 0$	$k = 1$	$k = 2$	$k = 3$
月降水量	0.8496	0.7413	0.5117	0.1668
月最高气温	0.7806	0.9223	0.7689	0.3856
月最低气温	0.4072	0.0615	-0.2407	-0.5107
月平均气温	0.4585	0.1073	-0.2054	-0.5014

二、蒸散量对气候变化的响应

（一）不同气候条件下蒸散量的水文响应

25 种设定气候条件经过 SWAT 模型模拟蒸散量，得出表 8-14。由表 8-14 可知，汉江上游多年平均蒸散量随流域降水的增加而增加，平均降水量每增加 10%，蒸散量就增加 0.06%；蒸散量随着降水量的降低而减少，平均降水量每降低 10%，蒸散量就减少 18%。蒸散量随着温度的降低而降低，平均降低 1℃，蒸散量就减少 3.6%；而随着温度的升高，蒸散量也增加。由此可见，汉江上游的蒸散量对降水量变化比较敏感，并且降水量能够显著增加蒸散量，而对温度变化比较不敏感。当温度增加 2℃，降水量增加 10%时，汉江上游的年平均蒸散量增幅最大，达到 5.07%；当气温升高 1℃，降水量减少 20%时，汉江上游的年平均蒸散量的减幅最大达 13.27%。

表 8-14　蒸散量对降水、温度变化响应百分比

温度变化/℃	蒸散量变化百分比/%				
	−20%降水	−10%降水	0 降水	10%降水	20%降水
−2	−5.41	−7.28	−7.22	−7.19	−7.02
−1	−2.85	−2.73	−2.51	−2.47	−2.38
0	−0.35	−0.18	0	0.06	0.12
1	−13.27	−10.21	2.52	2.53	2.60
2	1.65	−5.07	2.54	5.07	2.83

（二）蒸散量变差系数变化分析

按照变差系数统计得到设定气候方案年蒸散量变差系数，如表 8-15 所示。总体来看，年蒸散量变差系数普遍偏小，且随着气候变化的变动幅度不大，说明当降水量与温度变动时，蒸散量的变化不剧烈。随着气温的增高，年蒸散量变差系数呈增加趋势；年蒸散量变差系数与降水量的增减同步，幅度不大。当气温升高1℃，降水量减少 20%时，年蒸散量变差系数最大为 0.0877，此时，年蒸散量的波动较大；当气温升高 2℃，降水量减少 20%时，年蒸散量变差系数最小为 0.0656，此时，年蒸散量的波动较小。

表 8-15　蒸散量变差系数表

温度变化/℃	蒸散量变差系数				
	−20%降水	−10%降水	0 降水	10%降水	20%降水
−2	0.0699	0.0739	0.0780	0.0775	0.0777
−1	0.0679	0.0684	0.0776	0.0771	0.0774
0	0.0662	0.0721	0.0774	0.0768	0.0772
1	0.0877	0.0687	0.0768	0.0762	0.0770
2	0.0656	0.0739	0.0818	0.0744	0.0762

（三）蒸散量与气候因子的时滞互相关分析

根据时滞互相关分析法对汉江上游的气候因子与蒸散量进行月际尺度互相关分析。由表 8-16 可以看出，月降水量、月最高气温、月最低气温、月平均气温与蒸散量的最大时滞互相关系数出现在 $k=0$ 时，也就是说降水与温度和蒸散量有较强的同步性，蒸散量对降水与温度的变化响应比较敏感。

表 8-16　蒸散量与气候因子时滞互相关系数

气候因子	互相关系数			
	$k=0$	$k=1$	$k=2$	$k=3$
月降水量	0.9003	0.5679	-0.1259	-0.6728
月最高气温	0.9908	0.7546	0.1955	-0.4003
月最低气温	0.9729	0.6911	0.0817	-0.5023
月平均气温	0.9838	0.7217	0.1398	-0.4514

三、输沙量对气候变化的响应

（一）不同气候条件下输沙量的水文响应

24 种设定气候条件经过 SWAT 模型模拟输沙量，得出表 8-17。由表可知，汉江上游多年平均输沙量随流域降水量的增加而增加，平均降水量每增加 10%，输沙量就增加 12.99%；输沙量随着降水量的降低而减少，平均降水量每降低 10%，输沙量就减少 11.29%。输沙量随着温度的降低而降低，在温度降低 1℃时降幅比较剧烈；输沙量随着温度的升高而增加，平均每升高 1℃，输沙量增加 5.79%。由此可见，汉江上游的输沙量对降水变化比较敏感。当温度升高 2℃，降水量增加 20%时，汉江上游的年平均输沙量增幅最大，达到 30.16%；当气温升高 1℃、降水量减少 20%时，汉江上游内的年平均输沙量的减幅最大达 25.97%。

表 8-17　输沙量对降水、温度变化响应百分比

温度变化/℃	输沙量变化百分比/%				
	-20%降水	-10%降水	0 降水	10%降水	20%降水
-2	-23.19	-12.73	-12.33	16.71	29.88
-1	-23.21	-3.99	-10.51	17.88	27.66
0	-22.57	-9.86	0	20.12	25.97
1	-25.97	-3.89	7.98	23.97	28.65
2	-20.62	-11.75	11.57	22.46	30.16

（二）输沙量变差系数变化分析

根据模型模拟结果，统计得到设定气候方案年输沙量变差系数，如表 8-18 所示。总体来看，年输沙量变差系数随着气候变化的变动幅度不大，说明当降水与温度变动时，输沙量的变化不剧烈。随着气温的增高，年输沙量变差系数呈增加趋势；年输沙量变差系数随着降水的减少而减少。当气温升高 1℃，降水量减少 20%时，年输沙量变差系数最大为 0.9722，此时，年输沙量的变化波动较大。

表 8-18　输沙量变差系数表

温度变化/℃	输沙量变差系数				
	-20%降水	-10%降水	0 降水	10%降水	20%降水
-2	0.6611	0.5922	0.4920	0.5947	0.5649
-1	0.5983	0.5302	0.4961	0.5775	0.5649
0	0.6615	0.5812	0.4794	0.4940	0.4882
1	0.9722	0.5261	0.4878	0.4585	0.4313
2	0.6706	0.5922	0.5120	0.4406	0.4159

（三）输沙量与气候因子的时滞互相关分析

对汉江上游的气候因子与输沙量进行月际尺度互相关分析。由表 8-19 可以看出，月降水量、月最高气温、月最低气温、月平均气温与输沙量的最大时滞互相关系数出现在 $k=0$ 时，也就是说降水与温度和输沙量有较强的同步性，输沙量对降水与温度的变化响应比较敏感。

表 8-19　输沙量与气候因子时滞互相关系数

气候因子	互相关系数			
	$k = 0$	$k = 1$	$k = 2$	$k = 3$
月降水量	0.9822	0.7393	0.3711	-0.2790
月最高气温	0.8937	0.7574	0.5961	0.0766
月最低气温	0.9294	0.8825	0.5162	-0.0338
月平均气温	0.9128	0.8919	0.5580	0.0222

第六节　不同气候、土地利用与土地覆盖情景下的水文响应

本书将土地利用类型主要分为耕地（ARGL）、林地（FRST）、草地（PAST）、水域（WATR）、建筑用地（URBN）和裸地（NAKE）六大类，故设定土地利用类型都为耕地、都为林地和都为草地的三种极端土地利用与土地覆盖情景，经过 SWAT 模型模拟，得出流域在不同土地利用与土地覆盖情景下的水文过程响应。

一、径流量、蒸散量和输沙量对土地利用与土地覆盖变化的响应

由表 8-20 可知，FRST（林地）的水土保持效果最好，在都为林地的情景下，径流量减少了 21.7%，输沙量减少了 84.12%。在都为 URBN（建筑用地）的情景下，径流量和输沙量都比实际情况要大，说明建筑用地的水土保持效果不如植被

好，因此要加大植被种植，提高植被覆盖面。

表 8-20　不同土地利用类型的水文响应

土地利用类型	变化百分比/%		
	径流量	蒸散量	输沙量
ALL	0	0	0
PAST	23.15	0.87	−46.29
URBN	53.16	0.52	3.76
ARGL	1.53	−2.90	−37.84
FRST	−21.70	−0.27	−84.12

二、径流量、蒸散量和输沙量变差系数变化分析

由表 8-21 可知，林地的径流量和输沙量的变差系数较大，说明如果土地利用类型都为林地时，径流量和输沙量比实际情况变化要剧烈。在不同土地利用类型情景下，蒸散量的变差系数变化都不大，说明蒸散量受土地利用类型变化的影响较小，受气候因素的影响比较大。

表 8-21　不同土地利用类型变差系数表

土地利用类型	变差系数		
	径流量	蒸散量	输沙量
PAST	0.4255	0.0778	0.5358
URBN	0.3256	0.0775	0.3859
ARGL	0.4599	0.0742	0.5369
FRST	0.6046	0.0773	0.9315

三、径流量在不同气候、土地利用与土地覆盖情景下的响应

通过设定不同土地利用类型与不同气候情况，经过 SWAT 模型模拟，得出 100 个设定情景，结果如表 8-22 所示。在土地利用类型为耕地的情况下，温度增高 2℃，降水量增加 20%时，径流量增加幅度最大，达到 47.57%；而当温度不变，降水量减少 20%时，径流量减少幅度最大，为 46.36%。在土地利用类型为林地的情况下，温度降低 1℃，降水量增加 20%时，径流量增加幅度最大，为 59.47%；当温度增高 2℃，降水量减少 10%时，径流量减少幅度最大，为 55.49%。在土地利用类型为草地的情况下，温度降低 2℃，降水量增加 20%时，径流量增加幅度最大，为 53.85%；温度增高 2℃，降水量减少 20%时，径流量减少幅度最大，为 49.74%。在土地利用类型为建筑用地的情况下，当温度降低 2℃，降水量增加 20%时，径

流量增加幅度最大，为 64.76%；当温度升高 2℃，降水减少 20%，径流量减少幅度最大，为 45.50%。

表 8-22　径流量在不同气候、土地利用与土地覆盖情景下的响应

土地类型	降水量变化/%	径流量变化百分比/%				
		$T-2℃$	$T-1℃$	0	$T+1℃$	$T+2℃$
耕地	-20	-41.03	-24.25	-46.36	-45.65	-41.93
	-10	-38.69	-39.85	-39.31	-37.34	-38.01
	0	-2.47	32.28	0	0.40	-0.51
	10	16.77	15.76	18.71	19.05	19.51
	20	44.51	43.53	44.45	47.90	47.57
林地	-20	-47.92	-46.60	-52.09	-54.20	-54.59
	-10	-22.79	-44.99	-45.41	-51.03	-55.49
	0	-2.65	29.85	0	-9.31	-18.49
	10	4.03	23.91	22.03	21.46	4.03
	20	58.86	59.47	56.94	48.98	36.80
草地	-20	-33.33	-35.59	-41.22	-47.29	-49.74
	-10	-31.70	-35.13	-39.22	-43.60	-46.81
	0	9.54	5.72	0	-7.34	-12.65
	10	27.38	23.41	17.55	9.92	4.09
	20	53.85	49.93	43.70	35.00	28.44
建筑用地	-20	-6.44	-5.35	-30.63	-40.52	-45.50
	-10	-7.66	-8.65	-29.48	-36.43	-41.93
	0	30.48	29.05	0	-11.64	-19.49
	10	44.19	42.48	13.95	1.48	-6.71
	20	64.76	63.58	33.23	19.55	10.83

四、蒸散量在不同气候、土地利用与土地覆盖情景下的响应

如表 8-23 所示，在土地利用类型为耕地的情况下，温度增高 2℃，降水量增加 20%时，蒸散量增加幅度最大，达到 8.58%；而当温度降低 2℃，降水量减少 20%时，蒸散量减少幅度最大，为 14.56%。在土地利用类型为林地的情况下，温度升高 2℃，降水量增加 20%时,蒸散量增加幅度最大,为 2.27%;当温度减少 2℃，降水量减少 20%时，蒸散量减少幅度最大，为 24.85%。在土地利用类型为草地的情况下，温度升高 2℃，降水量增加 20%时，蒸散量增加幅度最大，为 5.79%；温度降低 2℃，降水量减少 20%时，蒸散量减少幅度最大，为 8.30%。在土地利用类型为建筑用地的情况下，当温度增高 2℃，降水量增加 20%时，蒸散量增加

幅度最大，为 5.35%；当温度降低 2℃，降水减少 20%，蒸散量减少幅度最大，为 7.59%。

表 8-23　蒸散量在不同气候、土地利用与土地覆盖情景下的响应

土地类型	降水量变化/%	蒸散量变化百分比/%				
		$T-2℃$	$T-1℃$	0	$T+1℃$	$T+2℃$
耕地	−20	−14.56	7.96	−10.36	−5.76	2.48
	−10	−8.05	−5.54	−3.17	1.48	1.27
	0	−5.33	11.59	0	2.57	7.55
	10	−4.96	−2.24	2.78	5.44	8.02
	20	−4.61	−1.87	0.82	1.13	8.58
林地	−20	−24.85	−4.80	−21.05	−20.56	−2.28
	−10	−7.86	−8.13	−6.08	−23.94	−28.11
	0	−10.44	9.75	0	−5.76	−8.11
	10	−2.96	−4.41	−1.82	0.54	−2.96
	20	−5.46	−4.20	−1.60	1.41	2.27
草地	−20	−8.30	−3.66	−3.59	−4.88	0.63
	−10	−6.64	−4.23	−1.97	0.06	1.83
	0	−5.23	−2.59	0	2.56	5.00
	10	−4.94	−2.25	0.40	2.98	5.50
	20	−4.82	−2.09	0.57	3.19	5.79
建筑用地	−20	−7.59	−2.72	−2.59	3.03	2.04
	−10	−5.49	−2.87	−0.52	1.95	4.10
	0	−5.20	−2.52	0	2.57	5.02
	10	−5.10	−2.39	0.16	2.73	5.23
	20	−5.05	−2.32	0.23	2.81	5.35

五、输沙量在不同气候、土地利用与土地覆盖情景下的响应

如表 8-24 所示，在土地利用类型为耕地的情况下，温度降低 1℃，降水量不变时，输沙量增加幅度最大，达到 64.05%；而当温度不变，降水量减少 20%时，输沙量减少幅度最大，为 89.22%。在土地利用类型为林地的情况下，温度降低 1℃，降水量增加 20%时，输沙量增加幅度最大，为 126.23%；当温度增加 1℃，降水量减少 20%时，输沙量减少幅度最大，为 91.72%。在土地利用类型为草地的情况下，温度升高 2℃，降水量增加 20%时，输沙量增加幅度最大，为 189.35%；温度降低 2℃，降水量减少 20%时，输沙量减少幅度最大，为 82.47%。在土地利用类型为建筑用地的情况下，当温度增高 2℃，降水量增加 20%时，输沙量增加幅

度最大，为 66.95%；当温度增加 1℃，降水减少 20%，输沙量减少幅度最大，为 89.14%。

表 8-24　输沙量在不同气候、土地利用与土地覆盖情景下的响应

土地类型	降水量变化/%	输沙量变化百分比/%				
		$T-2℃$	$T-1℃$	0	$T+1℃$	$T+2℃$
耕地	-20	-88.35	-10.00	-89.22	-89.53	-48.07
	-10	-37.56	-40.03	-41.36	-40.04	-40.24
	0	0.55	64.05	0	-1.06	-1.91
	10	27.15	24.50	24.35	23.87	23.81
	20	60.15	56.75	54.65	58.92	56.03
林地	-20	-88.42	-52.79	-89.81	-91.72	-66.38
	-10	-19.12	-40.23	-48.90	-90.16	-90.61
	0	-72.75	43.23	0	-81.63	-82.71
	10	-50.22	16.80	118.26	4.72	-50.22
	20	14.77	126.23	111.30	-22.43	-25.65
草地	-20	-82.47	-77.95	-44.15	-84.44	-3.35
	-10	-79.39	-74.45	-33.81	-10.53	18.46
	0	-68.03	-60.82	0	36.25	81.86
	10	-54.24	-46.91	29.81	76.74	128.08
	20	-42.94	-34.13	61.38	123.40	189.35
建筑用地	-20	-81.22	-80.41	-63.67	-89.14	-48.68
	-10	-79.41	-78.81	-57.46	-46.94	-37.64
	0	-70.73	-70.32	0	-27.78	-17.94
	10	-58.83	-57.54	-4.00	13.93	28.97
	20	-49.67	-48.17	21.29	45.45	66.95

第九章　汉中市社会经济发展中的资源与环境成本核算

自工业革命以来，随着社会经济的发展，出现了一个衡量区域经济发展水平的新指标体系，即国内生产总值（gross domestic product，GDP），它不仅能够衡量一个国家的经济总量、整体经济规模、生产总能力，还可以反映一个国家当年新增财富的总量。美国经济学家 Samuelson 在《经济学》称"GDP 是最伟大的发明之一"。因此，如何使 GDP 迅速增长成为各国、各个决策者追求的目标。

然而随着社会的发展以及工业化水平的提高，越来越多的科学家与经济学家意识到 GDP 核算存在的缺陷与不足。在传统 GDP 计算中只是对社会财富进行简单的积累加和，没有对社会生产中由于自然资源减少、环境污染以及其他社会因素的影响所带来的价值成本进行科学的衡量和测算。各国、各地区为了促进经济发展、增加当地 GDP、提高综合竞争力，盲目地对自然资源进行掠夺式开发，对生态环境造成了不可逆转的破坏。因此，评判一个地区经济发展状况，不能只单纯地考虑 GDP 的多少，也不能只考虑生态环境的好坏，而是如何在可持续发展的基础上，将经济发展与资源环境有机结合起来，建立一个合适的评价体系，衡量国家或地区真实的经济发展水平。在 20 世纪 90 年代，联合国统计署修订出版的国民经济核算体系中，提出了将自然资源和环境纳入核算体系的环境与经济综合核算体系（system of integrated environment and economic accouting，SEEA），并以此为基础建立了绿色 GDP 的核算指标，用以反映一个国家或地区的真实财富增长。汉中市是传统的农业城市，经济发展相对落后，2010 年的 GDP 为 509.7 亿元，仅为陕西省的 5.03%。但是汉中市生态环境优越，植被覆盖率高，生物多样性丰富，是国家南水北调工程中线汉江段的水源地。为了实现保护环境和经济发展协调统一，本书对汉中市社会经济发展中的自然资源成本、环境成本和自然灾害补偿成本进行核算，继而将其纳入经过修正的区域经济评价体系，即综合绿色 GDP 核算。

第一节　汉中市自然资源成本价值核算

一、自然资源成本核算模型

自然资源包括两个属性：一是天然的，不经过人为加工的；二是能够在社会中产生一定的经济效益。只有同时具备这两个属性，才称之为自然资源。在最新的 SEEA-2012 中，将自然资源划分为七大类：矿产与能源资源、土地资源、土壤资源、木材资源、水生资源、水资源和其他生物资源。本书在 SEEA 自然资源体系分类的基础上，根据汉中市本身的特点以及数据和核算方法的可操作性，将自然资源成本核算内容分为四大类：土地资源、矿产资源、水资源和森林资源。计算因人类经济活动而减少或消耗的四类自然资源的价值量，核算模型公式为

$$C_{总}=C_{土地}+C_{矿产}+C_{水}+C_{森林} \tag{9-1}$$

二、土地资源成本核算

（一）土地资源成本价值核算模型

土地资源是指已经被人类所利用和可预见的未来能被人类利用的土地，按利用方式一般划分为六大类：耕地、林地、草地、建设用地、水域和未利用地。估算土地资源成本的价值就是估算这六类土地利用类型成本的总和。为了不重复计算，本书将林地的价值量放在森林资源账户中，因此土地资源中没有包含林地的价值变化；由于草地、建设用地、水域和未利用地基础数据不够齐全，而且它们的价值涉及因素过多，国内外目前还没有对其价值完整和准确的估算方法。本书只将耕地资源的成本价值列入核算，公式为

$$C_{土地}=C_{耕地}=p_iS_i \tag{9-2}$$

式中，$C_{土地}$ 为土地资源成本价值；$C_{耕地}$ 为耕地资源成本价值；p_i 为单位面积耕地的价格；S 为年末耕地变化面积；i 为年份。

（二）土地资源成本价值核算

结合《汉中统计年鉴》数据，对汉中市各县区由于经济活动减少的耕地面积进行价值核算。本书中每一年的耕地减少面积为统计年鉴中每年耕地面积的年末存量减年初存量。价值量方面，采用市场价值法，根据王磊等 2004 年研究得出的单位面积耕地价格，以及汉中市 2000～2010 年各年的居民消费价格指数，计算得出可比较的汉中市每年单位面积耕地价格，见式（9-3）。最后，根据式（9-2）得到 2000～2010 年汉中市各县区土地资源成本价值。

$$p_i = \frac{T_i}{T_0} \cdot p_0 \tag{9-3}$$

式中，p_i 为各年单位面积耕地价格；T_i 为各年居民消费价格指数；T_0 为基期居民消费价格指数；p_0 为基期单位面积耕地价格，下文中其他自然资源、环境成本以及生态价值各年单位价格也按照此公式进行计算。

1. 汉中市耕地面积变化

汉中市 2001～2010 年耕地变化面积见表 9-1。

表 9-1　汉中市 2001～2010 年耕地变化面积　　　　　（单位：hm²）

地区	耕地变化面积									
	2001 年	2002 年	2003 年	2004 年	2005 年	2006 年	2007 年	2008 年	2009 年	2010 年
全市	-8922	-18909	-739	-195	-645	-1296	177	1330	645	599
汉台区	-444	-711	-130	-128	-61	167	-51	82	-39	43
南郑县	-738	681	-63	-40	-62	-138	-49	0.64	61	0.4
城固县	-682	-467	-1245	-223	-246	-1420	-34	39	11	41
洋县	-1127	874	579	47	-14	-23	-53	-168	-17	0.2
西乡县	-491	-7903	-462	416	197	241	266	206	108	4
勉县	-794	-3128	-1074	1509	7	377	-181	381	486	299
宁强县	-1343	-1238	957	-1988	-423	-388	216	231	202	176
略阳县	-1404	-7734	-46	-6	-6	-12	41	105	-260	0.53
镇巴县	-1759	1542	364	241	-96	-92	20	379	0.06	13
留坝县	-47	153	-17	1	-13	-10	-3	-5	7	7
佛坪县	-93	-978	398	-24	72	2	5	77	81	12

注：表中负值表示面积减少。

2. 汉中市单位面积耕地价格变化

以 2004 年单位面积耕地价格为基期价格，结合汉中市居民消费价格指数，计算得出 2001～2010 年汉中市单位面积耕地价格（表 9-2）。

表 9-2　汉中市 2001～2010 年居民消费价格指数和耕地价格

年份	2001	2002	2003	2004	2005
价格指数	101.6	99.7	103.3	102.9	100.4
耕地价格/(万元/hm²)	7.28	7.26	7.50	7.72	7.75
年份	2006	2007	2008	2009	2010
价格指数	102.2	106.9	107.2	101.1	104.1
耕地价格/(万元/hm²)	7.92	8.45	9.08	9.18	9.55

3. 汉中市耕地资源成本变化

将得到的汉中市各县区 2001～2010 年耕地面积变化乘以各年单位面积耕地价格，得到汉中市耕地资源成本。

表 9-3　汉中市 2001～2010 年耕地资源成本　　　　　（单位：万元）

年份	全市	汉台区	南郑县	城固县	洋县	西乡县
2001	64993.28	3234.37	5376.04	4968.11	8209.76	3576.74
2002	137331.60	5163.82	-4945.94	3391.71	-6347.65	57397.6

续表

年份	全市	汉台区	南郑县	城固县	洋县	西乡县
2003	5544.28	975.32	472.65	9340.52	-4343.91	3466.12
2004	1505.44	988.16	308.8	1721.56	-362.84	-3211.52
2005	4999.32	472.8	480.56	1906.72	108.51	-1526.92
2006	10266.14	-1322.87	1093.15	11248.4	182.19	-1909.06
2007	-1498.84	431.87	414.93	287.911	448.8	-2252.48
2008	-12077.4	-750.23	-5.84	-357.18	1525.09	-1873.19
2009	-5923.44	361	-567.19	-109.52	156.64	-994.89
2010	-5728.1	-419.75	-3.82	-398.09	-1.91	-43.95

年份	勉县	宁强县	略阳县	镇巴县	留坝县	佛坪县
2001	5783.98	9783.23	10227.6	12813.6	342.38	677.47
2002	22717.9	8991.3	56170.2	-11199.2	-1111.2	7102.98
2003	8057.61	-7179.83	345.11	-2730.88	127.54	-2985.97
2004	-11649.5	15347.4	46.32	-1860.52	-7.72	185.28
2005	-54.26	3278.62	46.51	744.08	100.76	-558.06
2006	-2986.37	3073.5	95.06	728.77	79.21	-15.84
2007	1532.7	-1829.08	-347.19	-169.36	25.4	-42.34
2008	-3464.78	-2102.73	-957.13	-3443.56	51.31	-699.15
2009	-4466.62	-1860.07	2386.28	-4.89	-72.2	-751.98
2010	-2856.73	-1683.46	-0.64	-128.03	-70.7	-121.02

4. 结果分析

从图 9-1、图 9-2 可以看出，2001～2010 年汉中市耕地面积和土地资源成本均呈现先增加后减小的趋势。2007 年为拐点，在 2007 年之前由于退耕还林和城镇化建设的加快，耕地面积大规模减少。而在 2007 年国家"十一五"规划中明确规定全国 18 亿亩[①]最低耕地面积保有量，汉中市耕地面积保有量上升。2002 年全市土地资源成本最多，约为 137332 万元，各县区中西乡县成本最多，为 57397.6 万元；2008 年全市土地资源成本减少最多，为 12077.39 万元，各县区中勉县减少最多，为 3464.78 万元。在变化幅度上，略阳县和西乡县变化幅度最大。

三、矿产资源成本核算

汉中市是一个典型的农业型城市，矿产资源匮乏，仅在勉县、略阳县、宁强县有一部分金、磷等矿产，而煤炭、石油、天然气等基础性能源储存量和开采量

---

①1亩≈666.67m²。

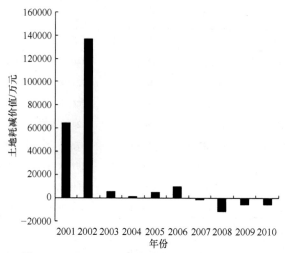

图 9-1　2001～2010 年汉中市耕地资源成本变化

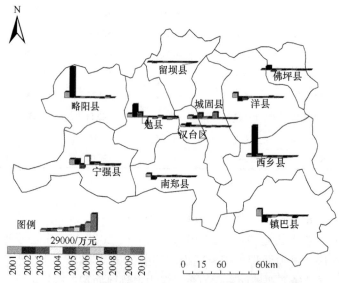

图 9-2　2001～2010 年汉中市各县区耕地资源成本变化

基本为 0，与同省的能源型城市榆林市、延安市相比差距巨大，且产量统计数据难以获取。因此，矿产资源成本对于汉中市绿色 GDP 影响不大，本书不再对矿产资源成本进行核算。

四、水资源成本核算

　　水资源是指人类可以进行灌溉、养殖、饮用、发电等生产生活用途的地表水和地下水。一般指的是淡水资源，理论上它是一种可再生资源，但是由于地区差别，淡水资源并不是无穷无尽的，人类在经济活动过程中盲目开采，肆意浪费已经造成了水资源的匮乏，因此核算水资源成本十分重要。本书采用恢复费用法对水资源成本进行核算，结合 1999 年国外学者 Turner（1998）研究得出的水资源理论补偿费用，通过汉中市各年的居民消费价格指数，计算汉中市 2001~2010 年各县区水资源成本。

$$C_{水} = V_i H_i \tag{9-4}$$

式中，$C_{水}$ 为水资源成本；V_i 为各年水资源消耗量；H_i 为各年单位水资源理论补偿费用。

1. 汉中市各县区水资源消耗量

根据汉中统计年鉴数据，得到汉中市各县区 2001~2010 年水资源消耗量（表9-4）。

表 9-4 汉中市 2001~2010 年各县区水资源消耗量 （单位：万 t）

区县名称	2001 年	2002 年	2003 年	2004 年	2005 年	2006 年	2007 年	2008 年	2009 年	2010 年
全市	156256	157686	157242	157500	159012	157201	158595	161038	158736	159996
汉台区	20824	20935	21013	20997	21200	21325	21003	20835	20639	20452
南郑县	27456	27421	27093	26668	26493	24032	23659	23075	21384	20567
城固县	27083	28637	29350	30862	32667	33013	33567	34838	35147	35795
洋县	20459	20531	20003	19637	19168	18937	19045	19581	19735	20050
西乡县	16765	16832	16937	17328	17698	17693	17201	16534	16635	16425
勉县	26955	26700	24658	23401	22280	22356	24301	25756	25014	26323
宁强县	6056	6032	6093	6006	6018	6408	6631	6586	6643	6706
略阳县	4868	4836	4767	4705	4614	3965	3306	3507	2937	2556
镇巴县	3743	3863	5386	6108	7210	7637	8023	8495	8697	9145
留坝县	1260	1106	1137	961	820	903	863	796	802	815
佛坪县	787	793	805	827	844	932	996	1035	1103	1162

2. 汉中市水资源价格变化

根据式（9-3）计算得出汉中市各年水资源单位价格变化，见表9-5。

表 9-5 汉中市 2001~2010 年水资源价格

年份	2001	2002	2003	2004	2005
价格指数	101.6	99.7	103.3	102.9	100.4
价格/（元/m³）	0.1382	0.1403	0.1399	0.1446	0.1488
年份	2006	2007	2008	2009	2010
价格指数	102.2	106.9	107.2	101.1	104.1
价格/（元/m³）	0.1494	0.1523	0.1632	0.1749	0.1769

3. 汉中市水资源成本变化计算

根据式（9-4）计算得到汉中市 2001～2010 年水资源成本，见表 9-6。

表 9-6　汉中市 2001～2010 年水资源成本　　　　　（单位：万元）

年份	全市	汉台区	南郑县	城固县	洋县	西乡县
2001	21936.91	2923.50	3854.57	3802.20	2872.25	2353.65
2002	22071.26	2930.26	3838.10	4008.31	2873.71	2355.97
2003	22735.41	3038.24	3917.34	4243.67	2892.20	2448.89
2004	23433.13	3123.97	3967.71	4591.70	2921.62	2578.09
2005	23752.72	3166.79	3957.44	4879.69	2863.25	2643.67
2006	23998.81	3255.54	3668.80	5039.87	2890.98	2701.07
2007	25882.22	3427.62	3861.07	5478.03	3108.08	2807.15
2008	28173.13	3645.02	4036.90	6094.80	3425.64	2892.57
2009	28075.88	3650.45	3782.22	6216.50	3490.56	2942.25
2010	29458.99	3765.69	3786.86	6590.69	3691.67	3024.22

年份	勉县	宁强县	略阳县	镇巴县	留坝县	佛坪县
2001	3784.23	850.21	683.42	525.48	176.89	110.48
2002	3737.19	844.29	676.89	540.70	154.80	110.99
2003	3565.26	880.97	689.25	778.75	164.39	116.39
2004	3481.64	893.58	700.01	908.75	142.97	123.04
2005	3328.11	898.95	689.22	1077.01	122.48	126.07
2006	3412.93	978.26	605.31	1165.88	137.85	142.28
2007	3965.84	1082.15	539.52	1309.32	140.83	162.54
2008	4505.93	1152.21	613.53	1486.17	139.14	181.07
2009	4424.26	1174.95	519.47	1538.25	141.85	195.08
2010	4846.67	1234.73	470.61	1683.81	150.06	213.95

4. 结果分析

从各年水资源成本上看，汉中市水资源成本呈现逐年增加的趋势，但总体变化趋势不大，保持在 22000 万～29000 万元，2009 年有略微下降（图 9-3）。在各县区中，城固县水资源成本最高，年均达到了 5094.54 万元；人口较少的留坝县和佛坪县最低，年均水资源成本分别为 147.13 万元、148.19 万元（图 9-4）。

五、森林资源成本核算

为了避免重复计算生态服务价值中森林的价值，在自然资源成本中仅核算森林的社会经济功能（如林产品、林木原材料等）。由于在研究期内汉中市仅有一次森林资源普查，且多数研究表明，森林的活立木蓄积量一般都保持稳定不变，因此本书不核算森林资源成本。

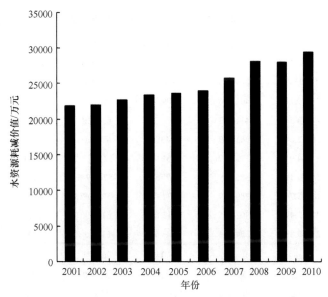

图 9-3　汉中市 2001～2010 年水资源成本

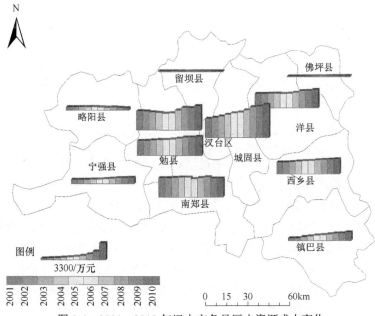

图 9-4　2001～2010 年汉中市各县区水资源成本变化

六、自然资源成本核算与分析

根据式（9-1），对前文核算的几种自然资源成本进行加和，得出汉中市各县区 2001～2010 年自然资源成本（表 9-7）。

表 9-7　汉中市 2001～2010 年自然资源成本　　　（单位：万元）

年份	全市	汉台区	南郑县	城固县	洋县	西乡县
2001	86930.21	6157.87	9230.61	8770.31	11082.01	5930.39
2002	159403.26	8094.08	-1107.84	7400.02	-3473.94	59753.57
2003	28279.71	4013.56	4389.99	13584.19	-1451.71	5915.01
2004	24938.53	4112.13	4276.51	6313.26	2558.78	-633.43
2005	28752.04	3639.59	4438	6786.41	2971.76	1116.75
2006	34264.91	1932.67	4761.95	16288.27	3073.17	792.01
2007	24383.39	3859.49	4276	5765.941	3556.88	554.67
2008	16095.74	2894.79	4031.06	5737.62	4950.73	1019.38
2009	22152.41	4011.45	3215.03	6106.98	3647.2	1947.36
2010	23730.88	3345.94	3783.04	6192.6	3689.76	2980.27

年份	勉县	宁强县	略阳县	镇巴县	留坝县	佛坪县
2001	9568.216	10633.44	10911.02	13339.08	519.272	787.957
2002	26455.09	9835.59	56847.09	-10658.5	-956.4	7213.97
2003	11622.87	-6298.86	1034.36	-1952.13	291.93	-2869.58
2004	-8167.84	16240.98	746.33	-951.77	135.25	308.32
2005	3273.85	4177.57	735.73	1821.09	223.24	-431.99
2006	426.56	4051.76	700.37	1894.65	217.06	126.44
2007	5498.54	-746.93	192.33	1139.96	166.23	120.2
2008	1041.15	-950.52	-343.6	-1957.39	190.56	-518.08
2009	-42.36	-685.12	2905.75	1533.36	69.65	-556.9
2010	1989.94	-448.73	469.97	1555.78	79.36	92.93

　　从全市总和来看，汉中市近十年自然资源成本呈现波动起伏变化，在 2001～2002 年自然资源成本最大，比其他年份高出 6～9 倍，这主要是土地资源的大量开发和利用造成的，2001 年土地资源成本为 64993.28 万元，2002 年达到了137331.6 万元。在 2003～2010 年，由于土地资源利用速度变缓以及有效保护耕地的相关政策的实施，土地资源成本得以控制，这 8 年自然资源成本相对较小，呈现起伏变化，在 2009～2006 年增加，在 2006～2008 年减少，在 2009～2010 年又小幅上升，年平均为 25324.7 万元。2008 年是汉中市自然资源成本最小的一年，只有 16095.74 万元（图 9-5）。

　　从各县区总和（图 9-6）来看，绝大多数县区在 2000 年和 2001 年是 2001～2010 年自然资源成本最高的年份，这与全市的变化特征是一致的。汉台区、城固县、南郑县、洋县近十年自然资源成本变化浮动不大，是汉中市自然资源成本较多的几个县区；留坝县、佛坪县自然资源成本较小，并呈现逐年下降的趋势；宁强县在 2007 年以后，由于耕地面积大幅度增加，自然资源成本降低。

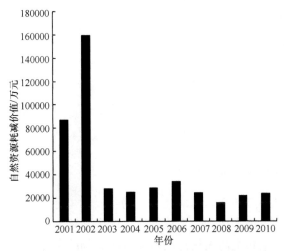

图 9-5　汉中市 2001～2010 年自然资源成本

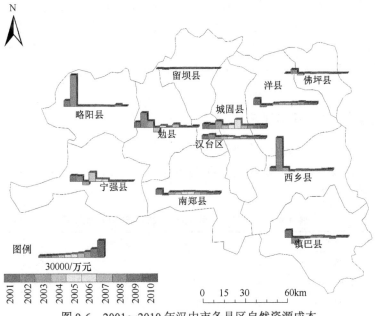

图 9-6　2001～2010 年汉中市各县区自然资源成本

第二节　汉中市环境成本核算

一、环境成本核算模型

环境成本有两个方面：一是废气、废水和固体废弃物的排放带来的环境质量下降，造成的间接经济损失；二是自然灾害对环境的破坏造成的直接经济损失，如地震、洪水、泥石流等。本书重点将大气污染、废水污染以及固体废弃物作为 3 个主要方面来核算 2001～2010 年汉中市各县区环境成本，以及汉中市自然灾害带来的经济损失，公式为

$$C_{环境} = C_{大气} + C_{废水} + C_{固废} + C_{灾害} \tag{9-5}$$

式中，$C_{环境}$ 为环境成本；$C_{大气}$ 为大气污染治理成本；$C_{废水}$ 为废水污染治理成本；$C_{固废}$ 为固体废弃物治理成本；$C_{灾害}$ 为自然灾害补偿成本。

二、大气污染治理成本核算与分析

大气污染物主要指 SO_2、氮氧化物、粉尘、烟尘等一些对人体有害的物质气体。当环境中这些污染物达到一定浓度时，就会破坏生态系统，甚至威胁人类的生存。工业大气污染和生活大气污染是大气污染物的主要来源。由于资料和数据的缺乏，本书只核算工业大气污染中 SO_2 和烟尘这两个指标。SO_2 和烟尘的物质量数据来源于《汉中统计年鉴》和汉中市环保局，SO_2 和烟尘的单位治理费用采用国家发展与改革委员会制定的《排污费征收标准及计算方法》中排污费收费标准：SO_2 为 1.20 元/kg，烟尘为 0.14 元/kg，再根据汉中市 2001～2010 年居民消费价格指数，计算出各年 SO_2 和烟尘的单位治理费用。公式如下：

$$C_{大气} = T_{SO_2} c_{SO_2} + T_{烟尘} c_{烟尘} \tag{9-6}$$

式中，$C_{大气}$ 为大气污染治理成本；T_{SO_2} 为 SO_2 排放量；c_{SO_2} 为单位治理 SO_2 成本；$T_{烟尘}$ 为烟尘排放量；$c_{烟尘}$ 为单位治理烟尘成本。

汉中市各县区 2001～2010 年 SO_2 排放量、烟尘排放量、SO_2 和烟尘治理成本见表 9-8～表 9-10。

表 9-8　汉中市各县区 2001～2010 年 SO_2 排放量　　　（单位：t）

年份	全市	汉台区	南郑县	城固县	洋县	西乡县
2001	48970.35	3090	4331	3211	5336	1120
2002	47845.61	2948.93	3783.23	2474.54	5508.96	703.16
2003	44931.21	1405.49	3801.87	5368.56	2152.75	540.11
2004	48370.87	1047.11	3347.55	4908.68	1644.45	692.69
2005	46921.47	926.28	3540.32	4822.99	1644.46	667.63
2006	46622	869.43	4373.56	4569.8	1586.74	613.96
2007	51667.87	1121	4124	4257	1475	375
2008	46544.657	1190.03	2938.13	4001	1857	1016.62
2009	44882	1638.122	2970.972	3967.656	1908.02	1017.023
2010	37980	1403	2825	3735	1864	944

续表

年份	勉县	宁强县	略阳县	镇巴县	留坝县	佛坪县
2001	7473	198	26206	220	1	6
2002	5409	34.56	27916.95	189	0	2.02
2003	5108.29	290.49	28932.06	94.5	0	0
2004	4499.22	402.12	27796.54	592.85	0	0
2005	4961.01	753.1	30462.22	592.85	0	0
2006	4853.66	556.45	28905.02	592.85	0	0
2007	4597	340	30029	320	0	0
2008	6134.98	1996	32223.12	312	0	0
2009	6555.958	493.442	27679.24	304.24	0	9.984
2010	7605	363	25863	279	0	1

表 9-9　汉中市各县区 2001～2010 年烟尘排放量　　（单位：t）

年份	全市	汉台区	南郑县	城固县	洋县	西乡县
2001	53799	2858	3687	4499	6939	1900
2002	45799.86	1752.35	2405.84	3919.3	5596.01	909.57
2003	32775.3	555.2	2883.99	6384.35	519.03	250.34
2004	30383.69	465.75	4410.04	5670.32	466.61	30.76
2005	33736.63	465.06	4353.96	5745.06	474.56	155.46
2006	32145.39	461.57	3576.89	4941.78	137.5	22.78
2007	31745	276	3712	4810	603	84
2008	27071	348.55	1211.81	4814.9	542.34	277.76
2009	22577.494	761.03	1192.384	4929.621	603.729	155.258
2010	24087	1208	1829	4993	2020	844

年份	勉县	宁强县	略阳县	镇巴县	留坝县	佛坪县
2001	13388	47	20474	0	1	2
2002	14589.9	2.93	16623.55	0	0	0.4
2003	5211.82	64.58	16113.98	0	0	0
2004	3652.52	544.68	14510.97	632.04	0	0
2005	4256.14	669.36	16985	632.04	0	0
2006	3567.04	13.72	16569.24	0	0	0
2007	3780	100	17778	600	0	0
2008	3409.8	246.77	16219.06	0	0	0
2009	3147.793	253.543	11534.14	0	0	0
2010	3589	349	9220	35	0	0

表 9-10　汉中市 2001～2010 年 SO₂ 和烟尘治理成本

年份	2001	2002	2003	2004	2005
价格指数	101.6	99.7	103.3	102.9	100.4
SO₂ 价格/（元/t）	1165.16	1161.66	1200	1234.8	1239.74
烟尘价格/（元/t）	128.74	128.35	132.59	136.44	136.98
年份	2006	2007	2008	2009	2010
价格指数	102.2	106.9	107.2	101.1	104.1
SO₂ 价格/（元/t）	1267.01	1354.43	1451.95	1467.92	1528.11
烟尘价格/（元/t）	140	149.66	160.4355	162.2003	168.8505

由表 9-11 可知，汉中市 2001～2010 年这 10 年间大气污染治理成本变化分两个阶段：第一个阶段是 2001～2007 年，大气污染治理成本呈曲折上升趋势，从 2001 年的 5705.83 万元增加到 2007 年的 6998.08 万元，2007 年也是这 10 年间大气污染治理成本最高的年份；第二阶段是 2007～2010 年，这 4 年汉中市大气污染治理成本呈显著下降趋势，从 2007 年的 6998.08 万元下降到 2010 年的 5803.77 万元。

表 9-11　汉中市 2001～2010 年大气污染治理成本　　　　　（单位：万元）

年份	全市	汉台区	南郑县	城固县	洋县	西乡县
2001	5705.83	343.59	440.81	288.32	641.88	81.93
2002	5558.05	163.27	441.65	623.64	250.07	62.74
2003	5391.74	125.65	401.7	589.04	197.33	83.12
2004	5972.83	114.37	437.15	595.54	203.05	82.43
2005	5817.03	107.78	542.2	566.53	196.71	76.11
2006	5907.07	142.03	522.51	539.36	186.88	47.51
2007	6998.08	161.18	397.95	541.91	251.51	137.69
2008	6758.08	237.84	431.37	576.08	277.03	147.66
2009	6588.35	205.95	414.68	548.27	273.62	138.57
2010	5803.77	187.81	356.96	483.95	237.77	112.31
年份	勉县	宁强县	略阳县	镇巴县	留坝县	佛坪县
2001	630.23	4.02	3252.77	22.02	0	0.23
2002	593.41	33.74	3360.93	10.97	0	0
2003	539.9	48.25	3335.58	71.14	0	0
2004	612.58	92.99	3761.47	73.2	0	0
2005	601.72	68.98	3583.46	73.49	0	0
2006	582.44	43.07	3804.71	40.54	0	0
2007	830.94	270.34	4364.42	42.25	0	0
2008	951.89	71.64	4018.9	44.17	0	1.44
2009	1116.36	53.28	3796.5	40.95	0	0.14
2010	922.67	46.3	3421.75	34.07	0	0.15

由图 9-7 可知，2007 年、2008 年和 2009 年汉中市大气污染治理成本较高。从汉中市各县区来看，略阳县、勉县、城固县大气污染治理成本较高。略阳县大气污染治理成本在 2001～2010 年呈倒 "U" 字，在 2007 年前呈增长趋势，2007 年以后逐年下降，最高值年份为 2007 年，达到了 4364.42 万元。略阳县是全市大

气污染治理成本最高的县区，年均值占全市总和的 59.81%，远高于其他各县区，是汉中市大气污染最主要的排放地。留坝县和佛坪县是汉中市大气污染治理成本最低的两个县区，其中留坝县年均大气污染治理成本为 0，佛坪县也仅有 0.19 万元，占全市总和的 0.03%。总的来说，2001～2010 年汉中市各县区大气污染治理成本在开始几年的增长过后均呈减少趋势，说明减排大气污染物初现成效，大气污染物排放得到有效控制（图 9-8）。

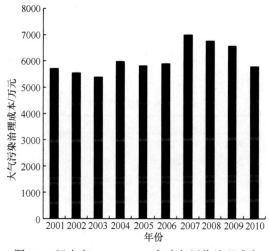

图 9-7 汉中市 2001～2010 年大气污染治理成本

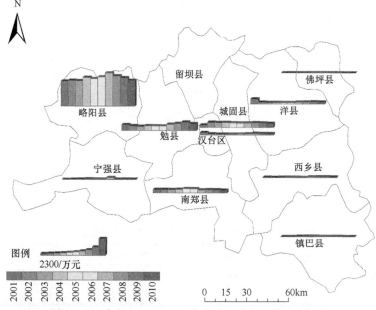

图 9-8 汉中市 2001～2010 年各县区大气污染治理成本

三、废水治理成本核算与分析

水是生命之源，水资源的重要性无可替代。近年来，由于工业发展和城市化的扩

张，很多废水未经处理便直接排放。污水中的各种化学物质会毒死水生生物，影响饮用水源，破坏生态环境。由于生活污水排放统计数据难以获取，本书对汉中市工业废水排放量进行统计，依据王磊（2007）给出的单位废水排放治理成本（经过汉中市各年居民消费价值指数调整），核算了汉中市 2001～2010 年废水治理成本，公式为

$$C_{废水} = T_{废水} \times c_{废水} \tag{9-7}$$

式中，$C_{废水}$ 为废水治理成本；$T_{废水}$ 为废水排放量；$c_{废水}$ 为单位治理废水成本。

汉中市 2001～2010 年各县区废水排放量、单位废水治理成本、废水治理成本分别见表 9-12～表 9-14。

表 9-12　汉中市 2001～2010 年各县区废水排放量　　（单位：万 t）

年份	全市	汉台区	南郑县	城固县	洋县	西乡县
2001	2784	779	441	164	105	74
2002	2483.79	720.9	252.47	136.59	125.38	92.35
2003	2438.36	663.39	278.16	146.42	132.86	273.23
2004	2173.45	367.06	283.93	131.97	174.91	168.6
2005	2013.89	316.88	187.28	132.39	171.13	154.63
2006	1720.45	252.72	186.14	128.76	92.58	156.36
2007	2560	255	252	264	541	395
2008	2785.29	250.55	744.43	194.65	635.3	314.27
2009	2840.15	333.82	548.94	359.63	628.72	428.37
2010	2450.53	351.16	391.94	430.92	600.99	263.7
年份	勉县	宁强县	略阳县	镇巴县	留坝县	佛坪县
2001	93	8	1112	3	4	0
2002	65.64	44.8	1040.66	2.2	3.2	0.22
2003	106.65	31.37	800.99	3.66	1.57	0.07
2004	110.45	37.34	897.92	0.68	0.49	0.1
2005	130.18	36.12	884.49	0.68	0.1	0.03
2006	95.19	34.37	773.56	0.68	0.05	0
2007	71	38	744	0	0	0
2008	87.34	42.67	518.8	0	0.29	0
2009	124.4429	37.1665	378.6265	0	0	0.42
2010	123.2726	33.0995	254.4702	0	0.4398	0.514

表 9-13　汉中市 2001～2010 年单位废水治理成本

年份	2001	2002	2003	2004	2005
价格指数	101.6	99.7	103.3	102.9	100.4
价格/（元/m³）	2.3	2.29	2.37	2.44	2.44
年份	2006	2007	2008	2009	2010
价格指数	102.2	106.9	107.2	101.1	104.1
价格/（元/m³）	2.5	2.67	2.86	2.9	3.01

表 9-14　汉中市 2001～2010 年废水治理成本　　（单位：万元）

年份	全市	汉台区	南郑县	城固县	洋县	西乡县
2001	6308.91	1765.31	999.36	371.64	237.94	167.69
2002	5718.65	1659.79	581.28	314.48	288.67	212.62
2003	5597.21	1522.8	638.51	336.1	304.97	627.19
2004	5153.75	870.38	673.26	312.93	414.75	399.79
2005	4913.89	773.18	456.96	323.03	417.5	377.29
2006	4214.69	619.1	455.99	315.43	226.79	383.04
2007	6409.35	638.43	630.92	660.96	1354.47	988.94
2008	7454.56	670.57	1992.39	520.96	1700.32	841.11
2009	8148.7	957.79	1574.98	1031.81	1803.86	1229.04
2010	7108.19	1018.6	1136.89	1249.98	1743.29	764.91

年份	勉县	宁强县	略阳县	镇巴县	留坝县	佛坪县
2001	210.75	18.12	2519.93	6.79	9.06	0
2002	151.12	103.14	2396.01	5.06	7.36	0.51
2003	244.81	72.00	1838.65	8.4	3.6	0.16
2004	261.9	88.54	2129.17	1.61	1.16	0.23
2005	317.63	88.13	2158.15	1.65	0.24	0.07
2006	233.19	84.19	1895.03	1.66	0.12	0
2007	177.75	95.13	1862.71	0	0	0
2008	233.75	114.2	1388.52	0	0.77	0
2009	357.04	106.63	1086.32	0	0	1.21
2010	357.57	96.01	738.13	0	1.27	1.49

从整个汉中市来看，2001～2010 年的废水治理成本呈现"V"字形变化，2001～2005 年，汉中市废水治理成本呈现明显的下降趋势，从 2001 年的 5718.62 万元下降到 2005 年的 4214.68 万元，年均下降 300.78 万元，2005 年也成为 10 年中废水治理成本最低的年份；在剩余的 5 年中，汉中市废水治理成本显著上升，仅在 2008 年有所下降，从 2005 年的 4214.68 万元增长到 2010 年的 8848.49 万元，年均增长 926.76 万元（图 9-9）。

从汉中市各县区来看，略阳县是废水治理成本最高的县区，年平均值占到了全市的 27%，在 2001～2010 年有较为明显的下降，从 2001 年的 2519.93 万元下降到 2010 年的 1456.59 万元，在 2009 年为最低值，为 738.13 万元；汉台区是汉中市政府所在地，废水治理成本年平均值占到了全市的 16%，在汉中市 11 个县市中排列第三；但是值得关注的是，汉台区废水治理成本从 2005 后呈较快增长

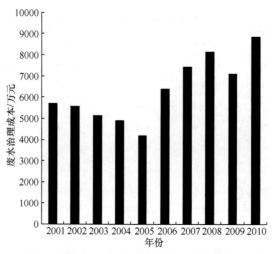

图 9-9　汉中市 2001~2010 年废水治理成本

趋势，年增长率达到了约 20%；洋县、西乡县、城固县三县在 2001~2010 年间废水治理成本急剧上升，以洋县为例，在 2001 年仅有 237.94 万元，到 2010 年达到了 1822.8 万元，10 年间增长了 6.6 倍；留坝县、镇巴县、佛坪县废水治理成本较少，且也呈现下降和趋于稳定的趋势（图 9-10）。

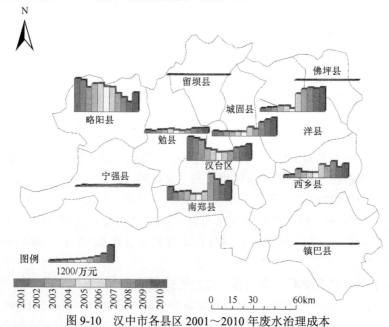

图 9-10　汉中市各县区 2001~2010 年废水治理成本

四、固体废弃物治理成本核算与分析

固体废弃物是指生产和生活中被遗弃不用的固体物质。如果对固体废弃物处置不当，会产生有害物质，破坏生态环境。本书对汉中市固体废弃物物质量进行统计，依据王磊（2007）给出的单位固体废弃物成本（经过汉中市各年居民消费价值指数调整），核算了汉中市 2001~2010 年固体废弃物治理成本，公式为

$$C_{固废} = T_{固废} \times c_{固废} \tag{9-8}$$

式中，$C_{固废}$ 为固体废弃物治理成本；$T_{固废}$ 为固体废弃物物质量；$c_{固废}$ 为单位固体废弃物治理成本。

汉中市各区县 2001~2010 年固体废弃物排放量、单位固体废弃物治理成本、固体废弃物治理成本治理成本分别见表 9-15~表 9-17。

表 9-15　汉中市 2001~2010 年固体废弃物排放量　　（单位：万 t）

年份	全市	汉台区	南郑县	城固县	洋县	西乡县
2001	205	4	2	3	6	1
2002	216.74	3.94	1.72	1.98	6.39	1.31
2003	300.65	2.89	5.15	4.43	5.05	1.61
2004	312.98	2.04	3.23	6.31	4.89	2.42
2005	373.02	1.73	3.16	6.2	3.54	1.91
2006	345.8	1.75	7.39	5.22	17.32	1.9
2007	321.5	1.48	3.62	5.27	16	6
2008	386.31	3.57	6.55	7.08	17.43	1.03
2009	346.63	2.14	3.09	6.87	6.14	2.64
2010	388.4421	1.91	3.43	4.78	26.85	1.04

年份	勉县	宁强县	略阳县	镇巴县	留坝县	佛坪县
2001	9	17	163	0	0	0
2002	7.67	8.15	185.42	0	0.13	0.03
2003	20.15	11.38	248.25	0	1.72	0
2004	28.17	22.63	242.89	0	0.4	0
2005	44.24	33.42	277.18	1.1	0.53	0
2006	46.18	37.98	226.86	1.1	0.1	0
2007	44.76	39.84	203.69	0.8	0.01	0
2008	54.73	49.41	244.48	1.01	1	0.01
2009	53.64	31.89	239.62	0	0.61	0.005
2010	49.24	20.82	280.06	0	0.2121	0.1

表 9-16　汉中市 2001~2010 年单位固体废弃物治理成本

年份	2001	2002	2003	2004	2005
价格指数	101.6	99.7	103.3	102.9	100.4
价格/（元/t）	213.0466	212.4075	219.4169	225.78	226.6831

续表

年份	2006	2007	2008	2009	2010
价格指数	102.2	106.9	107.2	101.1	104.1
价格/（元/t）	231.6701	247.6554	265.4866	268.4069	279.4116

表 9-17　汉中市 2001～2010 年固体废弃物治理成本　（单位：万元）

年份	全市	汉台区	南郑县	城固县	洋县	西乡县
2001	42986.77	838.7662	419.3831	629.0746	1258.149	209.6915
2002	46175.72	839.4036	366.4402	421.8323	1361.368	279.0911
2003	63860.3	613.8576	1093.898	940.9651	1072.658	341.976
2004	68673.1	447.6105	708.7166	1384.521	1072.949	530.9889
2005	84220.46	390.5994	713.4648	1399.836	799.2612	431.2398
2006	78387.02	396.6955	1675.188	1183.286	3926.152	430.6979
2007	74481.95	342.8718	838.6459	1220.902	3706.722	1390.021
2008	95671.75	884.1297	1622.143	1753.4	4316.633	255.0851
2009	92025.61	568.1413	820.3535	1823.893	1630.088	700.8846
2010	104260.6	512.6572	920.6358	1282.985	7206.726	279.1432

年份	勉县	宁强县	略阳县	镇巴县	留坝县	佛坪县
2001	1887.224	3564.756	34179.72	0	0	0
2002	1634.067	1736.33	39503.1	0	27.69606	6.391398
2003	4280.01	2417.197	52730.15	0	365.3408	0
2004	6180.974	4965.405	53294.17	0	87.76676	0
2005	9988.507	7545.568	62581.7	248.358	119.6634	0
2006	10468.23	8609.425	51425.33	249.3514	22.66831	0
2007	10369.56	9229.739	47188.89	185.3361	2.316701	0
2008	13554.18	12236.65	60546.79	250.1319	247.6554	2.476554
2009	14240.7	8466.367	63615.89	0	161.9468	1.327433
2010	13216.36	5588.232	75170.04	0	56.92911	26.84069

　　从整个汉中市来看，10 年间汉中市固体废弃物治理成本呈明显增加趋势，年均增长 6796.11 万元，年均增长率为 14.71%，只有 2005 年、2006 年、2008 年这三年较上一年有所减少。增加主要分两个阶段，第一个阶段是从 2001～2004 年，汉中市固体废弃物治理成本从 2001 年的 46175.72 万元增加到 2004 年的 84220.45 万元，3 年增加了 38044.73 万元，年均增长率为 20.59%；第二个阶段是从 2006 年到 2010 年，汉中市固体废弃物治理成本从 2006 年的 74481.95 万元增加到 2010 的 114136.84 万元，4 年增加了 39654.89 万元，年均增长率为 10.64%（图 9-11）。

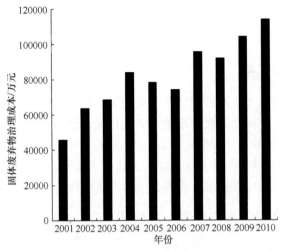

图 9-11　汉中市 2001～2010 年固体废弃物治理成本

从各县区来看，略阳县、勉县、宁强县是汉中市各县区固体废弃物治理成本最高的三个县区（图 9-12）。略阳县 10 年中年均固体废弃物治理成本占全市的 71.62%，是固体废弃物的生产大户，与全市总的增长趋势相似，10 年间呈明显增长趋势，仅在 2005 年和 2006 年略有下降，年均增长 4493 万元，年增长率达到了 13.14%，比全市略低；勉县固体废弃物治理成本从 2001 年的 1887.22 万元增加到 2010 年的13216.36 万元，年均增长率达到了 72.39%，增长速率是全市增长率的 5 倍多，是全

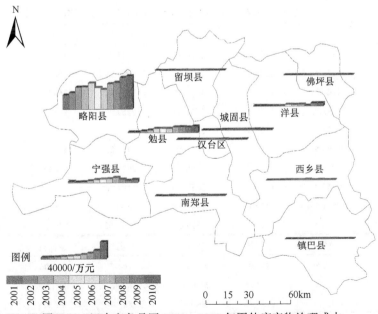

图 9-12　汉中市各县区 2001～2010 年固体废弃物治理成本

市增幅最高的县区;镇巴县、留坝县、佛坪县固体废弃物治理成本较低,年均治理成本仅占全市的 0.1%以下;其他各县区在 10 年间治理成本均有所增长。

五、自然灾害补偿成本

自然灾害补偿成本是指针对洪水、地震等自然灾害造成的人身财产损失,国家进行的经济补偿和救助。汉中市位于秦巴山区,地质气候条件复杂,常年遭受暴雨、地震、泥石流等自然灾害的影响,给当地人民和政府造成了巨大的经济损失。本书对汉中市《汉中年鉴》中灾害救济补助进行了统计,由于缺乏县区数据,只统计了汉中市 2001～2010 年自然灾害补偿成本(表 9-18)。

表 9-18　汉中市 2001～2010 年自然灾害补偿成本　　(单位:万元)

年份	2001	2002	2003	2004	2005	2006	2007	2008	2009	2010
补偿成本	1538.5	1319	3020	1350	1459.7	1134	4711.8	130408.2	11920.3	48052.6

六、环境成本核算与分析

将本节核算的汉中市各县区 2001～2010 年大气污染治理成本、废水治理成本、固体废弃物治理成本相加,自然灾害补偿成本由于缺乏县域资料,将其直接加到全市总和,最后得到 2001～2010 年汉中市各县区环境成本总和,见表 9-19。

表 9-19　汉中市各县区 2001～2010 年环境成本　　(单位:万元)

年份	全市	汉台区	南郑县	城固县	洋县	西乡县
2001	57873.13	2669.59	1426.39	1441.91	1906.78	557.67
2002	75252.14	2268.48	2192.59	1941.29	1581.15	1052.7
2003	80260	1438.71	1878.54	2371.38	1697.23	1015.33
2004	95391.73	1277.89	1761.63	2357.09	1415.41	884.96
2005	88953.21	1161.69	2705.67	2105.42	4348.27	862.43
2006	88294.54	1147.7	1885.65	2495.83	5320.83	2520.81
2007	110246.6	1804.76	4065.04	2929.53	6303.67	1246.35
2008	107153.4	1751.47	2839.69	3484.96	3740.34	2082.18
2009	117521.6	1736	2440.55	3091.3	9217.23	1167.4
2010	122985.3	1940.53	2570.63	2892.62	9461.91	1474.39
年份	勉县	宁强县	略阳县	镇巴县	留坝县	佛坪县
2001	2445.5	1874.05	45466.88	16.04	35.06	6.89
2002	5113.16	2544.68	58096.81	87.92	368.94	0.16
2003	7113.53	5156.07	59416.57	83.44	88.92	0.23

续表

年份	勉县	宁强县	略阳县	镇巴县	留坝县	佛坪县
2004	10956.74	7702.87	68550.3	323.51	119.9	0.07
2005	11336.79	8738.1	57373.98	299.96	22.79	0
2006	11429.29	9598.91	53658.77	227.59	2.3167	0
2007	14790.34	12426.57	66139.26	294.3	248.43	3.92
2008	15772.31	8631.94	68648.27	41.52	161.94	2.67
2009	14542.72	5734.49	79470.51	34.65	58.2	28.48
2010	15930.82	7942.74	80566.41	0	176.02	29.25

从整个汉中市分析，2001～2010 年汉中市环境成本呈显著上升趋势，从 2001 年的 57873.13 万元增长到 2010 年的 122985.34 万元，10 年间增加了 65112.21 万元，年均增长为 6511.22 万元，年均增长率为 1.13%；只有 2005 年、2006 年、2008 年较前一年有所下降，分别下降了 6438.52 万元、658.67 万元、3093.26 万元（图 9-13）。大气污染治理成本、废水污染治理成本、固体废弃物污染成本分别占总环境污染治理成本的 7.13%、6.84%、86.03%，固体废弃物治理成本占据了总环境成本的绝大部分，比例从 2001 年的 79.78%增加到 2010 年的 92.8%。整个 10 年，汉中市由于工业发展和城镇化进程加快，环境污染日益加重，尤其是固体废弃物的增多，加强保护环境势在必行。

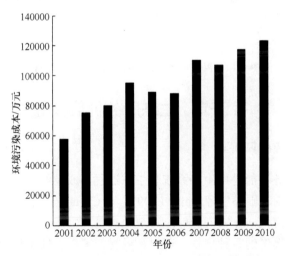

图 9-13　汉中市各县区 2001～2010 年环境成本

从汉中市各县区层面分析，略阳县、勉县、宁强县是汉中市环境成本最高的三个县区，三者年均环境成本占全市的 86.43%，是汉中市主要的环境污染排放地（图 9-14）。略阳县是所有县区中环境成本最高的，贡献率为 67.79%，10 年间成本明显增加，从 2001 年的 45466.88 万元增加到 2010 年的 80566.41 万元，增长了 35099.52 万元，年均增长率为 7.72%；勉县环境成本贡献率为 11.24%，10 年间成本急剧增加，年均增长率为 55.14%，是所有县区中增幅最快的县区；汉台区作为汉中市市政府所在地，10 年间环境成本有所减少，从 2001 年的 2669.59 万元减少到 2010 年的 1940.53 万元，减少了 729.06 万元，污染物排放得到了明显控制，环境质量转好；佛坪县环境成本最少，年均只有 7.17 万元，环境保护效果明显。

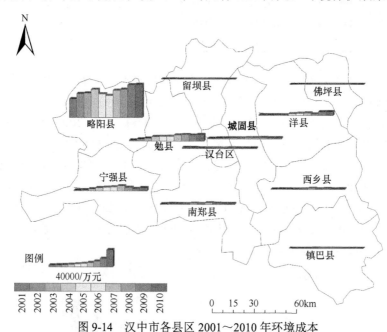

图 9-14　汉中市各县区 2001～2010 年环境成本

第三节　生态服务价值核算

一、生态服务价值核算模型

生态系统服务功能是指生态系统与生态过程形成及维持的人类赖以生存的自然环境条件与效用。国外学者 Daily（1997）和 Costanza（1997）的研究推动了生态服务功能的价值化，让人们能够更直观地感受到生态系统的作用。这个价值不仅包括生态系统提供的各种食物、药材、原材料等直接使用价值，而且包括涵养水源、固碳释氧、固土保肥、净化空气、防风固沙、保持生物多样性、提供科研和教育场所等众多间接使用价值。对于如何测算这些生态服务功能以及使其货币化，国内外有很多不同的方法。本书利用遥感数据估算了汉中市各县区 2001～2010 年净化空气、固碳释氧、涵养水源、土壤保持这四种生态服务价值，并采用替代市场法、防护费用法、恢复费用法、影子工程法等方法估算其经济价值，公

式为

$$C_{\text{生态}}=C_{\text{净化空气}}+C_{\text{固碳释氧}}+C_{\text{涵养水源}}+C_{\text{土壤保持}} \qquad (9\text{-}9)$$

式中，$C_{\text{生态}}$为生态服务总价值；$C_{\text{净化空气}}$为净化空气价值；$C_{\text{固碳释氧}}$为固碳释氧价值；$C_{\text{涵养水源}}$为涵养水源价值；$C_{\text{土壤保持}}$为土壤保持价值。

二、固碳释氧价值核算

绿色植物最大的功能就是利用太阳能，通过光合作用，将无机化合物合成为可以供人类和其他生物使用的有机化合物。扣除植物自身呼吸作用所消耗的部分，剩余的单位时间和单位面积所产生的有机质就是净初级生产力（NPP）。在这个过程中，绿色植物通过光合作用固定 CO_2 和释放 O_2，对地球碳氧循环、减缓温室效应起到了巨大的作用。

根据王兵等（2008）编写的《森林生态系统服务功能评估规范》（LY/T1721—2008）中固碳和释氧的价格，结合汉中市居民消费价格指数，得到汉中市 2001～2010 年固碳和释氧的单位价值量（表 9-20）。

表 9-20　汉中市 2001～2010 年单位固碳释氧价格

年份	2001	2002	2003	2004	2005
价格指数	101.6	99.7	103.3	102.9	100.4
固碳价格/（元/t）	1165.16	1161.66	1200	1234.8	1239.73
释氧价格/（元/t）	970.96	968.05	1000	1029	1033.11
年份	2006	2007	2008	2009	2010
价格指数	102.2	106.9	107.2	101.1	104.1
固碳价格/（元/t）	1267.01	1354.43	1451.95	1467.92	1528.11
释氧价格/（元/t）	1055.84	1128.69	1209.96	1223.27	1273.42

根据绿色植物光合作用方程，可以准确估算出固定 CO_2 和释放 O_2 的物质量。每生产 1kg 有机质的同时，吸收 1.63kg CO_2，同时释放 1.2kg 的 O_2。本书基于 MODIS17A3 数据，计算得到汉中市固定 CO_2 和释放 O_2 的物质量，如表 9-21、表 9-22 所示。

表 9-21　汉中市各县区 2001～2010 年固碳量　　　　（单位：万t）

年份	全市	汉台区	南郑县	城固县	洋县	西乡县
2001	1749.52	31.81	192.83	136.89	188.83	201.78
2002	2106.50	37.32	232.31	161.52	223.29	238.37
2003	2205.32	37.76	242.26	167.87	245.13	258.87
2004	2325.99	39.78	249.71	179.53	261.83	269.51
2005	2372.89	39.49	253.73	180.94	266.40	269.05

续表

年份	全市	汉台区	南郑县	城固县	洋县	西乡县
2006	2123.86	38.50	227.76	163.08	238.55	252.85
2007	2193.59	39.61	238.93	170.43	243.18	252.50
2008	2473.90	42.28	265.29	189.68	275.05	284.64
2009	2408.42	41.10	252.55	186.54	277.22	276.42
2010	2484.02	40.54	256.68	191.21	294.65	295.38
年份	勉县	宁强县	略阳县	镇巴县	留坝县	佛坪县
2001	169.20	252.78	205.14	209.30	108.15	52.80
2002	201.15	305.89	247.07	259.54	130.26	69.77
2003	202.85	298.08	239.02	280.46	149.81	83.24
2004	217.78	315.61	259.32	277.30	164.28	91.34
2005	221.66	324.92	269.92	286.36	167.60	92.82
2006	196.65	287.82	229.04	277.56	131.16	80.89
2007	209.80	301.86	246.11	267.38	145.47	78.31
2008	234.32	340.66	275.86	303.74	169.83	92.56
2009	224.91	325.71	272.79	285.78	169.97	95.44
2010	224.04	306.01	264.25	318.98	184.74	107.53

表 9-22　汉中市各县区 2001～2010 年释氧量　　　　　（单位：万 t）

年份	全市	汉台区	南郑县	城固县	洋县	西乡县
2001	1288.00	23.42	141.97	100.78	139.01	148.55
2002	1550.79	27.48	171.02	118.91	164.39	175.49
2003	1623.55	27.80	178.35	123.58	180.46	190.58
2004	1712.39	29.29	183.83	132.17	192.76	198.42
2005	1746.90	29.07	186.79	133.20	196.12	198.07
2006	1563.58	28.34	167.68	120.06	175.62	186.15
2007	1614.90	29.16	175.90	125.47	179.02	185.89
2008	1821.27	31.12	195.31	139.64	202.49	209.55
2009	1773.06	30.26	185.92	137.33	204.09	203.50
2010	1828.73	29.84	188.97	140.77	216.92	217.46
年份	勉县	宁强县	略阳县	镇巴县	留坝县	佛坪县
2001	124.57	186.10	151.02	154.09	79.62	38.87
2002	148.08	225.20	181.89	191.07	95.90	51.37
2003	149.34	219.44	175.97	206.47	110.29	61.28
2004	160.33	232.35	190.91	204.15	120.94	67.25
2005	163.18	239.20	198.71	210.82	123.39	68.33
2006	144.78	211.89	168.62	204.34	96.56	59.55

续表

年份	勉县	宁强县	略阳县	镇巴县	留坝县	佛坪县
2007	154.46	222.23	181.19	196.85	107.09	57.65
2008	172.51	250.79	203.09	223.61	125.02	68.14
2009	165.57	239.78	200.83	210.39	125.13	70.26
2010	164.94	225.29	194.54	234.83	136.00	79.16

　　将固碳释氧的物质量乘以表 9-20 中的固碳和释氧各年单位价格，得到汉中市各县区 2001～2010 年固碳价值、释氧价值和总价值（表 9-23～表 9-25）。

表 9-23　汉中市各县区 2001～2010 年固碳价值　（单位：亿元）

年份	全市	汉台区	南郑县	城固县	洋县	西乡县
2001	203.85	3.71	22.47	15.95	22.00	23.51
2002	244.70	4.34	26.99	18.76	25.94	27.69
2003	264.64	4.53	29.07	20.14	29.42	31.06
2004	287.21	4.91	30.83	22.17	32.33	33.28
2005	294.17	4.90	31.46	22.43	33.03	33.35
2006	269.10	4.88	28.86	20.66	30.22	32.04
2007	297.11	5.36	32.36	23.08	32.94	34.20
2008	359.20	6.14	38.52	27.54	39.94	41.33
2009	353.54	6.03	37.07	27.38	40.69	40.58
2010	379.59	6.19	39.22	29.22	45.03	45.14

年份	勉县	宁强县	略阳县	镇巴县	留坝县	佛坪县
2001	19.72	29.45	23.90	24.39	12.60	6.15
2002	23.37	35.53	28.70	30.15	15.13	8.11
2003	24.34	35.77	28.68	33.65	17.98	9.99
2004	26.89	38.97	32.02	34.24	20.28	11.28
2005	27.48	40.28	33.46	35.50	20.78	11.51
2006	24.92	36.47	29.02	35.17	16.62	10.25
2007	28.42	40.89	33.33	36.22	19.70	10.61
2008	34.02	49.46	40.05	44.10	24.66	13.44
2009	33.01	47.81	40.04	41.95	24.95	14.01
2010	34.24	46.76	40.38	48.74	28.23	16.43

表 9-24　汉中市各县区 2001～2010 年释氧价值　（单位：亿元）

年份	全市	汉台区	南郑县	城固县	洋县	西乡县
2001	125.06	2.27	13.78	9.79	13.50	14.42
2002	150.12	2.66	16.56	11.51	15.91	16.99

续表

年份	全市	汉台区	南郑县	城固县	洋县	西乡县
2003	162.36	2.78	17.84	12.36	18.05	19.06
2004	176.21	3.01	18.92	13.60	19.83	20.42
2005	180.47	3.00	19.30	13.76	20.26	20.46
2006	165.09	2.99	17.70	12.68	18.54	19.65
2007	182.27	3.29	19.85	14.16	20.21	20.98
2008	220.37	3.77	23.63	16.90	24.50	25.35
2009	216.89	3.70	22.74	16.80	24.97	24.89
2010	232.87	3.80	24.06	17.93	27.62	27.69

年份	勉县	宁强县	略阳县	镇巴县	留坝县	佛坪县
2001	12.10	18.07	14.66	14.96	7.73	3.77
2002	14.34	21.80	17.61	18.50	9.28	4.97
2003	14.93	21.94	17.60	20.65	11.03	6.13
2004	16.50	23.91	19.65	21.01	12.44	6.92
2005	16.86	24.71	20.53	21.78	12.75	7.06
2006	15.29	22.37	17.80	21.57	10.20	6.29
2007	17.43	25.08	20.45	22.22	12.09	6.51
2008	20.87	30.34	24.57	27.06	15.13	8.24
2009	20.25	29.33	24.57	25.74	15.31	8.60
2010	21.00	28.69	24.77	29.90	17.32	10.08

表 9-25　汉中市各县区 2001～2010 年固碳释氧总价值　　　　（单位：亿元）

年份	全市	汉台区	南郑县	城固县	洋县	西乡县
2001	328.91	5.98	36.25	25.73	35.49	37.93
2002	394.82	6.99	43.54	30.27	41.85	44.67
2003	426.99	7.31	46.9	32.50	47.46	50.12
2004	463.41	7.92	49.75	35.76	52.16	53.69
2005	474.64	7.89	50.75	36.19	53.28	53.81
2006	434.18	7.87	46.56	33.33	48.76	51.69
2007	479.37	8.65	52.21	37.24	53.14	55.18
2008	579.56	9.9	62.15	44.43	64.43	66.68
2009	570.42	9.73	59.81	44.18	65.65	65.46
2010	612.45	9.99	63.28	47.14	72.65	72.82

年份	勉县	宁强县	略阳县	镇巴县	留坝县	佛坪县
2001	31.81	47.52	38.56	39.34	20.33	9.92
2002	37.70	57.33	46.30	48.64	24.41	13.07
2003	39.27	57.71	46.27	54.30	29.01	16.11

续表

年份	勉县	宁强县	略阳县	镇巴县	留坝县	佛坪县
2004	43.38	62.88	51.66	55.24	32.72	18.19
2005	44.33	64.99	53.99	57.28	33.52	18.56
2006	40.20	58.83	46.82	56.74	26.81	16.53
2007	45.84	65.96	53.78	58.43	31.79	17.11
2008	54.89	79.80	64.62	71.15	39.78	21.68
2009	53.26	77.14	64.61	67.68	40.25	22.6
2010	55.24	75.45	65.15	78.64	45.54	26.51

从整个汉中市分析，2001～2010 年固碳释氧价值呈明显增长趋势，从 2001 年的 328.91 亿元增长到 2010 年的 612.45 亿元，年均增长 28.35 亿元，年均增长率为 8.62%，仅 2006 年和 2009 年较前一年有所下降，分别下降了 40.46 亿元和 9.13 亿元（表 9-25、图 9-15）。总的来看，汉中市固碳释氧价值增长态势良好，植被保护较好。

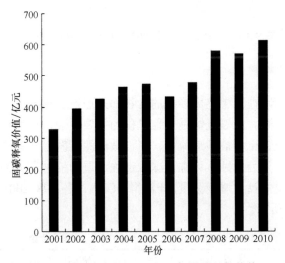

图 9-15　汉中市 2001～2010 年固碳释氧价值

从各县区分析，宁强县是各县区中固碳释氧价值最高的，年均为 64.76 亿元，占全市总和的 13.59%；汉台区在各县区中最低，年均为 8.22 亿元，占全市总和的 1.72%；全市 11 个县区 2001～2010 年均呈明显增长趋势，其中镇巴县增长幅度最大，从 2001 年的 39.34 亿元增长到 2010 年的 78.64 亿元，增长了 39.30 亿元。增长速率最快的是佛坪县，年均增长率为 16.71%。值得注意的是：汉台区、略阳县、勉县、宁强县和南郑县近三年增长速率降低，宁强县甚至出现了负增长，2010 年比前一年降低了 1.69 亿元（图 9-16）。

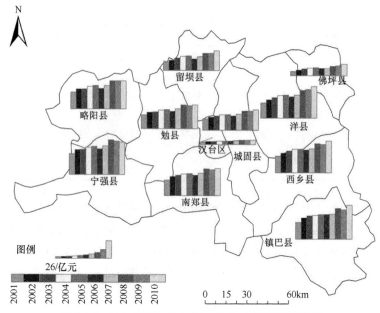

图 9-16　汉中市各县区 2001~2010 年固碳释氧价值

三、土壤保持价值核算

"民以食为天",地球上绝大多数的食物都是通过土地来获取的,土地是人类生存不可替代的资源。土壤侵蚀是土地退化的主要原因,土壤侵蚀会导致土壤中营养物质大量流失、土壤被搬运流失、河道被淤泥堵塞等一系列问题。土壤侵蚀其按外营力性质可分为水蚀、风蚀、冻融侵蚀、重力侵蚀和人为侵蚀等类型。本书采用 ULSE 模型估算土壤侵蚀量,计算得到汉中市各县区 2001~2010 年土壤保持量,如表 9-26 所示。

表 9-26　汉中市各县区 2001~2010 年土壤保持量　　（单位：亿 t）

年份	全市	汉台区	南郑县	城固县	洋县	西乡县
2001	2.19	0.02	0.26	0.14	0.26	0.32
2002	5.46	0.04	0.62	0.34	0.56	0.60
2003	4.78	0.03	0.58	0.24	0.39	0.56
2004	2.68	0.02	0.26	0.17	0.44	0.42
2005	3.47	0.02	0.37	0.20	0.42	0.52
2006	2.17	0.02	0.26	0.16	0.28	0.30
2007	2.48	0.02	0.31	0.14	0.23	0.41
2008	3.89	0.02	0.34	0.22	0.41	0.59
2009	2.83	0.03	0.32	0.23	0.33	0.33
2010	5.53	0.04	0.53	0.31	0.79	0.82

年份	勉县	宁强县	略阳县	镇巴县	留坝县	佛坪县
2001	0.26	0.24	0.19	0.35	0.14	0.14
2002	0.56	0.70	0.43	1.14	0.38	0.33
2003	0.39	0.63	0.32	1.26	0.26	0.25
2004	0.44	0.17	0.09	0.52	0.15	0.34
2005	0.42	0.30	0.18	0.78	0.26	0.26
2006	0.28	0.11	0.09	0.50	0.17	0.17
2007	0.23	0.18	0.11	0.68	0.16	0.12
2008	0.41	0.39	0.38	0.84	0.26	0.23
2009	0.33	0.23	0.26	0.45	0.25	0.20
2010	0.79	0.31	0.21	1.31	0.31	0.65

　　土壤保持主要通过保护土壤肥料、减少表土损失量和减轻泥沙淤积、减少风沙等灾害四个方面来实现其经济价值。本书将从保护土壤肥料、减少表土损失量和减轻泥沙淤积这 3 个方面来估算汉中市 2001~2010 年土壤保持价值。

　　对保护土壤肥力价值估算中，首先统计得到各土地类型土壤中速效氮、磷和钾的含量，然后根据其市场价格（经过居民消费价格指数调整后）得到保护土壤肥力价值，公式为

$$E_f = \sum_i A_S Q_i p_i \tag{9-10}$$

式中，E_f 为保护土壤肥力价值；A_S 为土壤保持量；Q_i 为各元素含量；p 为元素价格；i 为氮、磷和钾。

　　减少表土损失量价值估算中，根据调整后的汉中市林牧业单位面积经济价格得到，公式为

$$E_S = \frac{A_S \rho p_{林}}{h} \tag{9-11}$$

式中，E_S 为减少表土损失量价值；h 为土壤厚度；ρ 表示土壤容重；$p_{林}$ 表示林牧业单位面积经济价格。

　　在减轻泥沙淤积灾害价值的研究估算中，全国土壤侵蚀导致流失的泥沙有24%沉积到河道，造成水位上升，致使蓄水成本上升。减轻泥沙淤积灾害价值是利用单位面积水库设施蓄水成本来计算的，公式为

$$E_n = \frac{A_S}{\rho} \times c_0 \times 24\% \tag{9-12}$$

式中，E_n 为减轻泥沙淤积灾害价值；c_0 为 $1m^3$ 水库库容建设成本。

　　最后将 E_f、E_S、E_n 三个价值量相加，得到土壤保持价值量。氮肥、磷肥、

钾肥及库容价格见表 9-27。汉中市各县区 2001～2010 年土壤保持价值如表 9-28 所示。

表 9-27　氮肥、磷肥、钾肥、库容价格

年份	2001	2002	2003	2004	2005
价格指数	101.60	99.70	103.30	102.90	100.40
氮肥价格/（元/t）	501.39	499.89	516.38	531.36	533.48
磷肥价格/（元/t）	451.25	449.90	464.74	478.22	480.14
钾肥价格/（元/t）	1403.90	1399.69	1445.88	1487.81	1493.76
库容价格/（元/m³）	2.17	2.16	2.24	2.30	2.31
年份	2006	2007	2008	2009	2010
价格指数	102.20	106.90	107.2	101.1	104.10
氮肥价格/（元/t）	545.22	582.84	624.81	631.68	657.58
磷肥价格/（元/t）	490.70	524.56	562.33	568.51	591.82
钾肥价格/（元/t）	1526.63	1631.96	1749.47	1768.71	1841.23
库容价格/（元/m³）	2.36	2.52	2.71	2.74	2.85

表 9-28　汉中市各县区 2001～2010 年土壤保持价值　　（单位：亿元）

年份	全市	汉台区	南郑县	城固县	洋县	西乡县
2001	66.03	0.51	7.95	4.10	7.80	9.63
2002	163.95	1.24	18.51	10.26	16.8	18.01
2003	148.36	0.88	17.94	7.36	12.11	17.27
2004	85.49	0.70	8.23	5.35	13.92	13.33
2005	111.09	0.67	11.97	6.29	13.33	16.48
2006	71.09	0.74	8.66	5.11	9.13	9.89
2007	86.92	0.54	10.95	4.77	8.17	14.14
2008	145.88	0.90	12.93	8.10	15.44	21.79
2009	107.37	1.27	12.22	8.59	12.54	12.61
2010	218.35	1.44	21.11	12.25	31.25	31.98
年份	勉县	宁强县	略阳县	镇巴县	留坝县	佛坪县
2001	3.96	7.23	5.7	10.61	4.20	4.31
2002	9.69	20.87	12.76	34.31	11.44	10.01
2003	8.02	19.61	9.93	39.15	8.19	7.84
2004	3.53	5.27	2.89	16.51	4.8	10.91
2005	5.25	9.69	5.73	24.88	8.44	8.31
2006	3.79	3.73	2.87	16.25	5.42	5.42
2007	4.43	6.17	3.85	23.97	5.50	4.37
2008	8.23	14.46	14.29	31.52	9.69	8.48
2009	7.57	8.81	9.71	16.94	9.52	7.56
2010	9.58	12.28	8.46	51.78	12.38	25.79

　　从整个汉中市来看，2001～2010 年土壤保持价值呈现一种波动起伏变化。与植被覆盖度变化对比后发现，两种变化规律没有明显的一致性，大致变化呈现两个趋势：其中 2002～2006 年这 5 年中呈现明显下降趋势，从 2002 年的 163.95 亿元下降到 2006 年的 71.09 亿元；2006～2010 年这 4 年中呈现明显上升趋势，从 2006 年的 71.09 亿元增长到 2010 年的 218.35 亿元。导致这种情况的一个重要原因是降水量，降水量不仅直接影响植被的生长，而且直接影响潜在土壤侵蚀量。因此，在干旱年份 2004 年、2006 年和 2009 年这 3 年中，土壤保持价值是 10 年中较低的，而在雨水较为充沛的 2002 年、2003 年和 2010 年，土壤保持价值较高（表 9-28、图 9-17）。

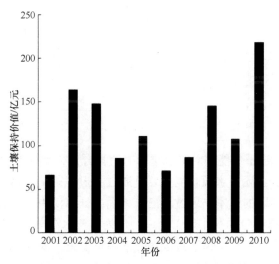

图 9-17　汉中市 2001～2010 土壤保持价值

　　从各县区来看，与全市变化相似，10 年间各县区土壤保持价值也呈现起伏变化，各年份差异很大。镇巴县土壤保持价值最高，年平均价值为 26.59 亿元，占全市总和的 22.08%，汉台区最低，年平均价值为 0.89 亿元，仅占全市总和的 0.74%。镇巴县植被覆盖较好且年均降水较多，因此单位面积土壤保持价值位居全市第一，为 78.56 万元/km²；汉台区地处河谷地区，是汉中市经济政治中心，植被破坏严重，因此位居末位，仅为 19.58 万元/km²；值得一提的是留坝县，虽然它的植被覆盖度很高，但由于平均年降水较其他县区少，土壤保持价值不高（图 9-18）。

四、涵养水源价值核算

　　陆地水循环过程中，森林起到了关键性作用。森林生态系统对于降雨和地表水有截留、吸收和贮存的功能，这种功能被称之为涵养水源功能，是生态服务功

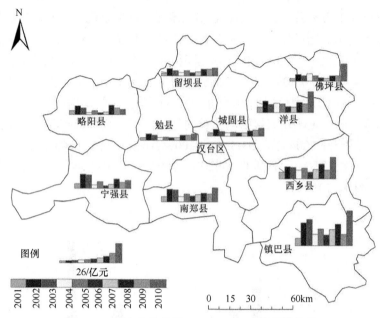

图 9-18　汉中市各县区 2001~2010 土壤保持价值

能中重要的一种。它不仅能够对降水进行时空再分配,减少无效水,增加有效水,而且能够净化水质。涵养水源功能主要是通过林冠截留量、落叶等蓄积物持水以及土壤层保水来实现的。本书通过这三个方面来计算汉中市各县区涵养水源物质量(表 9-29),根据单位面积水库工程造价作为涵养水源单位价值,并结合居民消费价格指数,最后得出汉中市各县区涵养水源价值量(表 9-30)。

表 9-29　汉中市 2001~2010 年各县区涵养水源量　　　(单位:亿 t)

年份	全市	汉台区	南郑县	城固县	洋县	西乡县
2001	49.65	0.32	4.96	3.05	5.56	5.62
2002	53.26	0.33	5.48	3.35	5.73	6.60
2003	66.23	0.39	6.91	4.67	7.17	8.24
2004	58.95	0.35	6.23	4.04	6.05	7.16
2005	70.87	0.44	7.79	4.56	7.15	8.94
2006	58.38	0.39	6.13	3.75	5.87	6.48
2007	68.15	0.67	7.21	4.54	7.66	8.32
2008	68.96	0.47	7.92	4.71	7.08	8.35
2009	80.01	0.49	8.46	5.25	8.54	10.32
2010	83.09	0.54	9.11	5.55	8.76	10.52
年份	勉县	宁强县	略阳县	镇巴县	留坝县	佛坪县
2001	3.72	5.17	5.13	7.59	5.06	3.44

年份	勉县	宁强县	略阳县	镇巴县	留坝县	佛坪县
2002	3.74	5.23	5.03	9.28	5.03	3.48
2003	4.60	6.32	5.97	11.78	6.00	4.17
2004	4.18	6.00	5.65	10.55	5.24	3.49
2005	5.37	6.98	7.01	12.77	5.90	3.97
2006	4.48	5.73	6.49	9.82	5.66	3.56
2007	5.24	6.25	6.62	11.06	6.07	4.52
2008	5.44	6.74	6.64	11.72	6.07	3.82
2009	6.33	9.99	8.05	12.59	5.96	4.02
2010	6.52	9.85	8.09	13.58	6.31	4.25

表 9-30　汉中市 2001～2010 年各县区涵养水源价值　（单位：亿元）

年份	全市	汉台区	南郑县	城固县	洋县	西乡县
2001	108.03	0.71	10.8	6.64	12.10	12.23
2002	115.54	0.71	11.88	7.26	12.43	14.31
2003	148.41	0.88	15.47	10.47	16.06	18.46
2004	135.94	0.79	14.35	9.32	13.95	16.51
2005	164.08	1.01	18.02	10.56	16.56	20.68
2006	138.13	0.91	14.51	8.87	13.90	15.33
2007	172.40	1.7	18.22	11.47	19.37	21.03
2008	187.01	1.27	21.47	12.78	19.18	22.63
2009	219.34	1.35	23.2	14.4	23.41	28.28
2010	237.13	1.53	26	15.84	25.01	30.03
年份	勉县	宁强县	略阳县	镇巴县	留坝县	佛坪县
2001	8.10	11.24	11.16	16.52	11.01	7.49
2002	8.11	11.34	10.9	20.13	10.9	7.55
2003	10.31	14.15	13.38	26.41	13.45	9.34
2004	9.64	13.83	13.02	24.33	12.09	8.05
2005	12.42	16.16	16.23	29.56	13.65	9.18
2006	10.61	13.56	15.36	23.23	13.38	8.42
2007	13.24	15.81	16.74	27.97	15.35	11.43
2008	14.76	18.28	18.01	31.77	16.47	10.34
2009	17.36	27.38	22.05	34.52	16.33	11.02
2010	18.61	28.11	23.09	38.75	17.99	12.12

　　从整个汉中市来看，2001～2010 年涵养水源总价值平均为 162.61 亿元，呈明显增长趋势，从 2001 年的 108.03 亿元增长到 2010 年的 237.13 亿元，10 年间增

长了 129.10 亿元，年增长率为 11.95%，仅有 2004 和 2006 年较前一年有所下降，分别下降了-12.47 亿元和-25.95 亿元（表 9-30、图 9-19）。这主要是因为涵养水源价值量的变化除了与每年的降水多少有关外（2004 年和 2006 年为干旱年，降水量较少，涵养水源价值较低），还与植被面积有关，汉中市由于退耕还林等政策的实施，森林面积逐年增多，涵养水源价值量也逐年上升。

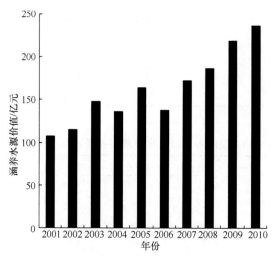

图 9-19　汉中市 2001～2010 涵养水源价值

　　从各县区涵养水源总价值来看，全市 11 个县区在 2001～2010 年呈增长上升趋势。在总价值方面，镇巴县在 11 个县区中年均涵养水源总价值最高，为 27.32 亿元，占全市总和的 16.8%；汉台区最低，年平均价值仅有 1.09 亿元，占全市总和的 0.67%。在增长速率方面，10 年中增长速度最快的为宁强县，从 2001 年的 11.24 亿元增加到 2010 年的 28.11 亿元，年均增长率为 15%；佛坪县增长速度最慢，年均增长率仅有 6.18%。在单位面积涵养水源价值方面，位于秦巴山区的镇巴县、佛坪县和留坝县由于植被茂盛，单位面积涵养水源价值较高，分别为 82.02 万元/km^2、77.26 万元/km^2、71.93 万元/km^2，位居 11 县区前三，而位于汉江谷地的汉台区、勉县、城固县由于经济发展造成植被面积减少，从而价值较低，分别为 27.69 万元/km^2、54.89 万元/km^2、55.31 万元/km^2（图 9-20）。

五、净化空气价值核算

　　植物不仅可以吸收二氧化碳、释放氧气，还能吸收和过滤空气中二氧化硫、氮氧化物和粉尘等有害气体和物质，对于改善地区空气质量和人居环境起到了至关重要的作用。地处秦巴县区的汉中市空气质量优良，有着丰富的植被资源，能够有

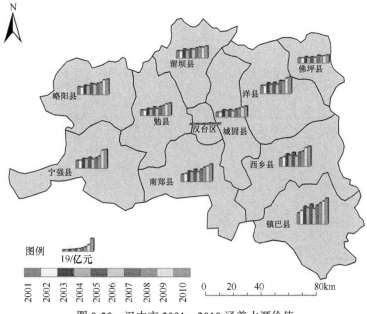

图 9-20　汉中市 2001～2010 涵养水源价值

效调节关中经济带的气候和空气质量。本书使用影子价格工程法，对汉中市 2001～2010 年净化空气价值进行了估算，公式为

$$V_{净化空气} = \sum_{j=1}\sum_{i=1} Q_{ij} c_j \tag{9-13}$$

式中，$V_{净化空气}$ 为净化空气价值量；j 为植被净化第 j 类污染物能力；i 为第 i 类植被类型；Q_{ij} 为某类植被类型净化某类污染物的物质量；c_j 为治理第 j 类污染物的单位费用。

根据周冰冰等（2000）编写的《北京市森林资源价值》中各类植被类型净化污染物的能力，净化 SO_2：针叶林 215.6kg/hm^2、阔叶林 88.65kg/hm^2；净化氮氧化物：针叶林 6kg/hm^2、阔叶林 6kg/hm^2；净化滞尘：33.2kg/hm^2、阔叶林 10.11kg/hm^2。治理费用取《森林生态系统服务功能评估规范》中的数据，并按居民消费价格指数进行修正。汉中市 2001～2010 年各县区净化空气价值见表 9-31。

表 9-31　汉中市 2001～2010 年各县区净化空气价值　　（单位：万元）

年份	全市	汉台区	南郑县	城固县	洋县	西乡县
2001	19227.85	132.76	1953.84	1226.47	2163.99	2148.00
2002	20166.87	131.25	2062.57	1300.29	2152.31	2289.13
2003	21635.67	142.76	2189.44	1562.14	2337.32	2395.141
2004	21886.93	140.03	2215.19	1572.39	2348.50	2422.08
2005	24620.97	166.02	2671.73	1663.08	2564.97	2805.59
2006	24098.60	166.49	2473.83	1594.01	2505.67	2660.55

续表

年份	全市	汉台区	南郑县	城固县	洋县	西乡县
2007	27552.11	289.12	2961.82	1878.17	2944.24	3287.34
2008	28741.09	193.81	3118.75	1941.38	2994.23	3275.12
2009	34087.77	232.94	3561.25	2329.91	3732.41	4083.04
2010	35875.51	247.13	3823.69	2480.567	3885.07	4356.34

年份	勉县	宁强县	略阳县	镇巴县	留坝县	佛坪县
2001	1492.00	1947.55	2033.83	2762.34	2069.53	1297.50
2002	1554.26	2084.08	2178.27	3046.61	2086.68	1281.38
2003	1697.83	2276.75	2371.53	3129.01	2202.82	1330.89
2004	1717.17	2310.13	2412.58	3157.84	2232.21	1358.78
2005	2038.44	2594.27	2721.43	3638.12	2330.78	1426.49
2006	1890.44	2412.73	2722.50	3704.29	2456.19	1511.84
2007	2262.76	2650.10	2870.02	4166.66	2612.23	1629.61
2008	2379.56	3028.41	3176.8	4246.98	2720.83	1665.18
2009	2842.46	4208.98	3685.24	4823.19	2824.47	1763.83
2010	2964.07	4299.53	3841.09	5114.60	2987.10	1876.28

从整个汉中市来看,2001~2010 年净化空气年均价值量为 25789.33 万元,10 年间呈明显增长趋势,从 2001 年的 19227.85 万元增长到 2010 年的 35875.51 万元,年均增长 1664.76 万元,年均增长率为 8.65%,仅 2006 年较前一年有所下降,下降了 522.37 万元(表 9-31、图 9-21)。

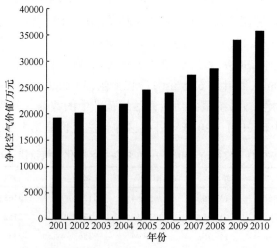

图 9-21　汉中市 2001~2010 年净化空气价值

从各县区来看,汉中市 11 县区 2001~2010 年净化空气价值量均呈增长趋势,其中宁强县增长速度最快，从2001年的1947.55万元增长到2010年的4299.53万元，年均增长率为12.07%；留坝县增长速度最慢，年均增长率仅为4.43%。净化空气的能力主要和植被面积有关，宁强县加强生态保护，植被面积迅速增加，而留坝县是陕西省林业县之一，植被覆盖一直很高，因此植被面积增长缓慢。价值量上，镇巴县年均净化空气总价值最高，达3778.96万元，占全市总和的14.65%；汉台区最低，为4049.57元/km^2，仅占全市的0.71%；留坝县单位面积净化空气价值最高，为13482.94元/km^2（图9-22）。

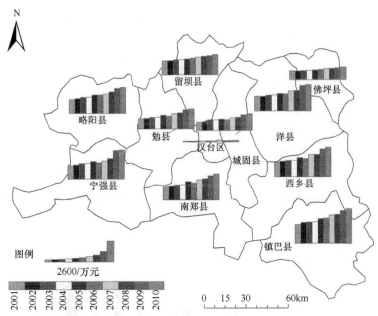

图9-22　汉中市各县区2001～2010净化空气价值

六、生态服务价值测评

根据式(9-1)得出汉中市2001～2010年生态服务价值总和（表9-32、图9-23）。它体现了汉中市各县区10年间各项生态服务功能所带来的经济效益，对于改善当地人居环境、实现可持续发展有着重要作用。

表9-32　汉中市各县区2001～2010年生态服务价值　（单位：亿元）

年份	全市	汉台区	南郑县	城固县	洋县	西乡县
2001	504.90	7.21	55.20	36.61	55.63	60.01
2002	676.35	8.96	74.14	47.93	71.30	77.23
2003	725.94	9.09	80.54	50.50	75.87	86.10
2004	687.04	9.44	72.56	50.61	80.28	83.79
2005	752.29	9.61	81.02	53.21	83.44	91.27

续表

年份	全市	汉台区	南郑县	城固县	洋县	西乡县
2006	645.82	9.55	69.99	47.49	72.06	77.19
2007	741.46	10.93	81.69	53.68	81.00	90.69
2008	915.33	12.10	96.87	65.52	99.37	111.45
2009	900.56	12.38	95.59	67.41	101.99	106.77
2010	1071.53	13.00	110.79	75.50	129.30	135.29

年份	勉县	宁强县	略阳县	镇巴县	留坝县	佛坪县
2001	44.03	66.20	55.64	66.77	35.76	21.85
2002	55.66	89.77	70.20	103.40	46.98	30.78
2003	57.79	91.71	69.84	120.18	50.88	33.44
2004	56.74	82.23	67.83	96.41	49.85	37.30
2005	62.22	91.11	76.23	112.09	55.86	36.21
2006	54.80	76.39	65.34	96.60	45.87	30.54
2007	63.76	88.23	74.68	110.81	52.91	33.09
2008	78.14	112.86	97.25	134.88	66.22	40.68
2009	78.49	113.76	96.75	119.64	66.40	41.37
2010	83.73	116.27	97.10	169.70	76.23	64.62

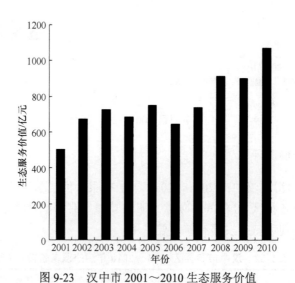

图 9-23　汉中市 2001～2010 生态服务价值

从整个汉中市来看，2001～2010 年汉中市生态服务价值呈现明显增长趋势。从 2001 年的 504.90 亿元增长到 2010 年的 1071.53 亿元，增长了 566.63 亿元，年均增长率达到了 11.22%，仅在干旱年份——2004 年、2006 年比前一年有所下降，分别下降了 38.90 亿元、106.47 亿元（表 9-32、表 9-33）。土壤保持价值、固碳释氧价值、涵养水源价值和净化空气价值四项生态服务功能分别占生态服务价值总和的 15.81%、65.52%、21.34%、0.34%。汉中市生态效益逐年提高，说明汉中市2001～2010 年生态建设良好，植被面积增加，人居环境变好。生态服务价值，不仅与植被有关，而且还与气候密切相关。

表 9-33　汉中市各县区 2001～2010 年生态服务价值变化　　（单位：亿元）

年份	全市	汉台区	南郑县	城固县	洋县	西乡县
2001～2002	171.45	1.75	18.94	11.32	15.67	17.22
2002～2003	49.59	0.13	6.40	2.57	4.57	8.87
2009～2004	−38.90	0.35	−7.98	0.11	4.41	−2.31
2009～2005	65.25	0.17	8.46	2.60	3.16	7.48
2009～2006	−106.47	−0.06	−11.03	−5.72	−11.38	−14.08
2006～2007	95.64	1.38	11.7	6.19	8.94	13.50
2007～2008	173.87	1.17	15.18	11.84	18.37	20.76
2008～2009	−14.77	0.28	−1.28	1.89	2.62	−4.68
2009～2010	170.97	0.62	15.2	8.09	27.31	28.52
年份	勉县	宁强县	略阳县	镇巴县	留坝县	佛坪县
2001～2002	11.63	23.57	14.56	36.63	11.22	8.93
2002～2003	2.13	1.94	−0.36	16.78	3.90	2.66
2009～2004	−1.05	−9.48	−2.01	−23.77	−1.03	3.86
2009～2005	5.48	8.88	8.40	15.68	6.01	−1.09
2009～2006	−7.42	−14.72	−10.89	−15.49	−9.99	−5.67
2006～2007	8.96	11.84	9.34	14.21	7.04	2.55
2007～2008	14.38	24.63	22.57	24.07	13.31	7.59
2008～2009	0.35	0.90	−0.50	−15.24	0.18	0.69
2009～2010	5.24	2.51	0.35	50.06	9.83	23.25

注：表中负值表示减少。

　　由图 9-24 可知，汉中市各县区生态服务价值在 2001～2010 年呈现增长趋势。在总价值方面，镇巴县和宁强县年均生态服务价值在 11 县区中排名前两位，分别为 113.05 亿元和 92.85 亿元，占全市年均生态服务价值的 14.83% 和 12.18%；汉台区年均生态服务价值最低，为 10.22 亿元，仅占全市年均生态服务价值的 1.34%。在增长速率方面，佛坪县增长速率最高，年均增长速率为 19.57%；略阳县增长速率最低，年均增长速率为 7.45%；值得说明的是，略阳县、汉台区和勉县在 2008～2010 年这 3 年中，生态服务价值处于增长停滞状态，甚至个别年份出现了下降。在单位面积价值方面，处于秦岭和巴山山区境内的县区由于人口稀少，生态没有受到破坏，山区植被覆盖度高，单位面积生态服务价值量高，其中镇巴县和佛坪县单位面积生态服务价值排名前两位,年均单位面积价值分别为 333.51 万元/km²、298.78 万元/km²;而处于汉江谷地境内的县区由于地势平缓,人口数量较多,经济发展较好,植被覆盖度小,单位面积价值量较低,汉台区、勉县、城固县和洋县排名靠后,年均单位面积价值分别为 215.89 万元/km²、272.85 万元/km²、267.44 万元/km²、269.64 万元/km²。

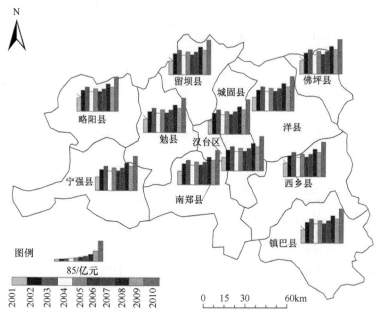

图 9-24 汉中市各县区 2001~2010 生态服务价值

第四节 综合绿色 GDP 核算

党的十八大报告指出:"良好生态环境是人和社会持续发展的根本基础。""要实施重大生态修复工程,增强生态产品生产能力,推进荒漠化、石漠化、水土流失综合治理,扩大森林、湖泊、湿地面积,保护生物多样性。"这里提出的生态产品其实就是生态服务价值,包括固碳释氧、净化空气、涵养水源、土壤保持、维持生物多样性以及提供科研文化教育研究场所等价值。综合绿色 GDP=GDP-自然资源成本-环境成本-自然灾害成本+生态服务价值。本节在前面测评的基础上,根据这个公式测评和分析 2001~2010 年汉中市综合绿色 GDP 及其变化特征。

一、汉中市绿色 GDP 核算

绿色 GDP 是传统 GDP 减去自然资源成本、环境成本和自然灾害成本之后的值。本书根据《汉中统计年鉴》中 GDP 的数据,得到汉中市 2001~2010 年各县区 GDP，如表 9-34 所示。各县区绿色 GDP 见表 9-35。

表 9-34　汉中市 2001～2010 年各县区 GDP　　　（单位：亿元）

地区	2001 年	2002 年	2003 年	2004 年	2005 年	2006 年	2007 年	2008 年	2009 年	2010 年
全市	127.17	137.8	156.75	172.64	216.50	246.52	290.61	352.24	415.51	510.99
汉台区	26.44	28.94	32.66	37.24	49.34	55.07	63.83	76.48	91.59	111.01
南郑县	23.95	25.920	27.20	28.12	31.81	35.76	41.66	50.81	58.71	73.72
城固县	23.680	25.90	29.10	27.87	32.02	36.53	42.57	52.86	61.75	77.53
洋县	10.30	11.22	15.35	17.88	20.48	23.15	27.48	33.73	40.08	49.23
西乡县	6.50	6.85	7.95	9.34	14.29	16.33	19.60	24.22	29.33	35.08
勉县	12.24	13.22	15.69	18.98	24.50	29.74	37.17	41.91	48.85	59.77
宁强县	8.01	8.79	9.27	10.86	12.85	14.68	18.18	22.18	26.33	32.05
略阳县	8.35	9.18	10.65	12.45	17.97	19.98	22.28	27.31	32.05	38.74
镇巴县	5.02	5.52	6.26	6.85	9.53	11.03	13.00	16.70	19.46	24.87
留坝县	1.54	1.63	1.86	2.13	2.46	2.79	3.23	4.04	4.69	5.78
佛坪县	1.14	0.63	0.76	0.92	1.25	1.46	1.62	2.00	2.67	3.23

表 9-35　汉中市 2001～2010 年各县区绿色 GDP　　　（单位：亿元）

地区	2001 年	2002 年	2003 年	2004 年	2005 年	2006 年	2007 年	2008 年	2009 年	2010 年
全市	112.53	114.20	145.59	160.47	204.58	234.15	276.67	326.87	400.34	491.51
汉台区	25.55	27.90	32.10	36.70	48.85	54.76	63.26	76.01	91.01	110.48
南郑县	22.88	25.81	26.57	27.51	31.09	35.09	40.82	50.12	58.14	73.08
城固县	22.65	24.96	27.50	27.00	31.13	34.65	41.70	51.93	60.83	76.62
洋县	9.00	11.41	15.32	17.48	19.74	22.31	26.48	32.85	38.79	47.91
西乡县	5.85	0.76	7.25	9.31	14.09	15.99	19.42	23.90	29.01	34.62
勉县	11.03	10.06	13.81	18.70	23.03	28.55	35.13	40.22	47.40	57.97
宁强县	6.75	7.55	9.38	8.46	11.55	13.31	17.01	21.41	25.82	31.29
略阳县	2.71	-2.31	4.60	5.52	12.15	14.54	15.64	20.47	23.81	30.63
镇巴县	3.68	6.57	6.44	6.91	9.31	10.81	12.85	16.89	19.29	24.71
留坝县	1.48	1.68	1.82	2.10	2.43	2.76	3.18	4.01	4.67	5.75
佛坪县	1.06	-0.09	1.04	0.88	1.29	1.44	1.60	2.05	2.72	3.22

　　将绿色 GDP 除以 GDP 后，得到汉中市 2001～2010 年绿色 GDP 占 GDP 的比例，如表 9-36 所示。

表 9-36　汉中市 2001～2010 年绿色 GDP 占 GDP 比例 （单位：%）

地区	2001 年	2002 年	2003 年	2004 年	2005 年	2006 年	2007 年	2008 年	2009 年	2010 年
全市	88.49	82.88	92.88	92.95	94.50	94.98	95.21	92.80	96.35	96.19
汉台区	96.66	96.42	98.33	98.55	99.03	99.44	99.11	99.39	99.37	99.52
南郑县	95.55	99.58	97.70	97.85	97.75	98.14	98.00	98.65	99.04	99.14
城固县	95.69	96.39	94.52	96.89	97.22	94.86	97.96	98.26	98.51	98.83
洋县	87.39	101.69	99.84	97.78	96.43	96.37	96.41	97.42	96.79	97.33
西乡县	90.02	11.23	91.28	99.73	98.61	97.97	99.08	98.72	98.94	98.73
勉县	90.18	76.12	88.06	98.53	94.04	96.01	94.54	95.99	97.03	97.00
宁强县	84.39	85.92	101.23	77.95	89.95	90.70	93.58	96.54	98.08	97.66
略阳县	32.48	-25.21	43.24	44.34	67.66	72.79	70.23	74.99	74.30	79.08
镇巴县	73.4	119.15	102.99	100.92	97.77	98.08	98.90	101.15	99.19	99.37
留坝县	96.4	103.6	97.95	98.80	99.00	99.21	98.71	99.13	99.73	99.56
佛坪县	93.03	-14.51	137.75	96.65	103.46	99.13	99.23	102.58	101.98	99.62

由表 9-35 可知，汉中市 2001～2010 年绿色 GDP 呈增长趋势，从 2001 年的 112.53 亿元增长到 2010 年的 491.51 亿元，且绿色 GDP 占 GDP 的比例也在逐年上升，从 2001 年的 88.49%上升到 2010 年的 96.19%（表 9-36），主要是由于近年来汉中市实施经济发展转型，第三产业比例逐渐上升，对于资源利用的数量有所减少，而利用效率增加，废水、废气和废物等处理率也有了一定程度的提高。2002 年和 2008 年，绿色 GDP 所占比例较前一年有所下降，主要是 2002 年由于大面积退耕还林，汉中市耕地面积大量减少，造成土地资源耗减加剧，因此 2002 年绿色 GDP 占 GDP 的比例从前一年的 88.49%下降到 82.88%；2008 年发生了历史罕见的汶川大地震，汉中市作为地震受灾区，当年得到了大量自然灾害补偿，因此 2008 年绿色 GDP 占 GDP 比例从前一年的 95.21%下降到 92.80%。

在各县区中，略阳县绿色 GDP 占 GDP 比例最低，自然资源消耗和环境污染成本较高，甚至略阳县在 2002 年绿色 GDP 为负值。而秦巴山区的几个县区中，镇巴县、留坝县和佛坪县绿色 GDP 占 GDP 比例较高，绝大多数年份都在 98%以上，这主要是由于它们经济发展以农林业为主，第二产业比例较小，县内没有高能耗、高污染的重工业企业，而且在某些年份还由于耕地面积的增长，绿色 GDP 大于 GDP。值得说明的是，汉台区绿色 GDP 占 GDP 比例逐年上升，且在 2005 年以后就达到了 99%以上，分析其原因主要是汉台区作为汉中市行政和经济中心，以商业和服务业为主，第三产业比例较高，资源损耗和污染较少。

二、汉中市综合绿色 GDP 核算

综合绿色 GDP 是绿色 GDP 加上生态服务价值后的值。本书根据前文所计算的绿色 GDP 和生态服务价值，计算得到汉中市各县区 2001～2010 年综合绿色 GDP，结果如表 9-37。

表 9-37　汉中市各县区 2001～2010 年综合绿色 GDP （单位：亿元）

地区	2001 年	2002 年	2003 年	2004 年	2005 年	2006 年	2007 年	2008 年	2009 年	2010 年
全市	617.60	790.68	871.83	847.65	957.02	880.09	1018.61	1255.24	1302.10	1567.85
汉台区	32.77	36.86	41.21	46.14	58.47	64.31	74.19	88.11	103.39	123.48
南郑县	78.09	99.95	107.12	100.08	112.12	105.09	122.52	146.99	153.74	183.87
城固县	59.27	72.90	78.00	77.61	84.34	82.14	95.39	117.45	128.24	152.12
洋县	64.63	82.71	91.20	97.76	103.19	94.37	107.49	132.23	140.79	177.21
西乡县	65.87	78.00	93.36	93.10	105.37	93.19	110.11	135.35	135.78	169.92
勉县	55.06	65.72	71.60	75.44	85.26	83.36	98.89	118.36	125.89	141.71
宁强县	72.96	97.32	101.10	90.69	102.67	89.70	105.24	134.28	139.58	147.57
略阳县	58.35	67.88	74.44	73.35	88.38	79.88	90.62	117.73	120.57	127.73
镇巴县	70.46	109.98	126.63	103.32	121.41	107.42	123.66	151.77	138.94	194.41
留坝县	37.24	48.67	52.70	51.96	58.30	48.64	56.10	70.23	71.08	81.99
佛坪县	22.91	30.69	34.49	38.19	37.51	31.99	34.70	42.73	44.09	67.84

从整个汉中市看，汉中市 10 年间综合绿色 GDP 呈明显增长趋势，从 2001 年的 617.60 亿元增长到 2010 年的 1567.85 亿元，增长了 950.25 亿元，比 2001 年增长了 1.54 倍，年均增长率达到了 11.49%，仅在 2004 年和 2006 年较前一年有所下降，分别下降了 24.18 亿元和 76.93 亿元，这主要是由于这两年降水量较少，植被生长受到抑制。10 年间综合绿色 GDP 的增长大致分为两个阶段，第一个阶段是 2001～2006 年，汉中市城镇化进程加快，人口迅速增长，建设用地面积大大增长，虽然汉中市响应国家退耕还林的号召，林地面积有所增加，但生态环境还是受到了一定程度的影响。因此，在这 6 年里，汉中市综合绿色 GDP 增长速率较慢，年均增长率为 8.07%，低于 10 年平均增长率；第二个阶段是 2006～2010 年的 5 年，随着国家越来越重视生态建设和生态保护，汉中市综合绿色 GDP 增长速度加快，从 2006 年的 880.09 亿元迅速增长到 2010 年的 1567.85 亿元，年均增长率为 15.77%，超过了整个 10 年的年均增长率。

从各个县区看，所有县区综合绿色 GDP 在十年间都呈增长趋势，镇巴县和佛坪县年均增长速率最高，分别为 14.23% 和 14.35%，宁强县和略阳县年均增长速率最低，分别为 9.12% 和 9.68%。这主要是由于镇巴县和佛坪县生态环境较好，植被较多，生态服务价值高，而略阳县和宁强县近年来经济迅速发展，生态环境受到破坏，植被被砍伐，生态服务价值低。在综合绿色 GDP 总量方面，镇巴县和南郑县最高，年均综合绿色 GDP 分别为 124.8 亿元和 120.95 亿元，佛坪县和留坝县最低，分别为 38.51 亿元和 57.68 亿元。综合绿色 GDP 的变化因素复杂，既有经济社会方面的影响，也有地区气候和自然环境的影响。

三、GDP、传统绿色 GDP 和综合绿色 GDP 比较

GDP、绿色 GDP 和综合绿色 GDP 都是衡量经济发展水平的指标，三者既有区别，又有联系。传统的绿色 GDP 是在现行的 GDP 上扣除了由环境污染和自然资源损耗带来的成本，对资源环境账户进行了调整。本书核算的综合绿色 GDP 是将生态效益（即生态服务价值）加入到绿色 GDP 核算中，建立了生态系统账户，对 GDP 进行了调整。

将《汉中统计年鉴》中汉中市 2001～2010 年 GDP 数据，与本书核算的绿色 GDP、综合绿色 GDP 进行对比，结果如图 6-25 所示。

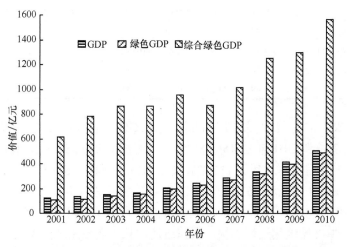

图 9-25　汉中市 2001～2010 年 GDP、绿色 GDP、综合绿色 GDP

从总价值量方面来看，综合绿色 GDP＞GDP＞绿色 GDP，GDP 的 10 年平均值为 262.67 亿元，绿色 GDP 的 10 年平均值为 246.69 亿元，综合绿色 GDP 的 10 年平均值为 1028.41 亿元，GDP 和绿色 GDP 分别是综合绿色 GDP 的 25.54% 和 23.99%。可见，综合绿色 GDP 远远大于 GDP 和绿色 GDP，生态服务价值占其中绝大部分。从各年 GDP 占综合绿色 GDP 的比例来看，在 10 年间比例逐渐升高，从 2001 年的 20.5% 增加到 2010 年的 31.83%。虽然汉中市 2001～2010 年生态服务价值也逐年增长，但 GDP 占综合绿色 GDP 比例的升高意味着生态服务价值增长率低于 GDP 增长率，表明目前汉中市生态发展滞后于经济发展，未来应加强汉

中市生态文明建设。

从增长率方面来看，汉中市 2001～2010 年 GDP、绿色 GDP 和综合绿色 GDP 都呈现增长趋势。其中 GDP 从 2001 年的 127.17 亿元增长到 2010 年的 510.99 亿元，年均增长率为 16.83%；绿色 GDP 从 2001 年的 112.53 亿元增长到 2010 年的 491.51 亿元，年均增长率为 18.07%；综合绿色 GDP 从 2001 年的 617.60 亿元增长到 2010 年的 1567.85 亿元，年均增长率为 11.09%，绿色 GDP 年均增长率＞GDP＞综合绿色 GDP。在各个年份中，GDP、绿色 GDP 和综合绿色 GDP 三者增长率不尽相同，GDP 在 2006 年、2008 年和 2010 年增长速率最快，分别为 25.4%、21.2% 和 22.98%，在 2002 年和 2004 年最慢，为 8.35% 和 10.13%；绿色 GDP 在 2003 年和 2005 年增长速率最快，分别为 27.49% 和 27.48%，在 2002 年和 2004 年最慢，为 1.47% 和 10.22%；综合绿色 GDP 在 2002 年和 2008 年增长速率最快，分别为 27.81% 和 23.06%，2004 和 2006 年出现了负增长，分别为-2.34% 和-7.69%。

四、汉中市可持续发展分析

（一）汉中市经济发展现状和困境

汉中市气候条件宜人，农林物产资源丰富，森林面积广阔，有充裕的水利资源，同时交通设施发达，是连接西安和成都两大经济区的重要交通枢纽。

然而，汉中市"两山夹一谷"的地理地貌严重地制约了其经济发展，经济发展极其不均衡，人口和主要的经济产业都集中在面积有限的汉江谷地和一些浅山丘陵地区，而一些地处秦巴山区的地区以农业等第一产业为主要经济收入，没有享受到作为"关中经济区"和"成都平原经济区"这两个发达经济区连接地所应有的联动效应，经济发展十分落后。此外，汉中市作为影响地区气候的敏感区域和国家南水北调工程中线汉江段的水源地，这就要求汉中市在经济发展中，必须把生态环境保护放在首要位置，一些效益好但污染大的产业和企业在别的地方可以存在和发展，在汉中市却不容许，只能依靠国家的倾向性政策和扶持来促进经济发展，这从一定意义上又制约和牺牲了自身的发展。汉中市市域面积占全省 13.23%，人口占全省近 10%，而 2010 年地区生产总值 509.7 亿元，仅为全省总量的 5.03%，财政收入 18.62 亿元，更是只占全省的 1.03%，是陕西省经济欠发达地区之一。

（二）汉中市实现可持续发展的措施

汉中市近年来经济发展存在不少问题，一些钢铁、电力、造纸等轻、重工业企业逐渐出现和壮大，带来的环境污染成本与日俱增，2010 年的环境污染成本是 2001 年的 2.21 倍，达到了 12.29 亿元，占当年 GDP 的 2.41%。避免"贫困性增长"，解决保护环境和经济发展这两者之间的矛盾，是实现可持续性发展的关键。本书提出以下几点措施。

1. 启动综合绿色 GDP 核算试点，改变政绩评价制度

绿色 GDP 在扣除自然资源和环境损失成本后，会使经济增长数据大幅下降，在使用上受到一定的阻力和回避，很难得到广泛应用。利用综合绿色 GDP 来评价一个地区和国家的国民经济发展水平是科学的、客观的，打破了"经济增长靠消耗资源"这一传统的绿色 GDP 理论的局限性，解决了保护自然环境与经济发展相互冲突、相互矛盾的问题。综合绿色 GDP 核算不仅要在一些环境问题严重的能源型城市里开展，更要在为了保护生态环境做出经济牺牲和让步的森林型城市里进行。从根本上扭转"要想富多挖树，经济发展靠破坏"的错误观念，要以改善民生、环境和社会等指标作为政绩考核的关键。

2. 做好南水北调等生态工程，调整和完善生态补偿制度

汉中市作为南水北调中线汉江段，水资源丰富，是重组中国水资源命脉的重要水源区。汉中市水源地的保护，是南水北调工程的重要一环，是国家发展的不可忽视的一环。汉中市地处秦巴山区，植被茂密，森林资源充足，提供了众多生态产品，同时是秦岭—淮河南北气候分界带，对于调节全国的气候有至关重要的作用。

统筹兼顾经济发展和生态建设，不仅需要汉中市自身的努力和付出，更需要国家从战略高度将生态保护补偿措施纳入国家法律体系，完善生态补偿制度。第一，汉中市作为水源地生态建设工程费用应由中央全额直接拨付，按照"谁受益，谁补偿"的原则，由受益城市提供经济补偿。第二，参照国外生态补偿案例，开展跨区域碳排放权交易补偿机制，由二氧化碳主要排放地区向碳汇承担地购买碳排放权，将生态资源转化为发展资本、变生态优势为发展实力，提高经济落后地区植树造林的积极性，减少温室气体的排放。第三，探索生态 GDP 补偿机制，将生态服务价值转化为生态 GDP，由生态 GDP 较差但经济较好的地区给予生态 GDP 较好但经济较差的地区一定的经济补偿，从被动的"谁污染，谁治理"，转变为主动的"谁受益，谁补偿"，切实提高保护环境的激励性。

3. 发展绿色产业，加快经济产业结构转型

中华人民共和国成立以来，重工业一直是我国经济发展的带动者，是我国经济建设的基础。然而，粗放的工业发展方式带来了许多问题，如资源浪费、环境污染等。汉中市是农业大市，第一产业在国民经济中比例很大，经济发展基础较差，人民物质生活水平较低，期望依靠一批工业企业的发展来带动经济的增长。

近年来，汉中市工业化进程明显加快，从而造成了一些环境污染问题，因此必须要加快经济产业方式转型，实现绿色发展，建设资源节约型、环境友好型城市。汉中市良好的生态环境为实现绿色发展提供了坚实的基础。第一，大力发展

绿色生态农业，利用汉中市得天独厚的水热条件，重点扶持农业龙头企业，建立农业生态园区，依靠科学规划、政府扶持，提高农业机械化水平，扎扎实实提高农民收入。第二，大力发展绿色生态旅游，汉中市境内拥有众多国家级自然保护区和森林公园，汉中市还是历史上蜀汉等政权的经济和政治中心，有众多历史文化遗迹，旅游资源十分丰富。随着西安市到汉中市的高速公路等一大批重点公路、铁路的开通，汉中市交通更加便利，为发展绿色生态旅游提供了前所未有的机遇。第三，大力发展科技创新项目，汉中市地处西安和成都之间，经过三线建设的发展，具有了一定的工业基础，特别是航天等军工业，有了一定数量的科研院所和人才。今后要加大人才引进策略，通过优惠政策吸引高端人才到汉中工作，努力建设一批国家级国防、军工企业。

4. 合理利用资源，加强生态保护

汉中市虽然是经济欠发达地区，但当地资源丰富，森林、水利、药材、野生动物等资源均位列全国前列。汉中市农业人口众多，文化程度较低，对于资源的利用是粗放的和随意的，没有充分发挥其作用。一些偏远的地区，还存在破坏生态环境的现象，这不利于汉中市可持续发展。因此，必须提高资源利用效率，在一定范围内合理开发资源，改变过去粗放式、高消耗、高污染的利用方式，加强生态环境建设。首先，要严格执行以《宪法》为核心，以《环境保护法》为基本法，以环境与资源保护为目的的有关法律，健全法律机制，做到有法可依，执法必严，违法必究，关闭一些高能耗企业，对破坏环境的行为要坚决打击。其次，要加强生态保护宣传，科学利用资源，使绿色发展的经济增长模式深入人心，合理开发旅游项目，这不仅能够促进经济发展，而且能够以生态旅游促进生态保护。在一些重要的自然保护区和水源地放置警示、禁止标志和标语，必要时采取封禁管理，重点保护。最后，要提高当地居民，特别是农村人口的科学文化素质，落实好农民进城就业问题，促进农民收入增长，防止出现"越穷越破坏，越破坏越穷"现象。

第三篇　银川盆地土地利用变化效应与生态安全

第十章　银川盆地土地利用变化与生态效应

区域社会经济发展和城市化引起了自然景观和生态系统向半自然或人工景观及生态系统的转变，加剧了土地利用和土地覆盖变化，直接导致地球表面的能量交换和物质循环，产生了一系列区域或全球性资源环境问题，如人类对土地的不合理利用也导致了全球变暖即温室气体含量的增加。目前，由于人类社会经济发展与资源环境之间的矛盾日益严峻，直接或间接地影响了区域生态安全和可持续发展。

银川盆地属于干旱区典型区，干旱少雨，风沙大，植被覆盖率低。经济的发展、城市的急速扩张、人口的增长，造成了严重的土地不合理开发利用，使得生态条件变差，生态系统十分脆弱。本书以银川盆地作为研究对象，测评银川盆地的土地利用变化的生态效应，具有一定的典型性和代表性，可为银川盆地土地政策的制订、城市化发展及生态恢复提供科学依据。

第一节　银川盆地土地利用时空动态分析

随着人类活动的影响，地球表面不断地发生变化。本书根据 1993 年、2000 年、2007 年、2014 年 TM 影像获取银川盆地这四年土地利用变化图（图 10-1）。

一、土地利用变化的幅度

通过对遥感影像进行分类解译，获取银川盆地 1999～2014 年土地利用类型变化情况（表 10-1）。1993～2000 年戈壁和城镇用地增加幅度较大，分别增加了 10965.64hm²、6708.42hm²，低覆盖度草地和中覆盖度草地大幅度减少，分别减少了 9601.90hm²、6862.19hm²；1993～2007 年戈壁和城镇用地增加幅度仍然较大，分别增加了 10954.78hm²、9609.83hm²，低覆盖度草地和平原旱地/水浇地大幅度减少，分别减少了 9533.17hm²、6631.79hm²；1993～2014 年戈壁和城镇用地增加幅度较大，分别增加了 10965.74hm²、9619.44hm²，低覆盖度草地和平原旱地/水浇地剧烈减少，分别减少了 9542.70hm²、6638.43hm²；2000～2007 年城镇用地、农村居民用地增加幅度较大，分别增加了 2901.41hm² 和 313.00hm²，平原旱地/水浇地、其他建设用地剧烈减少，分别减少了 3335.56hm² 和 250.53hm²。

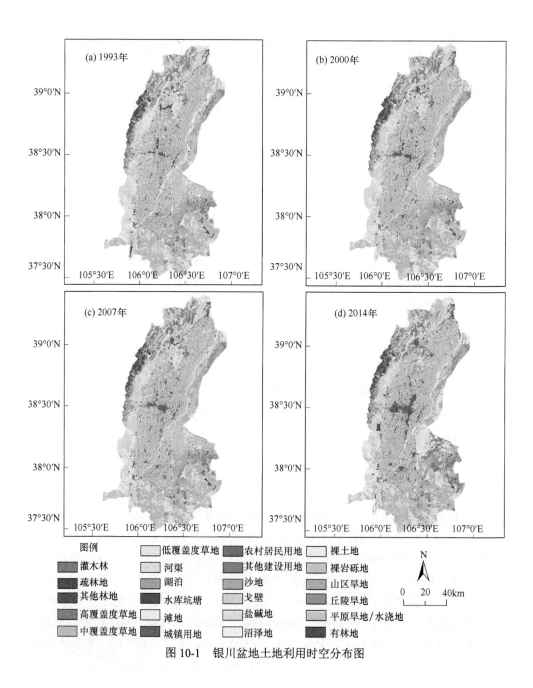

图 10-1　银川盆地土地利用时空分布图

表 10-1　银川盆地 1993～2014 年土地利用变化　　　（单位：hm²）

土地覆被类型	1993 年	2000 年	2007 年	2014 年	1993～2000 年变化
有林地	19216.66	20684.60	20649.18	19893.86	−1467.94
灌木林	47370.59	46351.14	46341.77	61949.05	1019.45
疏林地	13597.30	13483.52	13470.57	11023.83	113.78
其他林地	9484.28	8774.89	8780.26	12866.14	709.39
高覆盖度草地	44173.60	45176.03	45067.76	44839.10	−1002.43
中覆盖度草地	256543.14	249680.95	249966.42	220827.81	6862.19
低覆盖度草地	186762.65	177160.75	177229.48	208839.25	9601.90
河渠	14296.84	14295.74	14291.39	12560.68	1.10
湖泊	5183.47	4783.54	4777.95	7908.77	399.93
水库坑塘	22172.22	16469.98	16614.96	20248.13	5702.24
滩地	19348.84	19341.84	19325.79	16459.94	7.00
城镇用地	7256.30	13964.72	16866.13	34813.11	−6708.42
农村居民用地	46137.56	46153.42	46466.42	48367.65	−15.86
其他建设用地	10961.87	10496.13	10245.60	19021.30	465.74
沙地	108611.75	112127.22	112230.61	112006.10	−3515.47
戈壁	98598.18	109563.82	109552.96	91265.89	−10965.64
盐碱地	16323.07	16320.07	16288.38	15396.55	3.00
沼泽地	20697.58	25207.88	25194.44	16675.03	−4510.30
裸土地	10076.26	10075.66	10078.72	11890.86	0.60
裸岩砾地	41307.92	41306.73	41304.07	19334.06	1.19
山地旱地	376.76	375.94	373.55	219.64	0.82
丘陵旱地	4850.94	4849.43	4863.16	3850.26	1.51
平原旱地/水浇地	442452.39	439156.16	435820.59	435543.15	3296.23

土地覆被类型	1993～2007 年变化	1993～2014 年变化	2000～2007 年变化	2000～2014 年变化	2007～2014 年变化
有林地	−1432.52	−1433.95	35.42	790.74	755.32
灌木林	1028.81	1029.84	9.37	−15597.91	−15607.28
疏林地	126.73	126.86	12.95	2459.69	2446.74
其他林地	704.02	704.72	−5.37	−4091.25	−4085.88
高覆盖度草地	−894.17	−895.06	108.27	336.93	228.66
中覆盖度草地	6576.73	6583.30	−285.47	28853.14	29138.61
低覆盖度草地	9533.17	9542.70	−68.73	−31678.50	−31609.77
河渠	5.44	5.45	4.35	1735.06	1730.71
湖泊	405.52	405.92	5.59	−3125.23	−3130.82
水库坑塘	5557.26	5562.82	−144.98	−3778.15	−3633.17
滩地	23.05	23.07	16.05	2881.90	2865.85
城镇用地	−9609.83	−9619.44	−2901.41	−20848.39	−17946.98
农村居民用地	−328.86	−329.18	−313.00	−2214.23	−1901.23
其他建设用地	716.27	716.98	250.53	−8525.17	−8775.70

续表

土地覆被类型	1993~2007 年变化	1993~2014 年变化	2000~2007 年变化	2000~2014 年变化	2007~2014 年变化
沙地	−3618.86	−3622.48	−103.39	121.12	224.51
戈壁	−10954.78	−10965.74	10.86	18297.93	18287.07
盐碱地	34.69	34.72	31.69	923.52	891.83
沼泽地	−4496.86	−4501.35	13.44	8532.85	8519.41
裸土地	−2.46	−2.46	−3.06	−1815.20	−1812.14
裸岩砾地	3.85	3.86	2.66	21972.67	21970.01
山地旱地	3.21	3.21	2.39	156.30	153.91
丘陵旱地	−12.22	−12.23	−13.73	999.17	1012.90
平原旱地/水浇地	6631.79	6638.43	3335.57	3613.01	277.44

二、土地利用变化动态度

（一）单一土地利用类型动态度

单一土地利用类型动态度用来研究某一时段某一土地利用类型的数量变化，可以直观地反映类型变化的幅度和速度，具体公式为

$$K = \frac{U_B - U_A}{U_A} \times \frac{1}{T} \times 100\%$$（10-1）

式中，K 为某一时段某一土地利用类型动态度；U_A 为某一时段初期某一土地利用类型的面积；U_B 为某一时段末某一土地利用类型的面积；T 为研究时段的跨度。当 T 设置为年时，K 为该研究区某一时段内某一种土地利用类型的年际变化率。

银川盆地土地利用单一动态度的差异较大，1993~2000 年的土地利用单一动态度增加最大的是城镇用地，达到 11.56%，土地利用单一动态度减少最大的是水库坑塘，达到 3.21；1993~2007 年的土地利用单一动态度增加最大的是城镇用地，达到 8.83%，土地利用单一动态度减少最大的是水库坑塘，达到 1.67%；1999~2014 年土地利用单一动态度增加最大的是城镇用地，达到 6.03%，土地利用单一动态度减少最大的是水库坑塘，达到 1.14%；2000~2007 年土地利用单一动态度增加最大的是城镇用地，达到 2.60%，土地利用单一动态度减少最大的是其他建设用地，达到 0.30%；2000~2014 年土地利用单一动态度增加最大的是城镇用地，达到 9.95%，土地利用单一动态度减少最大的是平原旱地/水浇地，达到 3.55%；2007~2014 年土地利用单一动态度增加最大的是城镇用地，达到 13.30%，土地利用单一动态度减少最大的是平原旱地、水浇地，达到 6.65%（表 10-2）。

表 10-2　银川盆地 1993～2014 年土地利用变化动态度　　（单位：%）

土地覆被类型	1993～2000 年	1993～2007 年	1993～2014 年	2000～2007 年	2000～2014 年	2007～2014 年
有林地	0.95	0.50	0.34	−0.02	−0.25	−0.46
灌木林	−0.27	−0.14	−0.10	0.00	2.24	4.21
疏林地	−0.10	−0.06	−0.04	−0.01	−1.22	−2.27
其他林地	−0.93	−0.49	−0.34	0.01	3.11	5.82
高覆盖度草地	0.28	0.13	0.09	−0.03	−0.05	−0.06
中覆盖度草地	−0.33	−0.17	−0.12	0.01	−0.77	−1.46
低覆盖度草地	−0.64	−0.34	−0.23	0.00	1.19	2.23
河渠	0.00	0.00	0.00	0.00	−0.81	−1.51
湖泊	−0.96	−0.52	−0.36	−0.01	4.36	8.19
水库坑塘	−3.21	−1.67	−1.14	0.11	1.53	2.73
滩地	0.00	−0.01	−0.01	−0.01	−0.99	−1.85
城镇用地	11.56	8.83	6.03	2.60	9.95	13.30
农村居民用地	0.00	0.05	0.03	0.08	0.32	0.51
其他建设用地	−0.53	−0.44	−0.30	−0.30	5.41	10.71
沙地	0.40	0.22	0.15	0.01	−0.01	−0.03
戈壁	1.39	0.74	0.51	0.00	−1.11	−2.09
盐碱地	0.00	−0.01	−0.01	−0.02	−0.38	−0.68
沼泽地	2.72	1.45	0.99	−0.01	−2.26	−4.23
裸土地	0.00	0.00	0.00	0.00	1.20	2.25
裸岩砾地	0.00	0.00	0.00	0.00	−0.05	−0.01
山地旱地	−0.03	−0.06	−0.04	−0.08	−2.77	−5.15
丘陵旱地	0.00	0.02	0.01	0.04	−1.37	−2.60
平原旱地/水浇地	−0.09	−0.10	−0.07	−0.09	−3.55	−6.65

（二）综合土地利用类型动态度

　　某一特定时段内土地利用的数量变化情况通常采用综合土地利用类型动态度来衡量，综合土地利用类型动态度的具体公式为

$$LC = \left(\frac{\sum\limits_{i=1}^{n} \Delta LU_{i\text{-}j}}{2\sum\limits_{i=1}^{n} LU_i} \right) \times \frac{1}{T} \times 100\% \qquad (10\text{-}2)$$

式中，LU_i 为某一特定时段内第 i 类土地利用类型的面积；$\Delta LU_{i\text{-}j}$ 为某一特定时段内第 i 类土地利用类型转为非 i 类土地利用类型面积的绝对值；当 T 代表为年时，LC 表示研究区某一特定时段内综合土地利用类型年变化率。

　　1993～2014 年银川盆地综合土地利用变化动态度见表 10-3。1993～2000 年综

合土地利用动态度为 0.24%，1993～2007 年、1993～2014 年、2000～2007 年综合土地利用动态度都低于 0.15%。自 2000 年以来，银川盆地综合土地利用变化动态度增加剧烈，尤其 2007～2014 年银川盆地的综合土地利用变化动态度达到历史最高，为 0.76%。

表 10-3　银川盆地 1993～2014 年综合土地利用类型动态度　　　（单位：%）

项目	1993～2000 年	1993～2007 年	1993～2014 年	2000～2007 年	2000～2014 年	2007～2014 年
综合土地利用类型动态度	0.24	0.14	0.10	0.03	0.42	0.76

三、土地利用结构的时空变化

利用银川盆地 1993 年、2000 年、2007 年和 2014 年的土地利用数据，获取其土地利用结构图（图 10-2）。

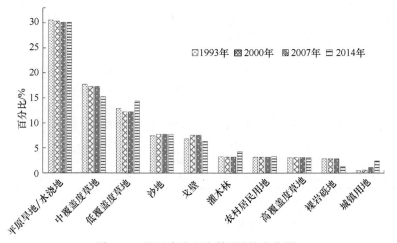

图 10-2　银川盆地土地利用结构变化图

总体来看，1993～2007 主要土地覆被类型的面积大小依次是：平原旱地/水浇地＞中覆盖度草地＞低覆盖度草地＞沙地＞戈壁＞灌木林＞农村居民用地＞高覆盖度草地＞裸岩砾地，但 2014 年的主要土地覆被类型的面积大小依次是：平原旱地/水浇地＞中覆盖度草地＞低覆盖度草地＞沙地＞戈壁＞灌木林＞农村居民用地＞高覆盖度草地＞城镇用地。平原旱地/水浇地在近 22 年期间所占比例持续下降，低覆盖度草地所占比例略有减少，城镇用地所占比例增加剧烈，低覆盖度草地与灌木林所占比例略有增加。其他土地覆被类型变化基本保持稳定。

四、各土地利用类型重心变化

　　土地利用类型的重心定向移动是研究土地利用空间分布变化的一个重要组成部分。通过提取各土地利用类型的重心点，可以得到研究时段内土地利用类型的空间变化规律。通常情况下，土地利用类型中一种的增加必然导致另一种土地利用类型的减少，表现为重心移动的相反性。本书主要研究耕地、林地、建设用地、草地四种土地利用类型重心变化在区域中的大概位置。耕地的重心落在银川市兴庆区的大新村和八里桥居委会之间，草地的重心落在永宁县的上河村和灵武市的北滩村之间，建设用地的重心落在兴庆区的新水桥村和贺兰县的习岗村之间，林地的重心落在兴庆区的友爱社区居委会和金凤区的新丰村之间。

　　由图10-3可以看出，四种土地利用类型的重心转折主要发生在2000～2014年，其中耕地在2000～2014年大幅度向西北方向移动，且移动尺度在2007～2014年尤为明显；建设用地自1993年开始一直向北移动，至2007年达到最远，2007～2014年期间，建设用地的重心又向东南移动；草地在1993～2000年有短距离的向东南移动，在2000～2007年重心又向西北有较大幅度移动，在2007～2014年向南迅速移动；林地重心自1993～2007年一直向西北方向移动，2007～2014年其重心迅速向东南方向移动。

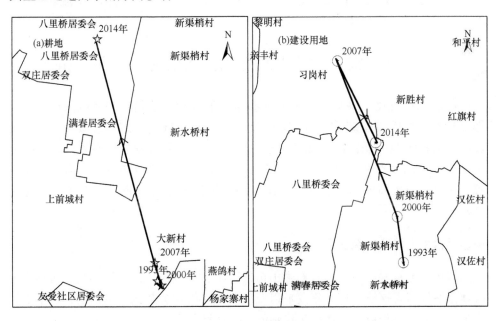

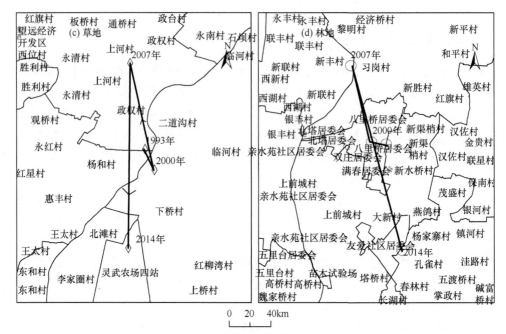

图 10-3　土地利用类型重心变化

　　耕地的变化大主要是由于城镇的扩大需占用大量耕地，也与实行的退耕还林还草政策有关。草地和林地的重心向南移动也证明了这一点，建设用地在 2007～2014 年与耕地的变化是"一进一退"的趋势。

第二节　银川盆地土地变化生态效应测评与分析

　　区域土地变化是地球表面空间分布格局的景观，也是生态系统的载体。土地变化直接影响着生态系统时空格局变化，进而影响到生态系统服务功能。相反，生态系统服务功能的变化可反映区域土地变化所引发的生态效应。根据土地变化引起的生态效应特点，本书选择粮食生产、植被净初级生产力、固碳释氧、保水、防风固沙等指标从生态服务功能价值的角度进行了综合生态效应的分析。

一、粮食生产价值功能测评

　　银川盆地粮食产量根据《石嘴山市统计年鉴》、《银川市统计年鉴》、《利通区统计年鉴》、《青铜峡市统计年鉴》以及调研获取的粮食数据，包括稻谷、小麦、玉米、薯类、豆类以及其他经济作物的产量估算获得。

（一）粮食生产物质量测评分析

一般情况下，由于粮食产自耕地，研究中利用解译的土地利用提取耕地，用粮食产量除以耕地分布范围面积，得出各区县单位面积内的粮食产量，赋值到矢量数据表中，以区县为单位，将各区县的粮食总产量乘以单位耕地面积粮食产量，然后栅格化，即可实现粮食产量的格网化。ArcGIS 的空间数据管理和分析功能处理后，将各图栅格化（TIF 格式），考虑到市域尺度和计算精度，栅格大小为250m×250m。

黄河出青铜峡后，河床平坦，水流缓慢，两岸有大片的河滩平原，流经境内近 400km，每年可供灌溉用水 40 多亿 m³，银川盆地由于黄河的灌溉，形成了富庶的产粮区。从银川盆地粮食总产量来说，1993 年粮食产量达 72.7 万 t，1999～2014 年粮食总产量逐年增加，尤其在 1993～2000 年粮食产量快速增加，平均增速为 12%，到 2014 年粮食产量达 180.6 万 t。

从空间分布来看，1993 年银川盆地产粮区主要在永宁县中东部、贺兰县中东部，其次分布在平罗县中北部；2000 年银川盆地最明显的是平罗县中北部大部分区域由次要产粮区变为主要产粮区；2007 年银川盆地最明显的是永宁县大部分区域由主要产粮区变为次要产粮区；2014 年银川盆地最明显的是永宁县大部分区域由次要产粮区变为主要产粮区。可见，1993～2014 年银川盆地的产粮区主要分布在黄河沿岸区域，在耕地减少的情况下，粮食高产量区范围呈现"小–大–小–大"的趋势，粮食总产量仍保持增长趋势，这是单位面积产量增加的结果。

从县、市行政区域来看，1993 年粮食产量最多的是贺兰县、永宁县、青铜峡市，粮食产量最少的是大武口区和惠农区；2000 年粮食产量最多的是平罗县、青铜峡市，粮食产量最少的是大武口区和惠农区，其中贺兰县的粮食产量有所下降；2007 年、2014 年粮食产量最多的是平罗县、青铜峡市、永宁县，粮食产量最少的是大武口区和惠农区，永宁县的粮食产量有所上升。可见，离银川市近的县、市粮食产量变化明显，影响粮食产量的因素很多，但是最直接的因素就是耕地的减少，城市范围的扩大。

（二）粮食生产价值量测评分析

粮食生产的价值估算方法参照 1998 年价格估算（根据统计数据所参照的价格年份），宁夏回族自治区粮食市场批发的平均价格为：小麦 2.72 元/kg，稻谷 2.98 元/kg，玉米 1.73 元/kg，豆类价格 3.7 元/kg，薯类 1.02 元/kg，其他经济类作物按照 5.51 元/kg。然后按照各县市各类粮食产量进行加权求和，获得银川盆地的粮食生产价格。

1993 年粮食价值达 2114.55×10⁶ 元，平均粮食价值为 234.95×10⁶ 元，在1993～2000 年粮食产值快速增加，平均增速为 6.07%，到 2014 年粮食价值达

5256.11×10^6 元，平均粮食价值为 584.01×10^6 元，近 22 年粮食价值平均增加速率为 2.97%（表 10-4）。

　　从空间分布看，1993 年银川盆地粮食生产价值高的区域主要分布大武口、惠农区的东南部、黄河沿岸、青铜峡市、灵武市、利通区交界区域。与 1993 年不同的是过去的粮食生产低值区（贺兰县、永宁县、平罗县），现在粮食生产价值逐渐增高，而过去的粮食生产高值区（青铜峡市、灵武市、利通区交接区域），现在粮食生产价值逐渐下降；2007~2014 年银川盆地最明显的是粮食生产低值区（贺兰县、永宁县、平罗县），粮食生产价值进一步提高，而过去的粮食生产高值区面积逐渐减少，黄河沿岸仍然保持粮食生产高值区。

　　从县、市行政区域看，1993 年粮食生产价值最高的是惠农区，达到 499.68×10^6 元，粮食产量产价值最低的是利通区，为 27.09×10^6 元；2000~2014 年粮食生产价值最高的是贺兰县，达到 1064.84×10^6 元，粮食产量产价值最低的仍是利通区，为 129.77×10^6 元。可见，自 1993~2014 年，粮食生产价值最高的是贺兰县、惠农区近 22 年粮食生产价值提高了 4 倍（表 10-4）。

表 10-4　银川盆地粮食生产价值　　　　（单位：$\times10^6$ 元）

地区	1993 年	2000 年	2007 年	2014 年
银川市	215.51	521.82	438.24	487.06
永宁县	72.34	189.35	125.73	129.77
贺兰县	261.00	770.92	941.41	1064.84
灵武市	74.90	448.90	530.51	537.73
大武口区	221.48	321.09	614.73	653.73
惠农区	499.68	566.26	575.21	721.86
平罗县	280.58	705.15	791.90	814.74
利通区	27.09	17.20	125.73	129.77
青铜峡市	461.96	575.39	779.28	716.60
最大值	499.68	770.92	941.41	1064.84
最小值	27.09	17.20	125.73	129.77
平均值	234.95	457.34	546.97	584.01
总和	2114.55	4116.08	4922.75	5256.11

二、植被净初级生产力价值功能测评

　　利用 CASA 模型进行 1993 年、2000 年、2007 年、2014 年逐月 NPP 物质量、四年 48 个月份 NPP 物质量的估算，将一年 12 个月份的 NPP 物质量相加即可得到研究年份的 NPP 物质量。逐月 NPP 物质量的均值数据是很有参考价值的，现将具体值列出如表 10-5 和图 10-4。在年内，银川盆地的 NPP 物质量较高的主要在6~9月份，7~8月NPP物质量达到最大，这与银川盆地的降水量是一致的。可见，土壤的水分含量是控制植被生长的直接因素。1993年、2000年、2014年NPP物质量最大值在8月份，为10.94g C/m²、13.47g C/m²、13.47g C/m²，2007年NPP物质量最大值在6月份，为14.09g C/m²。

表 10-5 银川盆地 NPP 物质量月平均值 （单位：g C/m²）

月份	1993 年	2000 年	2007 年	2014 年
1	0.57	1.06	1.33	1.52
2	1.15	1.50	1.01	1.01
3	0.59	0.80	1.32	1.08
4	1.39	1.36	1.54	1.93
5	6.22	4.35	8.10	6.34
6	8.82	9.22	14.09	11.08
7	10.66	10.35	11.38	12.33
8	10.94	13.47	11.02	11.15
9	7.99	6.62	6.07	7.93
10	1.79	1.55	1.93	3.88
11	1.41	1.01	1.20	2.05
12	1.65	1.33	1.39	1.40

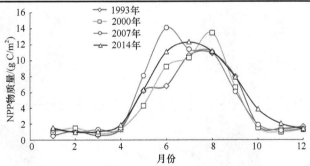

图 10-4 年内 NPP 物质量变化

（一）植被 NPP 物质量测评分析

根据图10-4可知，银川盆地1993年、2000年、2007年、2014年NPP物质量年平均值分别为52.61g C/m²、52.62g C/m²、60.37g C/m²、61.71g C/m²，NPP物质量年平均值总体呈现波动，尤其以2007年最为明显。

从NPP物质量空间分布（图10-5）看，NPP物质量最高的区域分布在银川盆地中部、贺兰山区域。由于NPP物质量的计算是按照逐月计算，然后求和得到，这样可以较为准确地计算出各类植被不同季节对NPP物质量的贡献。而银川盆地的耕地约占盆地总面积的1/3，对于全年来说，耕地对NPP物质量的贡献率为最大，因此在图中显示最亮。其次贺兰山的有林地、灌木林、疏林地等对 NPP 物质量的贡献率也较大。1993～2000 年，NPP 物质量变化不明显，在银川市及其周边的亮度稍有减弱，说明是耕地减少，城区扩大的结果。贺兰山山麓、灵武市大部分地区由于是裸岩砾地、沙地、戈壁，导致 NPP 物质量较小；自 2007 年开始，根据 NPP 物质量的亮度值，可以看出银川城区的范围扩大，开始向北扩展到贺兰县，向南扩展到永宁县。2014 年银川城区的范围进一步扩大，贺兰县城、永宁县城也进一步扩大，逐渐和银川市连成一片，该区域的 NPP 物质量呈现逐年降低的趋势。但是之前贺兰山山麓区域是裸岩和砾石区 NPP 物质量逐渐变大，这是因为于贺兰山东麓恰好处在世界葡萄种植的“黄金”地带。多年来，葡萄产业初步形成了区域化布局、规模化经济、现代葡萄产业的发展模式，尤其近几年，大量的裸地被开发种植葡萄园区，该区域对 NPP 物质量的贡献率提高。

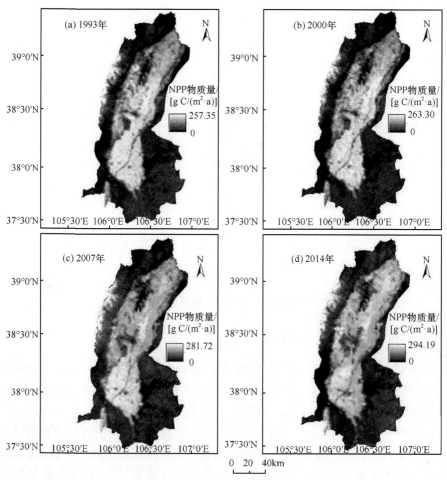

图 10-5　NPP 物质量空间分布

从区县行政单元来（表 10-6）看，1993～2014 年平均 NPP 物质量排列顺序为：贺兰县＞金凤区＞永宁县＞西夏区＞平罗县＞利通区＞兴庆区＞青铜峡市＞惠农区＞灵武市＞大武口区。1993 年 NPP 物质量平均值最大的是金凤区，最小的是大武口区，NPP 物质量总和最大的是灵武市，最小的是大武口区；与 1993 年相比，2000 年主要是西夏区的 NPP 物质量平均值降低，兴庆区 NPP 物质量平均值增加导致 NPP 物质量均值次序发生变化；与 2000 年相比，2007 年主要是贺兰县 NPP 物质量均值增加较快，灵武市的年 NPP 物质量总和增加较快；与 2007 年相比，2014 年主要是平罗县 NPP 物质量均值增加较快，平罗县的 NPP 物质量总和增加较快。由于区域气候、水热条件、土壤的影响，银川盆地的 NPP 物质量平均值表现出"南北低中间高、西高东低"的空间格局。NPP 物质量低值区域主要分布在市、区县等的城区、沙地、裸岩、戈壁区域，其中城区主要是银川市（西夏区、金凤区、兴庆区）尤为明显，即 2007～2014 年期间银川盆地的 NPP 物质量出现的回升。

表 10-6　银川盆地各区县 NPP 物质量

地区	1993 年		2000 年		2007 年		2014 年	
	平均/ ($g C/m^2$)	总和/ ($\times 10^6 g C$)	平均/ ($g C/m^2$)	总和/ ($\times 10^6 g C$)	平均/ ($g C/m^2$)	总和/ ($\times 10^6 g C$)	平均/ ($g C/m^2$)	总和/ ($\times 10^6 g C$)
灵武市	0.64	36445	0.62	35445	0.73	41367	0.74	42055
惠农区	0.66	11238	0.64	10938	0.79	13374	1.01	17167
平罗县	1.05	34849	1.08	35571	1.21	40068	1.34	44171
利通区	1.07	17618	1.10	18109	1.22	20013	1.09	18008
金凤区	1.46	6457	1.45	6396	1.36	6019	1.37	6032
西夏区	1.07	15083	1.03	14568	1.36	19142	1.32	18646
永宁县	1.20	17741	1.19	17637	1.37	20288	1.28	18888
青铜峡市	0.89	27202	0.89	27052	1.09	33291	0.99	30219
大武口区	0.52	7806	0.52	7863	0.56	8402	0.67	10179
贺兰县	1.39	26488	1.39	26563	1.54	29403	1.53	29350
兴庆区	1.01	10485	1.09	11317	1.13	11748	1.12	11626
总计	—	211411	—	211461	—	243114	—	246339

从各土地利用类型下的 NPP 物质量（部分）（表 10-7）来看，银川盆地各土地利用类型中，有林地和耕地等的单位面积生产 NPP 平均值最大，从 1999～2014 年，有林地、平原旱地/水浇地的 NPP 物质量平均值逐年增大，有林地由 1993 的 366g C/m^2 增加到 2014 年的 395g C/m^2；平原旱地/水浇地由 1993 的 345g C/m^2 增加到 2014 年的 390g C/m^2。就各土地利用类型 NPP 物质量总和而言，银川盆地的平原旱地/水浇地的 NPP 物质量占到总 NPP 物质量的 64.46%，每年 NPP 物质量总和平均可达到 40058421g C。因此银川盆地的耕地是 NPP 的主要来源。

表 10-7 各土地利用类型的 NPP 物质量（部分）

土地覆被类型	1993 年		2000 年		2007 年		2014 年	
	平均/ （g C/m²）	总和/ （×10⁶ g C）	平均/ （g C/m²）	总和/ （×10⁶ g C）	平均/ （g C/m²）	总和/ （×10⁶ g C）	平均/ （g C/m²）	总和/ （×10⁶ g C）
有林地	366	1.12	352	1.16	382	1.26	395	1.26
灌木林	112	0.85	106	0.78	132	0.98	151	1.50
疏林地	269	0.59	262	0.57	286	0.62	288	0.51
其他林地	266	0.41	271	0.38	311	0.44	261	0.54
高覆盖度草地	181	1.28	162	1.17	199	1.44	212	1.51
中覆盖度草地	127	5.22	121	4.81	151	6.05	156	5.50
低覆盖度草地	124	3.71	120	3.40	159	4.51	151	5.04
山地旱地	136	0.01	137	0.01	150	0.01	180	0.01
丘陵旱地	133	0.10	122	0.09	165	0.13	140	0.08
平原旱地/水浇地	345	24.41	357	25.05	380	26.52	390	27.18
总计	—	37.71	—	37.43	—	41.96	—	43.14

（二）植被 NPP 价值量测评分析

植被 NPP 价值量测算是在 NPP 物质量的基础上核算的。将热量与标准煤建立联系，从而可以用市场货币的核算方法得到研究区 NPP 单位面积价值量。NPP 的生物量和价值量呈正比，因此二者的空间部分特征是一致的。研究区总体单位面积价值量空间差异与其总生物量的核算空间差异的特征是一致的，这里不再重复论述。

应用 ArcGIS 的区域统计功能对银川盆地单位面积 NPP 价值量的平均值进行计算。由表 10-8 可见，各区县 NPP 平均价值量随着年份发生着波动，1993 年 NPP 平均价值量最大的是兴庆区，2000 年 NPP 平均价值量最大的是金凤区，2007 年、2014 年为贺兰县；银川盆地总价值量总体呈现增长趋势，即银川盆地的植被净初级生产力的生物量增长较为显著，生态环境有较好发展趋势。

表 10-8 银川盆地各区县 NPP 价值量

地区	1993 年		2000 年		2007 年		2014 年	
	平均/[元/ (hm²·a)]	总和/ （×10⁶元）	平均/[元/ (hm²·a)]	总和/ （×10⁶元）	平均/[元/ (hm²·a)]	总和/ （×10⁶元）	平均/[元/ (hm²·a)]	总和/ （×10⁶元）
灵武市	149	8.45	145	8.22	169	9.59	172	9.75
惠农区	153	2.61	149	2.54	183	3.10	235	3.98
平罗县	244	8.08	249	8.25	281	9.29	310	10.24
利通区	248	4.08	255	4.20	282	4.64	253	4.17

续表

地区	1993 年		2000 年		2007 年		2014 年	
	平均/[元/(hm²·a)]	总和/(×10⁶元)	平均/[元/(hm²·a)]	总和/(×10⁶元)	平均/[元/(hm²·a)]	总和/(×10⁶元)	平均/[元/(hm²·a)]	总和/(×10⁶元)
金凤区	339	1.50	336	1.48	316	1.40	317	1.40
西夏区	248	3.50	239	3.38	314	4.44	306	4.32
永宁县	278	4.11	277	4.09	319	4.70	297	4.38
青铜峡市	206	6.31	205	6.27	253	7.72	230	7.01
大武口区	120	1.81	120	1.82	129	1.95	156	2.36
贺兰县	321	6.14	322	6.16	356	6.82	356	6.80
兴庆区	234	2.43	253	2.62	262	2.72	260	2.70
总计	—	49.01	—	49.02	—	56.36	—	57.11

从土地覆被类型的 NPP 平均价值量（表 10-9）来看，1993 年、2007 年、2014 年单位面积有林地价值量最高，其次为耕地，2000 年单位面积耕地价值量最高，再次为有林地。不同时期均具有该差异。不同年份 NPP 平均价值存在差异（图 10-6），该差异主要源于银川盆地太阳总辐射、降水、气温等因素导致的年际差异。从全年全区 NPP 总价值总量来看，耕地的贡献率最高，其他土地利用类型贡献率较小。银川盆地 NPP 总价值逐年上升，说明生态环境向好的方向发展。

表 10-9　各土地利用类型的 NPP 价值量（部分）

土地覆被类型	1993 年		2000 年		2007 年		2014 年	
	平均/[元/(hm²·a)]	总和/(×10⁶元)	平均/[元/(hm²·a)]	总和/(×10⁶元)	平均/[元/(hm²·a)]	总和/(×10⁶元)	平均/[元/(hm²·a)]	总和/(×10⁶元)
有林地	366	1.12	352	1.16	382	1.26	395	1.26
灌木林	112	0.85	106	0.78	132	0.98	151	1.50
疏林地	269	0.59	262	0.57	286	0.62	288	0.51
其他林地	266	0.41	271	0.38	311	0.44	261	0.54
高覆盖度草地	181	1.28	162	1.17	199	1.44	212	1.51
中覆盖度草地	127	5.22	121	4.81	151	6.05	156	5.50
低覆盖度草地	124	3.71	120	3.40	159	4.51	151	5.04
山地旱地	136	0.01	137	0.01	150	0.01	180	0.01
丘陵旱地	133	0.10	122	0.09	165	0.13	140	0.08
平原旱地/水浇地	345	24.41	357	25.05	380	26.52	390	27.18
总计	—	37.71	—	37.43	—	41.96	—	43.14

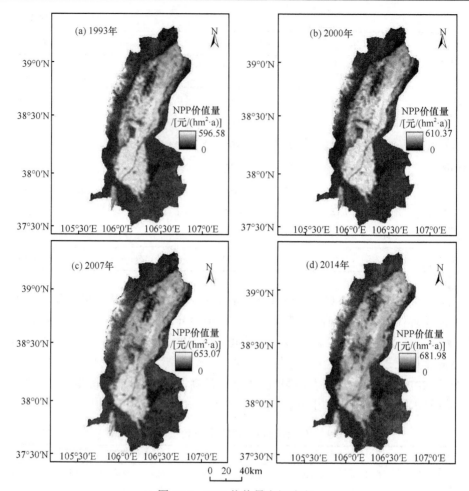

图 10-6　NPP 价值量空间分布

三、固碳释氧价值功能测评

植被进行光合作用时，不仅产生有机物质，还会吸收空气中的 CO_2，放出 O_2。因此可以根据化学反应方程得出固碳释氧的物质量。

（一）固碳释氧物质量测评分析

固碳释氧的物质量计算是按照 NPP 的生物量计算得到的，NPP 的生物量和固定 CO_2、释放 O_2 呈正比。因此空间分布与 NPP 物质量的空间分布一致（图 10-7），这里不再叙述。

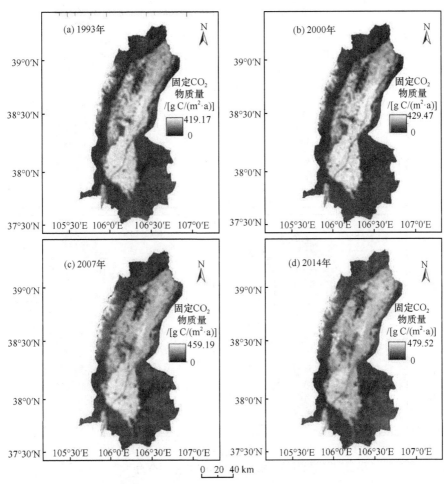

图 10-7　固定 CO_2 的物质量空间分布

（二）固碳释氧价值量测评分析

从空间分布（图 10-8、图 10-9）来看，银川盆地固碳释氧的价值量与 NPP 价值量的空间分布是一致的，固碳释氧的价值量较高的区域分布在银川盆地中部平原地带、贺兰山山脉一带。平原地带主要为耕地，贺兰山山脉一带主要为有林地、灌木林、疏林地、草地等土地覆盖类型，因此耕地、林地对银川盆地的固碳释氧价值贡献最大。固碳释氧的价值量较低的区域主要是建成区，贺兰山山麓，沙地戈壁一带，主要分布在银川盆地的边缘。较为明显的是贺兰山山麓在 2007 年后固碳释氧价值量有较大提高，这是政府鼓励开发，建立葡萄园地的缘故。

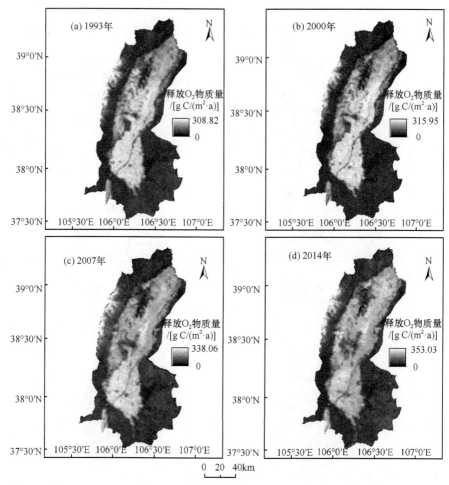

图 10-8　释放 O_2 的物质量空间分布

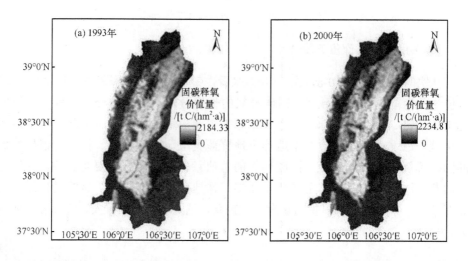

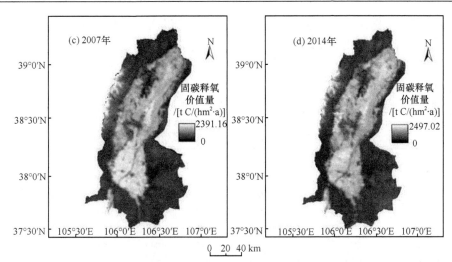

图 10-9　固碳释氧价值量空间分布

应用 ArcGIS 的区域统计功能对银川盆地各区县行政单元固碳释氧的价值量的平均值进行计算，结果见表 10-10。可以看出，各区县固碳释氧的平均价值量随着年份发生着波动，1993 年、2000 年金凤区的单位面积固碳释氧价值量最高，2007 年、2014 年贺兰县的单位面积固碳释氧价值量最高；各区县最大固碳释氧价值量在灵武市和平罗县之间波动，银川盆地总价值量总体呈现增长趋势。

表 10-10　各区县固碳释氧价值量

地区	1993 年		2000 年		2007 年		2014 年	
	平均/[元/(hm²·a)]	总和/(×10⁶元)	平均/[元/(hm²·a)]	总和/(×10⁶元)	平均/[元/(hm²·a)]	总和/(×10⁶元)	平均/[元/(hm²·a)]	总和/(×10⁶元)
灵武市	545	30.93	530	30.08	618	35.11	629	35.70
惠农区	562	9.54	547	9.28	668	11.35	859	14.57
平罗县	895	29.58	913	30.19	1028	34.01	1133	37.49
利通区	909	14.95	934	15.37	1033	16.99	928	15.28
金凤区	1242	5.48	1230	5.43	1158	5.11	1160	5.12
西夏区	907	12.80	876	12.37	1150	16.25	1120	15.83
永宁县	1020	15.06	1014	14.97	1167	17.22	1086	16.03
青铜峡市	756	23.09	752	22.96	925	28.26	841	25.65
大武口区	438	6.63	441	6.67	472	7.13	571	8.64
贺兰县	1176	22.48	1179	22.55	1305	24.96	1303	24.91
兴庆区	858	8.90	926	9.61	961	9.97	951	9.87
总计	—	179.44	—	179.48	—	206.35	—	209.09

从土地覆被类型的固碳释氧平均价值量（表 10-11）来看，1993 年、2007 年、

2014 年单位面积有林地价值量最高，其次耕地，2000 年单位面积耕地价值量最高，其次为有林地。不同时期均具有该差异。不同年份固碳释氧平均价值存在差异，该差异一部分主要源于银川盆地太阳总辐射、降水、气温等因素导致的年际差异，另一部分是林地、耕地面积的变化导致了年际变化。从全年银川盆地固碳释氧总价值总量来看，耕地的贡献率最高，其次是有林地，其他土地利用类型贡献率较小。

表 10-11　各土地利用类型的固碳释氧价值量（部分）

土地覆被类型	1993 年		2000 年		2007 年		2014 年	
	平均/[元/ $(hm^2 \cdot a)$]	总和/ $(\times 10^6$ 元)	平均/[元/ $(hm^2 \cdot a)$]	总和/ $(\times 10^6$ 元)	平均/[元/ $(hm^2 \cdot a)$]	总和/ $(\times 10^6$ 元)	平均/[元/ $(hm^2 \cdot a)$]	总和/ $(\times 10^6$ 元)
有林地	1340	4.10	1288	4.25	1398	4.63	1447	4.62
灌木林	411	3.10	387	2.85	483	3.60	553	5.49
疏林地	985	2.18	959	2.10	1049	2.27	1054	1.86
其他林地	975	1.49	991	1.41	1140	1.60	957	1.98
高覆盖度草地	664	4.70	593	4.29	729	5.27	776	5.54
中覆盖度草地	467	19.12	442	17.62	553	22.15	572	20.15
低覆盖度草地	455	13.60	439	12.45	581	16.50	552	18.46
山地旱地	499	0.03	502	0.03	549	0.03	659	0.03
丘陵旱地	486	0.37	448	0.34	603	0.47	512	0.31
平原旱地/水浇地	1264	89.37	1307	91.71	1392	97.10	1427	99.50

四、涵养水源价值功能测评

鉴于银川盆地耕地占盆地总面积的近 1/3，与其他生态系统的最大差异是农田生态系统在人类活动的强烈干预下，具备了许多特殊的功能。因此有必要将保水的物质量计算分为农田生态系统和其他生态系统进行测算。

（一）涵养水源物质量测评分析

从空间分布（图 10-10）看，银川盆地的保水区域主要分布在银川盆地中部耕地区域贺兰山一带。由于银川盆地的耕地面积大，农田涵养水源是银川盆地涵养水源物质量的主要来源。其次就是贺兰山的森林生态系统具有较高的涵养水源功能。建城区、裸岩、戈壁等保水功能差，分布在银川盆地的边界部分，因此其亮度值较低。1993 年银川盆地的平均保水为 537m³，2000 年银川盆地的平均涵养水源为 602m³，2007 年银川盆地的平均保水为 1083m³，2014 年银川盆地的平均涵养水源为 753m³。涵养水源物质量的变化主要受降水和土地利用变化的影响，在测算涵养水量保水时采用了银川盆地研究期内的平均降水量，因此其结果的波动主要是土地利用变化导致的。

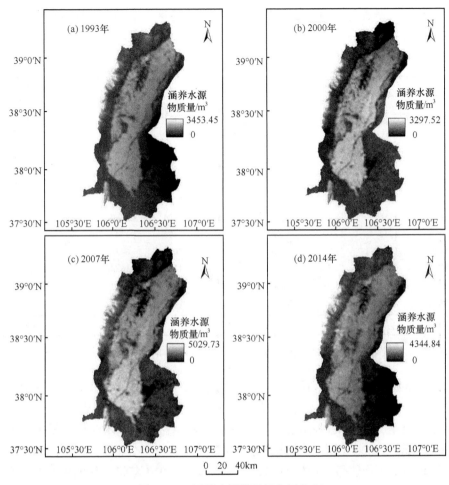

图 10-10　涵养水源物质量空间分布

从区县行政单元（表 10-12）来看，1993 年银川盆地年平均涵养水源量最大的是贺兰县达到 1358m³，最小的为灵武市，达到 441m³。1993 年银川盆地年涵养水源量总和最大的是平罗县达到 37261900m³，最小的为金凤区，达到 6140490m³；与 1993 年相比，2000 银川盆地年平均涵养水源量呈增大趋势，平均涵养水源量最大的是金凤区，平均涵养水源量最小的为惠农区。2000 年银川盆地年涵养水源量总和比 1993 年增加 24175180m³，年涵养水源量总和最大的是灵武市，年涵养水源量总和最小的为兴庆区；与 2000 相比，2007 年银川盆地年平均涵养水源量继续呈增大趋势，平均涵养水源量最大的是贺兰县，平均涵养水源量最小的为大武口区。年涵养水源量总和最大的是灵武市，年涵养水源量总和最小的为惠农区；与 2007 相比，2014 年银川盆地年平均涵养水源量呈减小趋势，平均涵养水源量最大的是金凤区，平均涵养水源量最小的为灵武市。年涵养水源量总和最大的是平罗县，年涵养水源量总和最小的为金凤区。总之，各区、县的年平均涵养水源量先增大、后减小的趋势，年涵养水源量总和呈先增大、后减小的趋势。

表 10-12　银川盆地各区县涵养水源量

区县名称	1993 年		2000 年		2007 年		2014 年	
	平均/m³	总和/(×10⁶ m³)	平均/m³	总和/(×10⁶ m³)	平均/m³	总和/(×10⁶ m³)	平均/m³	总和/(×10⁶ m³)
灵武市	441	25.05	841	47.72	1466	83.23	718	40.74
惠农区	1007	17.11	605	10.27	1282	21.76	1287	21.82
平罗县	1127	37.26	1122	37.11	1899	62.82	1503	49.70
利通区	1044	17.18	1227	20.19	2300	37.84	1290	21.26
金凤区	1391	6.14	1499	6.62	2383	10.51	1721	7.60
西夏区	1286	18.16	1270	17.93	2504	35.38	1967	27.79
永宁县	1212	17.90	1292	19.08	2426	35.81	1641	24.23
青铜峡市	1080	32.98	1045	31.91	2098	64.08	1404	42.83
大武口区	827	12.51	613	9.27	1102	16.66	1107	16.75
贺兰县	1358	25.97	1494	28.56	2521	48.20	1886	36.07
兴庆区	719	7.46	1275	13.24	1933	20.07	1144	11.87
总计		217.73		241.90		436.35		300.67

（二）涵养水源价值量测评分析

涵养水源价值量计算利用 ArcGIS 软件进行统计分析。从空间分布（图 10-11）来看，银川盆地涵养水源物质量空间分布与价值量空间分布相一致，涵养水源价值量平均值呈先增大后减小的趋势。1993 年银川盆地涵养水源价值量平均值为 629.36 元/hm²；2000 年银川盆地涵养水源价值量平均值为 704.32 元/hm²；2007 年银川盆地涵养水源价值量平均值为 1267.84 元/hm²；2014 年银川盆地涵养水源价值量平均值为 875.46 元/hm²。

从区县行政单元（表 10-13）来看，1993 年银川盆地年平均涵养水源价值最大的是金凤区达到 1628 元/hm²，最小的为灵武市，达到 516 元/hm²。1993 年银川盆地年涵养水源价值量总和最大的是平罗县，达到 43596500 元，最小的为金凤区，达到 7184380 元；与 1993 年相比，2000 年银川盆地年平均涵养水源价值量呈增大趋势，平均涵养水源价值量最大的是金凤区，平均涵养水源价值量最小的为惠农区。2000 年银川盆地年涵养水源价值量总和比 1993 年增加 26530400 元/hm²，年涵养水源量总和最大的是灵武市，年涵养水源量总和最小的为金凤区；与 2000 年相比，2007 年银川盆地年平均涵养水源价值量继续呈增大趋势，平均涵养水源价值量最大的是贺兰县，平均涵养水源价值量最小的为大武口区。年涵养水源量价值总和最大的是灵武市，年涵养水源价值量总和最小的为金凤区；与 2007 年相比，2014 年银川盆地年平均涵养水源价值量呈减小趋势，平均涵养水源价值量最大的是西夏区，平均涵养水源价值量最小的为灵武市。年涵养水源价值量总和最大的是平罗县，年涵养水源价值量总和最小的为金凤区。总之，各区、县的年平均涵养水源量呈先增大、后减小的趋势。

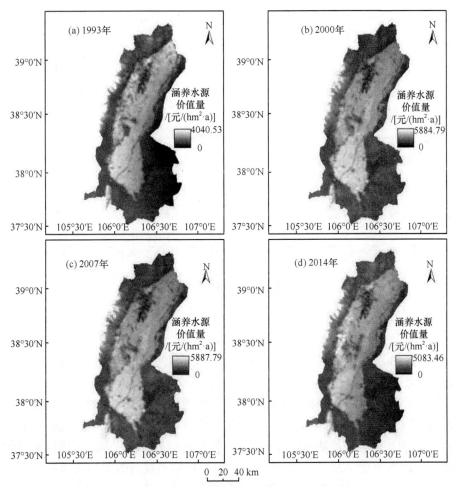

图 10-11　涵养水源价值量空间分布

表 10-13　银川盆地各区县涵养水源价值量

地区	1993 年		2000 年		2007 年		2014 年	
	平均/[元/(hm²·a)]	总和/(×10⁶元)	平均/[元/(hm²·a)]	总和/(×10⁶元)	平均/[元/(hm²·a)]	总和/(×10⁶元)	平均/[元/(hm²·a)]	总和/(×10⁶元)
灵武市	516	29.31	983	55.84	1715	97.38	840	47.67
惠农区	1179	20.02	707	12.02	1499	25.46	1506	25.53
平罗县	1318	43.60	1313	43.42	2222	73.50	1758	58.15
利通区	1222	20.11	1436	23.62	2691	44.27	1510	24.88
金凤区	1628	7.18	1754	7.74	2788	12.30	2013	8.89

续表

地区	1993 年		2000 年		2007 年		2014 年	
	平均/[元/(hm²·a)]	总和/(×10⁶元)	平均/[元/(hm²·a)]	总和/(×10⁶元)	平均/[元/(hm²·a)]	总和/(×10⁶元)	平均/[元/(hm²·a)]	总和/(×10⁶元)
西夏区	1505	21.24	1486	20.98	2930	41.39	2302	32.52
永宁县	1418	20.95	1512	22.32	2839	41.90	1920	28.35
青铜峡市	1263	38.59	1222	37.34	2455	74.98	1642	50.11
大武口区	967	14.64	717	10.85	1289	19.49	1295	19.60
贺兰县	1589	30.38	1748	33.42	2949	56.40	2207	42.20
兴庆区	842	8.73	1492	15.49	2262	23.48	1339	13.89
总计		29.31		55.84		97.38		47.67

五、防风固沙价值功能测评

植被对防风固沙具有显著效应。土壤风蚀量与植被覆盖呈负相关关系，也就是说，土壤的风蚀量越大，植被覆盖越低，即土壤表层提供沙尘的可能性就越大。根据风洞实验得出，当植被覆盖度超过 30% 时，土壤的风蚀量就大大减弱；当植被覆盖度达到超过 35% 时，土壤表层就几乎没有风蚀。利用风沙流失量模型计算得出银川盆地 1993 年、2000 年、2007 年与 2014 年风沙流失量。

（一）防风固沙物质量测评分析

从防风固沙物质量空间分布（图 10-12）上看，银川盆地的防风固沙物质量较高的区域呈零散分布，主要分布在贺兰山一带、黄河沿岸等植被生长比较好的地方，其亮度值较高，说明防风固沙物质量较大。耕地、建城区、裸岩、戈壁等亮度值较低，其植被覆盖度非常小，容易受到风蚀，是发生风蚀的高发区域，因此防风固沙物质量较小。1993 年银川盆地的平均防风固沙物质量 863.42t/（km²·a），2000 年银川盆地的平均防风固沙物质量 761.05t/（km²·a），2007 年银川盆地的平均防风固沙物质量 620.11t/（km²·a），2014 年银川盆地的平均防风固沙物质量 499.83t/（km²·a）。1999～2014 年银川盆地防风固沙平均物质量的变化呈现逐渐减小趋势，表明银川盆地生态恶化，生态系统防风固沙能力逐渐降低。

从植被覆盖类型（表 10-14）来看，1999～2014 年银川盆地单位面积防风固沙最大的为高覆盖草地，1993 年、2007 年、2014 年银川盆地单位面积防风固沙最小的为中覆盖草地，2000 年银川盆地单位面积防风固沙最小的为其他林地。1999～2007 年银川盆地防风固沙总和最大的为中覆盖草地，2014 年银川盆地防风固沙总和最大为低覆盖度草地，1999～2014 年银川盆地防风固沙总和最小的为其他林地。1999～2014 年银川盆地防风固沙总和逐渐增加，表明植被的防风固沙能力在此期间防风固沙能力增强，生态环境状况逐渐变好。

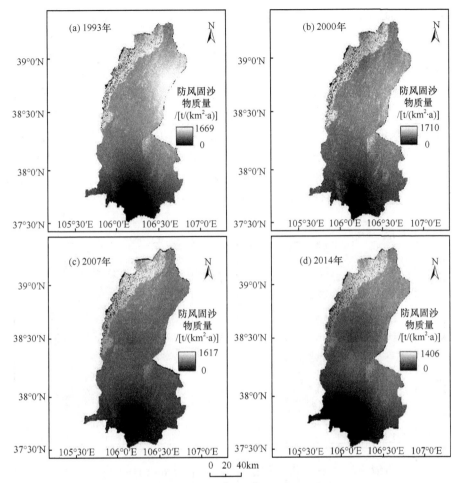

图 10-12　防风固沙物质量空间分布

表 10-14　各植被类型的防风固沙物质量（部分）

土地覆被类型	1993 年		2000 年		2007 年		2014 年	
	平均/[t/(km²·a)]	总和/t	平均/[t/(km²·a)]	总和/t	平均/[t/(km²·a)]	总和/t	平均/[t/(km²·a)]	总和/t
有林地	940	1.75	788	1.60	752	5.23	509	1.02
灌木林	955	4.30	802	3.54	667	10.26	613	3.54
疏林地	890	1.16	783	1.02	701	3.11	508	0.54
其他林地	765	0.71	716	0.61	539	1.56	442	0.57
高覆盖度草地	1140	5.11	950	4.35	1013	5.32	761	3.40
中覆盖度草地	700	17.99	691	17.24	552	45.74	431	9.57
低覆盖度草地	776	14.17	717	12.34	615	16.13	482	9.83
总计		45.18		40.70		87.35		28.47

（二）防风固沙价值量测评分析

银川盆地防风固沙的计算是以 1993 年以来宁夏治沙（将沙地、荒地恢复成农用地）的平均成本为 $3.5×10^4$ 元/hm^2 来估算。从空间分布（图 10-13）看，银川盆地的防风固沙价值量较高的区域分布贺兰山一带、黄河沿岸等地方。耕地、建城区、裸岩、戈壁等亮度值较低，防风固沙价值量较小。1993 年银川盆地的平均防风固沙价值量 20471.31 元/（$hm^2 \cdot a$），2000 年银川盆地的平均防风固沙价值量 18112.87 元/（$hm^2 \cdot a$），2007 年银川盆地的平均防风固沙价值量 14758.80 元/（$hm^2 \cdot a$），2014 年银川盆地的平均防风固沙价值量 11895.99 元/（$hm^2 \cdot a$）。1999～2014 年银川盆地防风固沙平均价值量的变化呈现逐渐减小趋势。

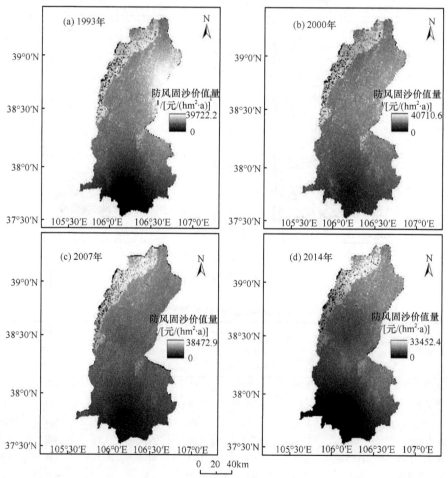

图 10-13　防风固沙价值量空间分布

从植被覆盖类型（表 10-15）来看，1999～2014 年银川盆地单位面积防风固沙价值量最大的是高覆盖草地，1993 年、2007 年、2014 年银川盆地单位面积防风固沙价值量最小的是中覆盖草地，2000 年银川盆地单位面积防风固沙价值量最小的为其他林地。1999～2007 年银川盆地防风固沙价值总和最大的为中覆盖草地，2014 年银川盆地防风固沙总和价值最大为低覆盖度草地，1999～2014 年银川盆地防风固沙价值总和最小的为其他林地。1999～2014 年银川盆地防风固沙价值总和逐渐增加，表明植被的防风固沙能力在此期间增强。

表 10-15　各植被类型的防风固沙价值量（部分）

土地覆被类型	1993 年		2000 年		2007 年		2014 年	
	平均/[元/ (hm²·a)]	总和/ (×10⁶元)	平均/[元/ (hm²·a)]	总和/ (×10⁶元)	平均/[元/ (hm²·a)]	总和/ (×10⁶元)	平均/[元/ (hm²·a)]	总和/ (×10⁶元)
有林地	22373	4.16	18758	3.81	17905	12.44	12103	2.42
灌木林	22739	10.23	19086	8.44	15884	24.41	14583	8.43
疏林地	21183	2.75	18625	2.42	16692	7.39	12083	1.29
其他林地	18205	1.69	17043	1.45	12829	3.72	10516	1.35
高覆盖度草地	27138	12.16	22605	10.35	24103	36.47	18116	8.10
中覆盖度草地	16655	42.82	16436	41.03	13145	30.23	10247	22.78
低覆盖度草地	18477	33.72	17053	29.36	14648	35.98	11476	23.40
总计		107.54		96.86		150.64		67.76

六、生态效应综合测评

（一）银川盆地生态效应综合测评模型

银川盆地生态系统效应综合测评是粮食生产价值量、植被净初级生产力价值量、固碳释氧价值量、保水价值量、防风固沙价值量的累加。计算公式为

$$V_{ycpd} = \sum_{i=1}^{n} \upsilon_i \qquad (10\text{-}3)$$

式中，V_{ycpd} 为银川盆地生态系统总价值量（元/a）；υ_i 为生态系统中第 i 项生态效应的价值量；n 为生态系统服务功能的指标数，本书中 $n=5$。

（二）银川盆地生态效应综合测评分析

就银川盆地各区县而言，1993 年单位面积生态服务总价值量较高的区县为永宁县和贺兰县，其值分别为 5.2×10^5 元/（hm²·a）、4.9×10^5 元/（hm²·a）；而较小的区县为大武口区和利通区，分别为 0.6×10^5 元/（hm²·a）、0.8×10^5 元/（hm²·a）。2000 年单位面积生态服务总价值量最大的是平罗县，其值为 7.9×10^5 元/（hm²·a）；而价值量最小的区县是大武口区，价值量为 0.4×10^5 元/（hm²·a）

（表 10-16）。

表 10-16　各区县生态效应价值量

地区	1993 年		2000 年		2007 年		2014 年	
	平均/[×10⁵ 元/(hm²·a)]	总和/(×10⁹ 元)	平均/[×10⁵ 元/(hm²·a)]	总和/(×10⁹ 元)	平均/[×10⁵ 元/(hm²·a)]	总和/(×10⁹ 元)	平均/[×10⁵ 元/(hm²·a)]	总和/(×10⁹ 元)
灵武市	2.3	8.16	5.4	19.00	4.5	52.76	5.0	17.59
惠农区	1.0	1.07	2.1	2.25	1.5	5.38	1.6	1.67
平罗县	2.9	6.03	7.9	16.21	9.6	65.57	10.9	22.33
利通区	0.8	0.84	4.6	4.67	5.4	18.29	5.4	5.49
金凤区	2.5	0.69	3.5	0.96	6.3	5.85	6.7	1.82
西夏区	2.5	2.15	3.5	2.99	6.4	18.63	6.7	5.86
永宁县	5.2	4.71	5.8	5.31	6.0	18.23	7.4	6.74
青铜峡市	3.0	5.46	7.2	13.24	8.1	50.69	8.2	15.40
大武口区	0.6	0.52	0.4	0.37	1.5	4.84	1.6	1.48
贺兰县	4.9	5.81	6.0	7.17	8.0	31.78	7.3	8.68
兴庆区	2.6	1.67	3.5	2.31	6.3	13.45	6.7	4.36
总计		37.12		74.47		285.47		91.41

在 22 年间，各区县的生态服务价值在不同程度上都得到了一定的提升，彼此之间差异明显。提升幅度较大的区域分布在东南部，主要为平罗县、银川市、永宁县，这些地区属银川盆地中部，其增加幅度分别为 $5.7×10^5$ 元/（hm²·a）和 $4.2×10^5$ 元/（hm²·a），同时，各区县的生态服务价值的基数不同。通过年变化率的比较发现，灵武市、惠农区、大武口区、贺兰县生态服务价值出现不同程度的波动，但总体呈生态服务价值呈增长趋势，年平均增长 2.7%。各区县的生态服务总价值大小排序：平罗县＞灵武市＞青铜峡市＞贺兰县＞永宁县＞西夏区＞利通区＞兴庆区＞惠农区＞金凤区＞大武口区。银川盆地总价值呈先增大后减小趋势。

土地覆被情况直接影响了土地覆被的结构，进而影响生态效应的变化。银川盆地土地变化生态效应差异明显（表 10-17）。单位面积上生态服务价值由高到低排序为：有林地＞平原旱地/水浇地＞疏林地＞高覆盖度草地＞灌木林＞其他林地＞中、低覆盖度草地＞丘陵旱地＞山地旱地。自 1993 年以来，各土地覆被类型单位面积的生态服务总价值量是持续增加趋势，但是 2007 年以后，单位面积的生态服务总价值量仍然是增加的，生态服务总价值量却是减少的，尤其是平原旱地/水浇地变化最大，其主要的原因是各覆被类型面积的减少。

表 10-17 各土地利用类型生态效应价值量（部分）

土地覆被类型	1993 年		2000 年		2007 年		2014 年	
	平均/[×10^5元/($hm^2 \cdot a$)]	总和/(×10^5元/a)	平均/[×10^5元/($hm^2 \cdot a$)]	总和/(×10^5元/a)	平均/[×10^5元/($hm^2 \cdot a$)]	总和/(×10^5元/a)	平均/[×10^5元/($hm^2 \cdot a$)]	总和/(×10^5元/a)
有林地	3.5	564.2	5.5	954.2	7.3	4892.3	7.6	1367.1
灌木林	2.3	1016.4	5.0	2135.2	5.1	7850.7	5.5	3384.2
疏林地	3.1	411.0	6.5	838.6	8.0	3665.2	8.6	967.7
其他林地	2.3	219.0	5.0	452.8	5.8	1741.0	6.1	771.1
低覆盖度草地	2.1	952.1	3.6	1635.8	4.5	6726.6	5.3	2437.3
中覆盖度草地	2.1	5164.7	4.7	11570.8	5.0	41332.6	5.4	11755.0
高覆盖度草地	2.4	4468.8	5.0	8738.1	5.5	32141.9	6.1	12838.8
山地旱地	0.6	1.9	0.9	2.7	2.9	35.1	3.9	15.7
丘陵旱地	1.9	98.8	5.5	279.2	6.0	834.5	6.3	206.5
平原旱地/水浇地	3.0	13107.9	5.5	24276.0	6.7	97440.2	7.2	31285.5
总计		26004.8		50883.5		196660.1		65028.9

第三节 银川盆地生态系统服务协同与权衡分析

2001 年，联合国千年生态发展评估报告将生态系统服务功能分为供给服务、支持服务、调节服务、文化服务。其中供给服务包括食物、淡水、药材等；调节服务包括气候调节、水调节、水净化等；文化服务包括教育、文化传承、娱乐和生态旅游等；支持服务包括初级生产、营养循环、土壤形成等。这四种服务之间相互影响，一般表现为权衡和协同关系。协同（权衡）关系是一种生态服务功能的增加（减少），导致或引起了另外一种生态服务功能的增加（减少）。本书选择四类服务中的四个指标，探讨粮食生产与 NPP、粮食生产与涵养水源、粮食生产与防风固沙、NPP 与涵养水源、NPP 与防风固沙、涵养水源与防风固沙之间的协同与权衡方法。

一、粮食生产与植被净初级生产力

对整个银川盆地的粮食生产和 NPP 进行采样，根据粮食生产和 NPP 的散点图（图 10-14）可知，粮食生产与 NPP 之间的散点关系不是非常明确。通过多次试验和研究发现，以耕地为主的银川盆地的粮食生产决定研究区的最大 NPP 值。为了方便并区别于通常所说的 NPP，可以将最大 NPP 物质量定义为极端 NPP 物质量，它表示在相同的粮食生产条件下 NPP 能够产生的最大 NPP 物质量。在进行这样的概化后，可以绘出粮食生产与 NPP 的归一化、粮食生产与极端 NPP 的关系图（图 10-15，图 10-16），并用正交多项式最小二乘法拟合比较理想的函数，公式为

$$y = -45.93x^2 + 122.26x + 131.36 \qquad (10\text{-}4)$$

式中，y 为极端 NPP 物质量 $[\text{t C}/(\text{hm}^2 \cdot \text{a})]$；$x$ 为粮食产量（t/hm^2）。在该函数中，相关系数为 0.832，$P < 0.0001$，表明其相关性很好。显然，当粮食产量介于 $0 \sim 2.8\text{t/hm}^2$ 时才有物理意义。

图 10-14 中显示有极大值，故对式（10-4）求导，得到

$$\mathrm{d}y / \mathrm{d}x = -91.86x + 122.26 \qquad (10\text{-}5)$$

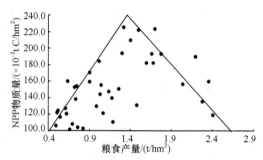

图 10-14　银川盆地粮食产量与 NPP 物质量的关系

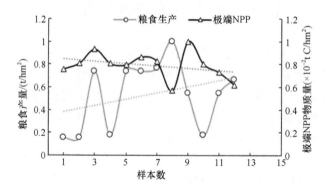

图 10-15　银川盆地粮食产量与 NPP 物质量的归一化

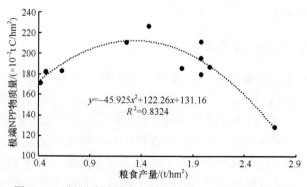

图 10-16　银川盆地粮食产量与极端 NPP 物质量的关系

存在极值的条件是 $\mathrm{d}y/\mathrm{d}x=0$，可求得 $x=1.33$。其现实意义为：在研究区内其他影响 NPP 的多重因素基本不变的情况下，当粮食产量达到 $1.33t/hm^2$ 时，极端 NPP 物质量达到最大；当粮食产量小于该值时，极端 NPP 物质量随着粮食产量的增大而增大；当粮食产量大于该值时，极端 NPP 物质量随着粮食产量的增大而减小。显然，研究区内粮食产量为 $1.33t/hm^2$ 是粮食产量影响极端 NPP 物质量的一个重要临界条件。

影响 NPP 的因素很多，有气候变化、降水、施肥、造林等，这些影响因子具有区域差异。银川盆地地处干旱带，因此 NPP 受降水因素影响较大。而银川盆地的主要土地利用类型是耕地，耕地 NPP 对银川盆地的 NPP 贡献最大。黄河的灌溉，使耕地基本不存在干旱的现象，因此银川盆地耕地 NPP 对降水具有较低的敏感性；林地的 NPP 对降水的敏感性较大，因此极端 NPP 值可以很好地反应林地的 NPP 变化情况，且林地产生的 NPP 与统计值接近。食物供给能力较强的是耕地区域，而固碳能力较强的是林地区域。综上，根据图 10-15 和图 10-16 得出，银川盆地粮食产量与极端 NPP 关系呈现"你增，我减；你减，我增"的趋势，即粮食产量与极端 NPP 为权衡关系。

二、粮食生产与防风固沙

对整个银川盆地的粮食产量和防风固沙物质量进行采样，根据粮食产量和防风固沙物质量（图 10-17）可知，粮食产量与防风固沙之间的散点关系不是非常明确，与上面讨论极为相似。研究发现，如果取其极端粮食产量和相应的防风固沙物质量，可以绘出图 10-18 和图 10-19，发现存在某种较好的函数关系，并用正交多项式最小二乘法拟合比较理想的函数，公式为

$$y = -4208.3x^2 + 4142.2x - 589.12 \tag{10-6}$$

式中，y 表示防风固沙物质量（t/hm^2）；x 为极端粮食产量 $[t/（hm^2·a）]$。在该函数中，相关系数为 0.861，$P<0.0001$，表明其相关性很好。显然，当防风固沙物质量介于 $0\sim1600\times10^{-2}\ t/hm^2$ 时，上式才有明确的物理意义。

图 10-17 显示有极大值，对式（10-6）求导，得到

$$\mathrm{d}y/\mathrm{d}x = -8416.6x + 4142.2 \tag{10-7}$$

存在极值的条件是 $\mathrm{d}y/\mathrm{d}x=0$，可求得 $x=0.49$。其现实意义为：在研究区内其他影响防风固沙的多重因素基本不变的情况下，当极端粮食产量达到 $0.49t/hm^2$ 时，防风固沙物质量达到最大；当极端粮食产量小于该值时，防风固沙物质量随着极端粮食生产的增大而增大；当极端粮食产量大于该值时，防风固沙物质量随着极端粮食生产的增大而减小。显然，研究区内防风固沙物质量为 $0.49t/hm^2$ 是影响防风固沙的一个重要临界条件。

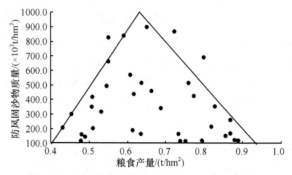

图 10-17　银川盆地粮食产量与防风固沙的关系

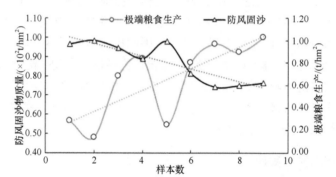

图 10-18　银川盆地极端粮食产量与防风固沙物质量的归一化

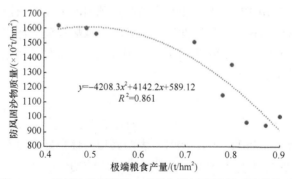

图 10-19　银川盆地极端粮食产量与防风固沙物质量的关系

　　银川盆地地处风沙区，耕地区域的食物供给能力较强，防风固沙能力较弱。如果要增强银川盆地防风固沙能力，需要种植一些耐旱植物，改善区域沙化土地，从而使流沙趋于固定，风蚀减弱，但是其区域食物供给能力较弱。极端粮食产量可以很好地反应耕地的粮食生产变化情况。根据图 10-18 和图 10-19 可知，银川盆地极端粮食产量与防风固沙物质量关系呈现"你增，我减；你减，我增"的趋势，即极端粮食产量与防风固沙物质量为权衡关系。

三、粮食生产与涵养水源

对整个银川盆地的粮食生产和保水物质量进行采样。根据粮食产量和保水物质量（图 10-20）可知，粮食产量与涵养水源物质量之间的散点关系不是非常明确，与上面讨论极为相似。研究发现，如果取其极端粮食产量和相应的涵养水源物质量，可以绘出图 10-21 和图 10-22，发现存在某种较好的函数关系，并用正交多项式最小二乘法拟合比较理想的函数，公式为

$$y = -117.36x^2 + 1408x - 1632.2 \qquad (10\text{-}8)$$

式中，y 表示极端粮食产量（t/hm²）；x 为涵养水源物质量 [t/（hm² · a）]。在该函数中，相关系数为 0.812，$P<0.0001$，表明其相关性很好。显然，当涵养水源物质量为 0～2800t/hm² 时，上式才有明确的物理意义。

图 10-20 显示有极大值，对式（10-8）求导，得到

$$dy / dx = -234.72x + 1408 \qquad (10\text{-}9)$$

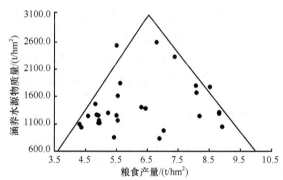

图 10-20　银川盆地粮食产量与涵养水源物质量的关系

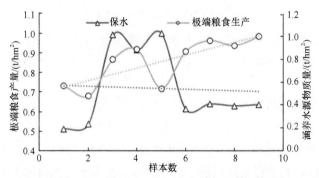

图 10-21　银川盆地极端粮食产量与涵养水源物质量归一化

存在极值的条件是 $dy / dx = 0$，可求得 $x=5.99$t/hm²。其现实意义为：在研究区内其他影响粮食生产的多重因素基本不变的情况下，当极端粮食产量达到 5.99t/hm² 时，涵养水源物质量达到最大；当极端粮食产量小于该值时，极端粮食产量

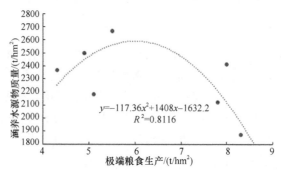

图 10-22　银川盆地极端粮食生产与涵养水源物质量的关系

随着涵养水源物质量的增大而增大；当涵养水源物质量大于该值时，极端粮食产量随着涵养水源物质量的增大而减小。显然，研究区内涵养水源物质为 5.99t/hm² 是涵养水源物质量影响极端粮食产量的一个重要临界条件。

　　虽然耕地区域的食物供给能力较强，但是耕地区域的保水能力较弱。如果要提高银川盆地保水能力，需要增加林地、草地的面积，这样必须以减少耕地面积为代价。极端粮食生产可以很好地反应耕地的粮食生产变化情况。综上，根据图 10-23 和图 10-20，银川盆地极端粮食生产与涵养水源关系呈现"你增，我减；你减，我增"的趋势，即极端粮食生产与涵养水源为权衡关系。

四、植被净初级生产力与防风固沙

　　对整个银川盆地的防风固沙和 NPP 进行采样，根据防风固沙和 NPP 采样数据可以绘出的散点图（图 10-23、图 10-24），发现存在某种较好的函数关系，并用正交多项式最小二乘法拟合比较理想的函数，公式为

$$y = -0137x^2 + 2.5047x - 2.1388 \qquad (10\text{-}10)$$

式中，y 表示防风固沙（t/hm²）；x 为 NPP 物质量[$t\,C/(hm^2 \cdot a)$]。在该函数中，相关系数为 0.9058，$P < 0.0001$，表明其相关性较好。显然，当 NPP 物质量介于 $0 \sim 150 \times 10^{-2}\,t\,C/(hm^2 \cdot a)$ 时，上式才有明确的物理意义。

　　图中显示有极大值，对式（10-10）求导，得到

$$dy/dx = -0.027x + 2.5047 \qquad (10\text{-}11)$$

　　存在极值的条件是 $dy/dx = 0$，可求得 $x = 91.4 \times 10^{-2}\,t\,C/(hm^2 \cdot a)$。其现实意义为：在研究区内其他影响防风固沙的多重因素基本不变的情况下，当 NPP 物质量达到 $91.4 \times 10^{-2}\,t\,C/(hm^2 \cdot a)$ 时，防风固沙物质量达到最大；当 NPP 物质量小于该值时，防风固沙物质量随着 NPP 生物量的增大而增大，即为协同作用；当 NPP 物质量大于该值时，防风固沙物质量随着 NPP 物质量的增大而减小，即为权衡作用。显然，研究区内 NPP 物质量为 $91.4 \times 10^{-2}\,t\,C/(hm^2 \cdot a)$ 是 NPP 物质量

影响防风固沙物质量的一个重要临界条件。

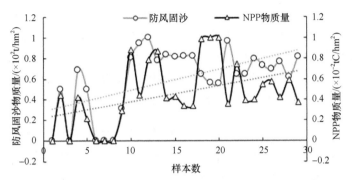

图 10-23　银川盆地 NPP 物质量与防风固沙物质量归一化

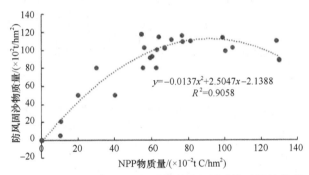

图 10-24　银川盆地 NPP 物质量与防风固沙物质量的关系

　　NPP 物质量越大，说明林地、草地面积大，银川盆地防风固沙能力就越强。综上，根据图 10-23 和图 10-24 得出，银川盆地 NPP 与防风固沙关系呈现"你增，我也增；你减，我也减"的趋势，即 NPP 与防风固沙为协同关系。

五、植被净初级生产力与涵养水源

　　对整个银川盆地的保水物质量和 NPP 物质量进行采样，根据涵养水源物质量和 NPP 物质量采样数据可以绘出的散点图（图 10-25、图 10-26），发现存在某种较好的函数关系，并用正交多项式最小二乘法拟合出比较理想的函数，公式为

$$y = -0.0191x^2 + 12.521x + 282.19 \tag{10-12}$$

式中，y 表示涵养水源物质量（t/hm^2）；x 为 NPP 物质量[t C/（hm$^2 \cdot$ a）]。在该函数中，相关系数为 0.871，$p < 0.0001$，表明其相关性很好。显然，当 NPP 物质量介于 0～160×10^{-2}t C/（hm$^2 \cdot$ a）时，上式才有明确的物理意义。

　　图中显示有极大值，对式（10-12）求导，得到

$$dy / dx = -0.0382x + 12.521 \tag{10-13}$$

存在极值的条件是 $\mathrm{d}y/\mathrm{d}x=0$，可求得 $x=327.7\times10^{-2}\mathrm{t}\,\mathrm{C}/(\mathrm{hm}^2\cdot\mathrm{a})$，但是超出其区间 $0\sim160\times10^{-2}\mathrm{t}\,\mathrm{C}/(\mathrm{hm}^2\cdot\mathrm{a})$，因此极大值在 $x=160\times10^{-2}\mathrm{t}\,\mathrm{C}/(\mathrm{hm}^2\cdot\mathrm{a})$ 取得。其现实意义为：在研究区内其他影响防风固沙的多重因素基本不变的情况下，当 NPP 物质量达到 $160\times10^{-2}\mathrm{t}\,\mathrm{C}/(\mathrm{hm}^2\cdot\mathrm{a})$ 时，涵养水源物质量达到最大；当 NPP 物质量小于该值时，涵养水源物质量随着 NPP 物质量的增大而增大。显然，研究区内 NPP 物质量为 $160\times10^{-2}\mathrm{t}\,\mathrm{C}/(\mathrm{hm}^2\cdot\mathrm{a})$ 是影响涵养水源物质量的一个极大值。

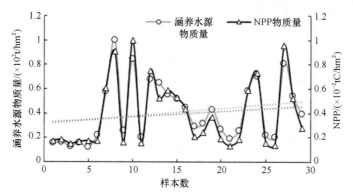

图 10-25　银川盆地 NPP 物质量与保水物质量归一化

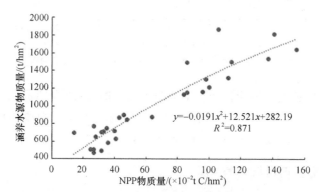

图 10-26　银川盆地 NPP 物质量与涵养水源物质量的关系

NPP 物质量越大，说明林地、草地面积大，涵养水源能力就越强。综上，根据图 10-25 和图 10-26 得出，银川盆地 NPP 物质量与涵养水源关系呈现"你增，我也增；你减，我也减"的趋势，即 NPP 物质量与涵养水源为协同关系。

六、防风固沙与涵养水源

对整个银川盆地的涵养水源物质量和防风固沙物质量进行采样，根据涵养水源物质量和防风固沙物质量采样数据可以绘出的散点图（图 10-27、图 10-28），发现存在某种较好的函数关系，并用正交多项式最小二乘法拟合比较理想的函数，公式为

$$y = -9 \times 10^{-5} x^2 + 0.2668x - 75.07 \tag{10-14}$$

式中，y 表示防风固沙物质量[t/（hm²·a）]；x 为涵养水源物质量[t/（hm²·a）]。在该函数中，相关系数为 0.8026，$P < 0.0001$，表明其相关性较好。显然，当涵养水源物质量介于 $0 \sim 120 \times 10^{-2}$t/（hm²·a）时，上式才有明确的物理意义。

图中显示有极大值，对式（10-14）求导，得到

$$\mathrm{d}y / \mathrm{d}x = -1.8 \times 10^{-4} x + 0.2668 \tag{10-15}$$

存在极值的条件是 $\mathrm{d}y / \mathrm{d}x = 0$，可求得 $x = 1482.2$t/（hm²·a）。其现实意义为：在研究区内其他影响防风固沙的多重因素基本不变的情况下，当涵养水源物质量达到 1482.2t/（hm²·a）时，防风固沙物质量达到最大；当涵养水源物质量小于该值时，防风固沙物质量随着保水量的增大而增大；当涵养水源物质量大于该值时，防风固沙物质量随着涵养水源物质量的增大而减小。显然，研究区内防风固沙量为 1482.2t/（hm²·a）是涵养水源物质量影响防风固沙物质量的一个重要临界条件。

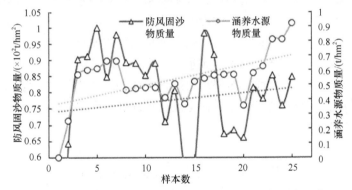

图 10-27 银川盆地涵养水源物质与防风固沙物质量归一化

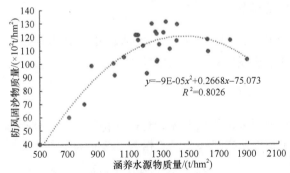

图 10-28 银川盆地涵养水源物质量与防风固沙物质量的关系

银川盆地涵养水源能力强，说明林地、草地面积大，故防风固沙能力就越强。综上，根据图 10-27 和图 10-28 得知，银川盆地防风固沙与涵养水源关系呈现"你增，我也增；你减，我也减"的趋势，即防风固沙与涵养水源为协同关系。

第十一章　银川盆地土地景观生态安全评价

　　景观是指一定范围内地物要素的结构功能统一的地域综合体。景观与土地、土地利用关系密切，是反映过去土地利用实践的人类历史和遗迹的证据。景观的结构、功能、动态变化与土地利用之间具有极大的相似性，景观信息的空间分布与梯度的变化可以反映外部干扰对环境的影响。不同景观类型（亦或土地类型）其利用方式和强度对生态过程的影响具有区域性和累积性的特征，能够直观地反映生态系统的组成、结构和变化过程，从而影响生态安全。研究土地利用变化对景观生态安全的影响，有利于帮助人们加深社会经济活动对生态环境影响的认识，为制订可持续发展的土地政策和措施提供参考。景观生态安全主要从景观尺度上反映人类活动和自然胁迫对生态环境的影响，包括景观生态安全评价和格局研究。国外研究主要从生态健康和生态退化的角度反映生态安全。国内研究正值兴起，评价体系和方法丰富多样，应用领域也非常广泛，涉及绿洲、城市、区域、景区以及耕地生态安全等。目前针对银川盆地景观生态安全的研究较少，本章研究了银川盆地景观生态安全及其时空变化特点，土地利用变化、社会经济发展对景观生态安全的影响。

第一节　景观生态安全评价

一、景观生态安全度构建

　　景观生态安全从景观尺度上反映人类活动和自然胁迫对生态安全的响应状况。本书利用景观干扰度指数和脆弱度指数构建景观生态安全度。

　　（一）景观干扰度指数

　　景观格局指数是用来定量化描述景观格局特征的一系列指标。根据景观的破碎度、分离度和优势度构建景观干扰度指数，公式为

$$E_i = \alpha C_i + \beta S_i + \gamma D_i \tag{11-1}$$

式中，E_i 为景观干扰度指数；i 为景观类型；C_i 为类型斑块破碎度；S_i 为类型斑块分离度；D_i 为类型斑块优势度；α、β、γ 分别为破碎度、分离度和优势度的权重，一般取值 0.5、0.3、0.2。为了消除量纲的影响，对不同指数进行归一化处理。

（二）景观脆弱度指数

景观脆弱度是指景观类型受到外部干扰后景观自然属性抵御干扰的能力，反映受干扰后景观的变化程度。

目前主要有两种计算景观脆弱度的方法，一种是通过多因子加权求和，如邱彭华等（2007）选取分离度、分维数倒数、破碎度、沙化敏感性指数和土壤侵蚀敏感性指数，张笑楠等（2009）选取分维数倒数、景观分离度、破碎度指数、土壤侵蚀指数、植被覆盖指数。公式为

$$F_i = \alpha C_i + \beta S_i + \gamma FD_i + \delta VC_i + \varphi SE_i \tag{11-2}$$

式中，α、β、γ、δ、φ 分别为破碎度指数 C_i、景观分离度 S_i、分维数倒数（FD_i）、植被覆盖指数（VC_i）、土壤侵蚀指数（SE_i）的权重。

另一种是把土地覆盖类型与景观脆弱性相关联，将土地类型赋予不同的值，谢花林（2008）赋予未利用地=6、水域=5、耕地=4、草地=3、林地=2、居民点及工矿用地=1，石浩朋等（2013）赋予未利用地=0.379、水域=0.250、耕地=0.166、园地=0.100、林地=0.064、建设用地=0.041。

第一种方法没有考虑土地利用的影响，即相同 F_i 值不同土地利用类型的脆弱度不同，第二种方法没有考虑相同土地利用类型也可能具备不同的脆弱度。目前人类活动是影响该区域生态系统的主要动力，土地利用反映了人和自然的综合作用，未利用地、耕地、草地被开发为建设用地的概率大，容易被改变，林地因为受到政策的保护变化的概率较小，水体和建设用地基本不会改变为其他用地，景观脆弱度低。本书试图将 F_i 修正为 F_i'，公式为

$$F_i' = \alpha C_i + \beta S_i + \gamma FD_i + \delta VC_i + \varphi SE_i + \omega V_i \tag{11-3}$$

式中，V_i 代表景观类型易损度。结合前人研究结果，根据土地利用类型转变为其他用地的难易程度，将土地利用类型划分 6 个相对权重分值，未利用地=6、草地=5、耕地=4、林地=3、水域=2 和建设用地=1。α、β、γ、δ、φ、ω 为权重，再结合前人的研究，通过层次分析法（AHP）获得各类型土地权重分别为 0.16、0.16、0.08、0.2667、0.1333、0.2。与干扰度类似，也对不同的指数进行归一化处理。

（三）景观生态安全度

景观风险指数（H），是在景观尺度上描述当遭遇外部干扰时，各景观类型所受到的生态损失，可以表现为景观干扰度指数（E_i）和景观脆弱度指数（F_i'）的综合，公式为

$$H_i = E_i \times F_i' \tag{11-4}$$

然而景观生态安全度作为生态风险的反表征，干扰度越大，景观脆弱性越强，

景观风险指数越高，生态环境安全程度就越低。结合不同景观类型的面积比例，确定景观生态安全度与景观风险指数之间的关系，描述一个区域内综合生态安全的相对大小，公式为

$$ES_k = \sum_{i=1}^{m} \frac{A_{ki}}{A_k}(1 - H_i) \qquad (11\text{-}5)$$

式中，ES_k 为第 k 个网格景观生态安全度指数；m 为区域总样地数；A_{ki} 为网格内景观类型 i 的面积；A_k 为评价单元 k 区的面积；H_i 为景观类型 i 的景观风险指数。ES_k 越大，景观生态安全水平越高。

二、景观格局指数的尺度效应

尺度是客观事物与过程共有的属性，在景观生态学中，景观指数随着空间幅度和粒度变化而变化，具有显著的尺度效应。不同的景观对尺度的响应不同，并不存在最佳尺度，只有针对特定景观的合适尺度。

（一）幅度效应

幅度是指研究对象在空间和时间上的持续范围，这里特指空间上的范围。银川盆地自然边界复杂，不易进行等距离分割，同时基于电脑配置和运算速率的考虑，选取 2001 年银川盆地中部一块 30km×30km 的土地分类数据作为采样区。通过 ArcGIS 创建 500m×500m、1km×1km、2km×2km、3km×3km 四个幅度，采用半变异函数分析，选取 Shannon 多样性指数和破碎度，对比不同幅度下景观格局指数的空间异质性，进而分析幅度变化的影响。

半变异函数的公式为

$$\gamma(h) = \frac{1}{2n(h)} \sum_{i}^{n(h)} [Z(x_i + h) - Z(x_i)]^2 \qquad (11\text{-}6)$$

式中，h 为样点对的间隔距离；$n(h)$ 为样点对的个数；$Z(x_i+h)$ 和 $Z(x_i)$ 为变量 x_i 和 x_i+h 处的取值。以 $\gamma(h)$ 为纵坐标，h 为横坐标，得到半方差图（图 11-1）。图中可以获取反映变异函数特征的参数，即块金值 C_0、基台值 $C+C_0$、变程 a、块金值与基台值之比即 $C_0/(C+C_0)$，进而获取地物空间变异规律。

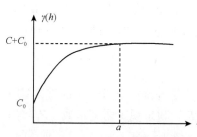

图 11-1　半变异函数结构示意图

不同幅度 Shannon 多样性指数和破碎度的 Moran's I 见表 11-1。Moran's I 值均大于 0，表明数据存在正的空间自相关，没有方向差异，符合球状模型的拟合条件。

表 11-1 不同幅度 Shannon 多样性指数和破碎度的 Moran's I 值

幅度/m	Shannon 多样性指数	破碎度
500	0.3970	0.4215
1000	0.3955	0.4304
2000	0.3454	0.4423
3000	0.3544	0.3869

1. Shannon 多样性指数

由图 11-2 可以看出，随着幅度或距离的增加，Shannon 多样性指数的空间自相关性逐渐减弱。表 9-2 反映不同幅度下 Shannon 多样性指数半变异函数的参数。在 500m 幅度上块金值 C_0 为 0.0700，基台值 C_0+C 为 0.1087，块金值与基台值的比值 $C_0/(C_0+C)$ 为 0.6439，说明 Shannon 多样性指数的 64.39%是由尺度效应和随机因素引起的，35.61%由系统自身空间相关贡献。从 500m 到 2km 幅度，块金值下降至 0.0136，基台值下降较慢，导致块金值和基台值的比值下降。根据景观生态学理论，幅度的增加，会降低空间自相关性，导致半变异函数的块金值不断增加，即块金效应逐渐增强。但是当幅度缩小到一定程度，分割了景观斑块的原有形状，会破坏其原有结构，导致块金值随着幅度增长而下降。因此 500m 和 1km 的分割尺度会破坏采样区原有景观结构。从 2km 到 3km 块金值上升，块金值与基台值的比值上升，符合半变异函数的理论，说明 3km 幅度会损失较多的空间规律信息。

表 11-2 不同幅度下 Shannon 多样性指数的半变异函数的参数

幅度/m	块金值 C_0	基台值 C_0+C	$C_0/(C_0+C)$
500	0.0700	0.1087	0.6439
1000	0.0390	0.0728	0.5354
2000	0.0136	0.0418	0.3262
3000	0.0218	0.0333	0.6561

2. 破碎度

由图 11-3 可以看到，破碎度与多样性指数有一定的相似之处。由表 11-3 可以看出，随着幅度的增加，块金值和基台值不断降低，500m 到 1km 下降得最快，说明 1km 幅度缩小到 500m 破碎度明显发生变化。块金值和基台值的比例出现波动性变化，500m 到 1km 和 2km 到 3km 下降，说明这两个阶段会引起景观不同程度的破坏；1km 到 2km 上升，说明该阶段符合块金效应；2km 较 1km 而言会丢失空间规律信息，综合多样性指数以及计算机运行效率，本书选择 2km 为研究幅度。

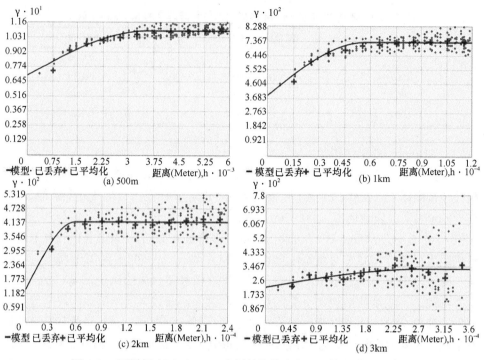

图 11-2　不同幅度下 Shannon 多样性指数半变异函数及其拟合曲线

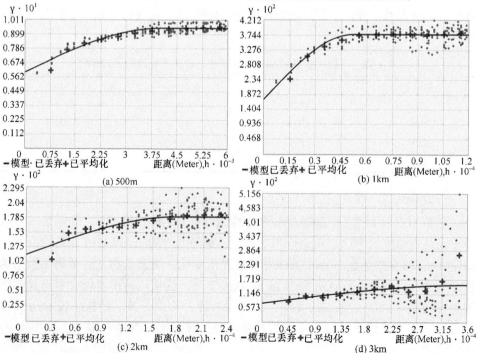

图 11-3　不同幅度下破碎度半变异函数及其拟合曲线

表 11-3　不同幅度下破碎度的半变异函数的参数

幅度/m	块金值 C_0	基台值 C_0+C	$C_0/(C_0+C)$
500	0.0601	0.0948	0.6338
1000	0.0173	0.0376	0.4589
2000	0.0115	0.0180	0.6373
3000	0.0078	0.0152	0.5142

（二）粒度效应

粒度指遥感影像的空间分辨率和栅格数据的栅格大小。以 2001 年土地利用数据为数据源，粒度为 30m，根据"多数原则"进行重采样，获取 40m、60m、90m、120m、150m、180m、210m、240m、270m、300m、330m、360m、390m、420m、450m 的土地利用数据。之所以采用 40m 的数据，是因为 30m 的数据因为样点过多，程序运行出错无法采集景观指数。

1. 斑块个数

由图 11-4 可以发现，随着粒度不断增大，各土地类型斑块个数不断降低。从数量上看，整个研究区的草地>建设用地>林地>耕地>水域>未利用地，变化率和数量保持一致。研究区的粒度变化从 40m 到 210m，林地、建设用地、草地和耕地的变化速率很快，210m 之后基本保持稳定缓慢下降。

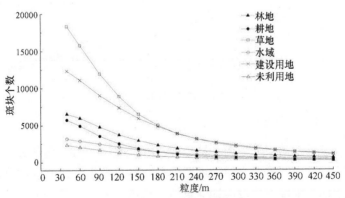

图 11-4　斑块个数的粒度响应

2. 斑块面积百分比

由图 11-5 可以看到，随着粒度的增加，各土地类型斑块面积的百分比基本保持稳定，研究区以耕地、草地为主，建设用地次之。

3. 破碎度指数

由图 11-6 可知，随着粒度的上升，破碎度逐渐减小，原因是各土地类型的面

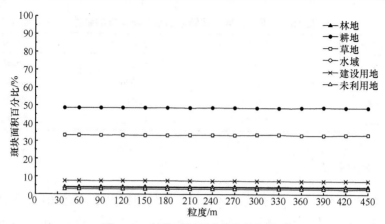

图 11-5　斑块面积百分比的粒度响应

积基本保持稳定，斑块的个数下降，导致破碎度的下降。研究区的破碎度表现为草地＞建设用地＞林地＞耕地＞水域＞未利用地。

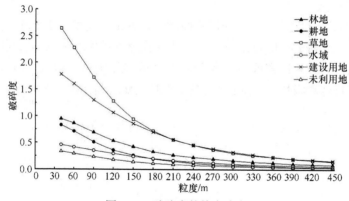

图 11-6　破碎度的粒度响应

4. 分离度

分离度表示景观类型之间的分散程度。由图 11-7 可知，大部分土地类型随着粒度的增加分离度不断降低，耕地和草地变化略有减小。研究区的分离度表现为林地＞未利用地＞水域＞建设用地＞草地＞耕地。

5. 平均分维度

分维数越接近 1 则说明人为的影响越强烈。由图 11-8 可知，各土地利用类型的分维度与粒度没有明显的线性或幂函数关系，属于无规则变化，建设用地的分维度较小，也是由于建设用地受人类影响剧烈，而受人类活动影响较小的水域、草地和未利用地分维数则较高。

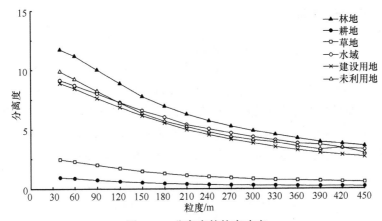

图 11-7　分离度的粒度响应

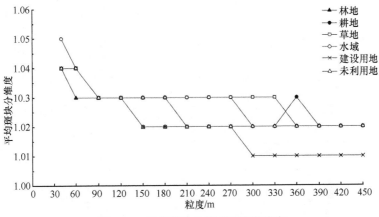

图 11-8　平均斑块分维度的粒度响应

6. Shannon 多样性指数

上述几个景观指数均从类别层次表明粒度的影响,Shannon 多样性指数则从景观的层次研究粒度的影响。如图 11-9 所示,随着粒度的增加,研究区范围内该指数基本不变,在 390m 处发生突变。

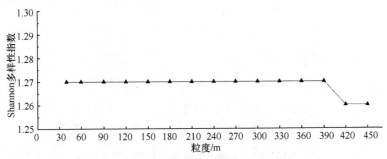

图 11-9　Shannon 多样性指数的粒度响应

三、景观生态安全度的获取

结合尺度效应的分析，以 2km×2km 网格为基本单元，获取银川盆地 30m 分辨率土地利用数据 3 年各个单元的景观指数，进而获取各单元的景观生态安全度。根据各景观生态安全度的分布直方图（图 11-10），发现 0.7 附近是一个较大的分界点，在 0.7 之前景观生态安全度分布较均匀，单元数量也较少，从 0.7 开始不断上升到达顶点后又逐渐降低。为了研究的方便和能够对比三年景观生态安全，将景观生态安全度由高到低分为 5 级，＞0.85、0.80～0.85、0.79～0.80、0.60～0.75、＜0.60。

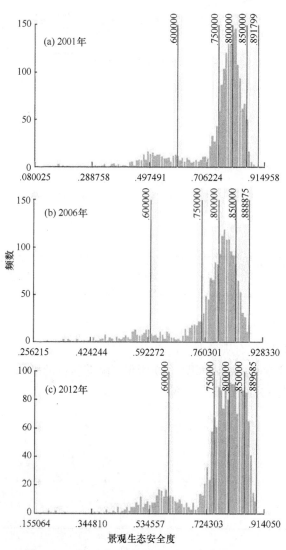

图 11-10　银川盆地不同年份景观生态度直方图

图 11-11 为银川盆地 3 年景观生态安全度分布图。总体来看，银川盆地景观生态安全度较高，西部贺兰山部分较低，该区域以疏林草原为主，人类干扰小，但是气候环境较差，加之山体窄陡，容易水土流失。盆地平原地区景观生态安全度高，中部和南部有逐渐升高的趋势，北部有下降的趋势。东部黄河沿岸的景观生态安全度有所下降，主要可能是受到黄河的改道侵蚀和人类大面积开发的影响。

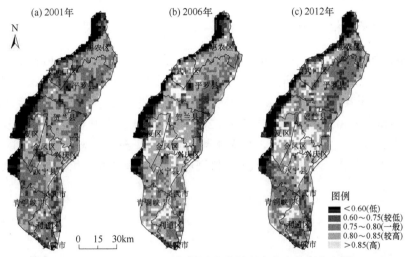

图 11-11　2001～2012 年银川盆地景观生态安全度分布图

从表 11-4 可以看出，惠农区和兴庆区景观生态安全度逐年上升，但变化较小；其次是贺兰县、永宁县、金凤区，2001～2012 年生态环境改善幅度较大；平罗县、灵武市、青铜峡市以及利通区 2001～2006 年有所改善，2006～2012 年略有下降，基本保持稳定；大武口区和西夏区 2001～2006 年景观生态安全度有较大的增长，2006～2012 年小幅下跌。

表 11-4　2001～2012 年各区县景观生态安全度

地区	2001 年	2006 年	2012 年
惠农区	0.6915	0.6978	0.7071
大武口区	0.7402	0.7901	0.7778
平罗县	0.7740	0.7804	0.7785
贺兰县	0.7379	0.7610	0.7666
西夏区	0.7064	0.7561	0.7433
兴庆区	0.8083	0.8152	0.8288
金凤区	0.7929	0.8240	0.8385
永宁县	0.7458	0.7722	0.7742
灵武市	0.7824	0.8001	0.7953

续表

地区	2001 年	2006 年	2012 年
青铜峡市	0.7895	0.8147	0.7904
利通区	0.7877	0.8105	0.7902

四、景观生态安全度空间相关性分析

（一）全局自相关分析

获取 2001 年、2006 年、2012 年银川盆地景观生态安全度的 Moran's I 值，并结合散点图分析其在整个研究区内的相关程度（图 11-12）。三年的 Moran's I 值均大于 0.7，说明景观生态安全度在空间上存在正相关关系且呈现较强的集聚现象。2001～2006 年从 0.7514 下降到 0.728，2006～2012 年又上升至 0.7566，表明景观生态安全度的变化呈现波动性，集聚态势先减后增。景观生态安全度值主要分布于第一、第三象限，说明存在 "H-H" 集聚和 "L-L" 集聚的正相关空间关联模式。

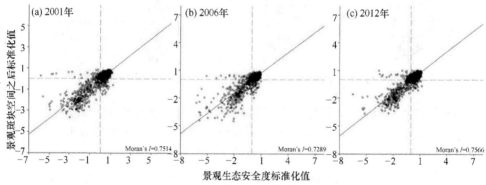

图 11-12　银川盆地景观生态安全度散点图

（二）局部自相关分析

Moran's I 值可以反映景观生态安全度的整体自相关性，LISA 集聚图（图 11-13）和 LISA 显著性检验图（图 11-14）则是从空间上反映局部区域的某一类地理要素或属性与相邻区域上的同一要素或属性的相关程度。

图 11-13 反映了景观生态安全度在空间上表现出集群分布的特征，数量上 2001 年有 259 个网格呈现 H-H 特点，244 个网格呈现 L-L 特点；2006 年有 273 个网格呈现 H-H 特点，204 个网格呈现 L-L 特点；2012 年有 314 个网格呈现 H-H 特点，240 个网格呈现 L-L 特点。空间分布上看，贺兰山部分呈现空间差异小、区域自身和邻近样地景观生态安全度都较低的特征（L-L），而盆地中部地区以及南部部

分地区表现出空间差异小、区域自身和邻近样地景观生态安全度都高（H-H）的特点。从变化上 L-L 部分基本稳定，盆地的北部 H-H 分布无明显规律，布局分散，中部 H-H 从 2001 年到 2012 年先减少后增加，南部 H-H 则与中部相反。

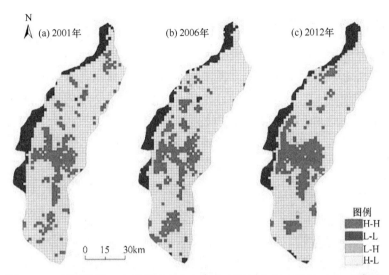

图 11-13　银川盆地 3 个时期景观生态安全度局域空间自相关 LISA 集群图

从显著水平上看，贺兰山部分 L-L 区域的显著性水平较高，普遍达到 0.01 显著水平，盆地中部以及南部 H-H 区域的显著水平有所提高，并且区域内部一般达到 0.01 显著水平，外部多为 0.05 显著水平（图 11-14）。

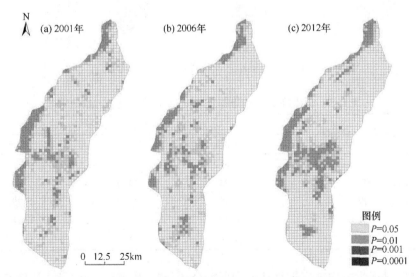

图 11-14　银川盆地生态安全度局域空间自相关 LISA 显著性水平

第二节　景观生态安全动态分析

一、景观生态安全动态变化

将景观生态安全度分级，大于 0.85 为高级，0.80～0.85 为较高级，0.79～0.80 为一般级，0.60～0.75 为较低级，小于 0.60 为低级，从而获得银川盆地三年景观生态安全度等级图（图 11-15）。表 11-5 反映景观生态安全度等级的分布情况，银川盆地生态环境总体较好，以一般和较高等级为主，2001～2012 年低等级的比例有所减少，较低和一般等级的比例先减后增，较高等级的比例先增后减，高等级的比例明显增加，说明生态环境呈现较好的发展趋势。

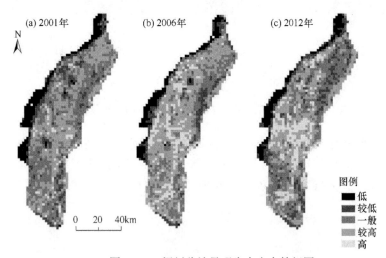

图 11-15　银川盆地景观生态安全等级图

表 11-5　银川盆地各等级景观生态安全度网格占总网格比例

景观生态安全度等级	各等级网格占总网格的比例/%		
	2001 年	2006 年	2012 年
低	11.07	8.45	8.33
较低	12.92	10.60	14.81
一般	38.47	23.80	29.75
较高	34.18	43.60	32.29
高	3.36	13.55	14.81

按照景观生态安全度等级从高到低赋分 5、4、3、2、1 分，利用 ArcGIS 中栅格计算器获取 2001～2006 年，2006～2012 年，2001～2012 年的三个时间段内

等级变化图（图 11-16）。如果等级下降表示生态恶化，等级不变表示生态环境保持稳定，等级提高一个等级表示生态改善，等级提高大于一个等级表示生态环境明显改善。

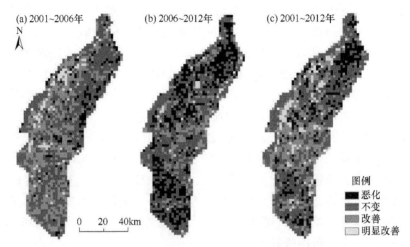

图 11-16　银川盆地景观生态安全等级变化分布图

表 11-6 反映各网格景观生态安全度等级变化的分布情况。结合图 11-16 可知，2001～2006 年生态环境有所改善，只有 7.83% 的网格生态环境恶化，主要分布在盆地的东北部；2006～2012 年生态环境出现恶化趋势，盆地的南部和北部呈现明显的恶化趋势；整体上看 2001～2012 年银川盆地大部分地区保持不变，34.93% 的网格有所改善，16.80% 的网格生态环境恶化，且主要分布在盆地的北部。

表 11-6　各景观生态安全等级变化网格占总网格的比例

生态安全度等级变化	各等级网格占总网格的比例/%		
	2001～2006 年	2006～2012 年	2001～2012 年
恶化	7.83	29.88	16.80
不变	52.35	52.00	48.26
改善	34.67	16.27	27.98
明显改善	5.16	1.85	6.95

二、土地利用变化对景观生态安全的影响

（一）土地利用程度综合指数的影响

获取银川盆地每个网格的土地利用程度综合指数（图 11-17），结合其分布情况，按照利用的程度分级，大于 380 为高，340～380 为较高，300～340 为一般，

230～300 为较低，小于 230 为低。贺兰山部分土地利用程度低，该区域主要为草地和未利用地，盆地中部和南部土地利用程度较高，主要为建设用地和耕地。将其与景观生态安全度分级图（图 11-15）进行叠加分析，获取不同等级土地利用程度综合指数下景观生态安全度的分布情况（图 11-18）。图 11-18（a）中以景观生态安全等级较低的网格为主，90% 以上的网格为低或较低等级；图 11-18（b）中景观生态安全等级低和较低的比例逐渐降低，等级一般和较高的比例逐渐升高，甚至出现部分网格的安全等级达到最高；图 11-18（c）中已经没有景观生态安全低等级的网格，等级为较低的网格进一步减少，等级一般、较高、高的比例逐渐上升；图 11-18（d）主要以生态安全等级一般和较高为主，与图 11-18（c）相比等级较高的比例有所下降，等级一般的比例有所上升，总体来讲生态安全度下降；图 11-18（e）中景观生态安全度继续下降，景观生态等级为一般和较低的比例明显升高，等级为高和较高的比例明显下降。总的来说，景观生态安全度较低的地区土地利用程度也较低，随着土地利用程度的提升，景观生态安全度不断上升，达到土地利用程度的第 3 级［图 11-18（c）］时达到最高点，之后土地利用程度提高，景观生态安全度反而降低。

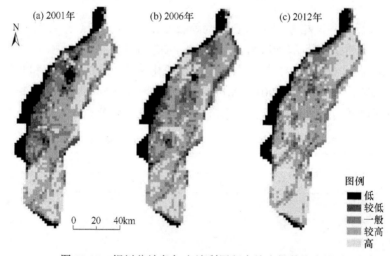

图 11-17　银川盆地各年土地利用程度综合指数分布图

（二）综合土地利用类型动态度的影响

获取各网格的综合土地利用类型动态度，根据 0～2%、2%～4%、4%～6%、大于 6% 划分为四个等级，分别为低、一般、较高、高。由图 11-19 可知，贺兰山部分土地利用变化较小，盆地中部土地利用变化较大，盆地北部 2006 年之前变化较大，之后变化较小，盆地南部土地利用变化较小。

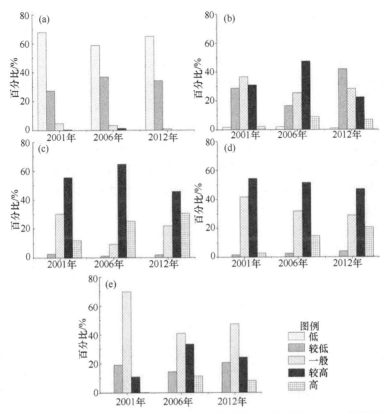

图 11-18　银川盆地不同土地利用程度综合指数等级下景观生态安全度分布图

从（a）～（e）土地利用程度逐步提高

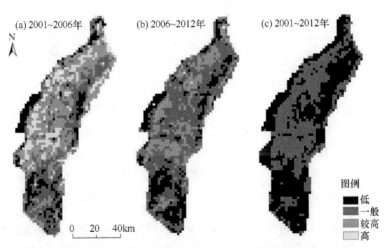

图 11-19　银川盆地综合土地利用类型动态度分布图

将景观生态安全等级变化和综合土地利用类型动态度进行叠加分析，获取不同动态度等级下景观生态安全变化情况（图 11-20）。可以看到随着土地利用变化速度的加快，同等变化速度下，景观生态安全等级不变的网格的比例越来越小，恶化、改善和明显改善的比例逐步增加。2001~2006 年土地利用变化较剧烈，这种趋势表现明显；2006~2012 年变化趋势有所减缓，恶化等级的网格的比例先下降后上升，不变等级的网格的比例逐渐降低，改善和明显改善等级的网格的比例明显上升；2001~2012 年土地变化较慢，综合土地利用类型动态度只存在两个等级，但是依然可以看到景观生态安全等级不变的网格的比例有所减少，改善和明显改善的比例逐步增加。说明土地利用变化越快，景观生态安全度越容易受到影响，但是影响的方向是不确定的，整体上看银川盆地土地利用变化对景观生态安全起到积极的作用。

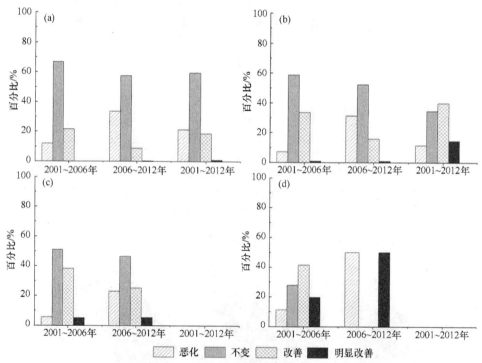

图 11-20　银川盆地不同综合土地利用类型动态度等级下景观生态安全变化分布图
从（a）～（d）综合土地利用类型动态度逐步升高

（三）不同土地转移类型的影响

银川盆地土地类型主要向建设用地、耕地、草地和林地发展，不同土地转移类型对景观生态安全的影响有所差异。以 2001~2012 年土地利用变化和景观生态安全变化为例，根据土地利用综合动态度＞2% 和土地利用变化重要性指数＞0.5 设定网格的主要转移方向，获取不同土地转移类型网格景观生态安全变化分布表。由表 11-7

可知，转移为建设用地和耕地的网格较多，其次是草地和林地，主要转移方向为林地和建设用地时，生态环境趋于改善的网格较多，为耕地和草地时趋于恶化的较多。

表 11-7　银川盆地不同土地转移类型对景观生态安全变化的影响

景观生态等级	网格数目			
	林地	耕地	草地	建设用地
恶化	1	17	12	4
不变	4	26	8	23
改善	15	6	5	33
明显改善	6	3	1	10

为了深入探讨土地转移对景观生态安全的影响，以土地利用变化重要性指数和土地利用综合动态度为横纵坐标，标记代表景观生态安全变化情况（1 代表恶化，2 代表不变，3 代表改善，4 代表明显改善），绘制不同土地转移类型的重要性指数与动态度关系图。同时利用三元图探索除去主要土地转移类型后其他三种土地类型比例关系对景观生态安全的影响，三角形的边代表各土地类型所占的比例，散点图中的数字代表该网格景观生态安全变化的情况（1 代表恶化，2 代表不变，3 代表改善，4 代表明显改善）。根据三元图的制作原则，对三种土地类型的比例进行了处理，和为 1。

由图 11-21（a）可以发现，林地的重要性指数较低，一般不超过 0.65。图 11-21（b）反映建设用地、草地、耕地的比例关系对景观生态安全的影响，土地转移为耕地、草地和建设用地的比例较为均衡。林地对生态环境有改善作用，只有一个网格生态环境恶化，该网格的耕地占 60%左右、草地占 10%左右、建设用地占 30%左右。

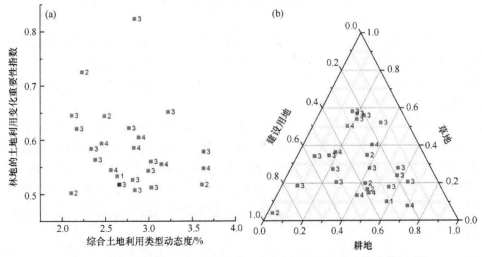

图 11-21　银川盆地主要土地转移类型为林地时对景观生态安全的影响

　　由图 11-22（a）可以看出，动态度一般小于 3.0%，当重要性指数大于 0.65 时大部分网格的生态环境趋于恶化，小于 0.65 时少部分网格趋于恶化，说明单一开垦耕地会影响生态安全。图 11-22（b）反映建设用地、草地、林地的比例关系对景观生态安全的影响。开垦耕地的过程中，主要伴随着建设用地和草地的增长，前者可能是开垦过程伴随居民点扩张，后者主要分布在盆地北部盐碱化较严重的区域，该地区种植耐盐植物用以治理土地盐碱化。建设用地和草地的扩张引起区域的破碎度增加，加之盐碱化影响作物生长，容易引起生态环境恶化。

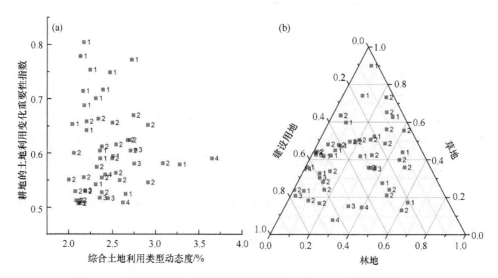

图 11-22　银川盆地主要土地转移类型为耕地时对景观生态安全的影响

　　由图 11-23（a）可以看出，动态度一般小于 3.0%，随着重要性指数的增加生态环境逐渐恶化，说明单一植草也会影响生态安全。图 11-23（b）反映林地、耕地、建设用地的比例关系对景观生态安全的影响，草地的扩张过程中建设用地的比例逐渐增大会影响生态安全。

　　由图 11-24（a）可以看出，动态度从 2.0%～4.0% 均匀分布，发展速度高于耕林草，重要性指数一般小于 0.65。图 11-24（b）反映林地、耕地、草地的比例关系对景观生态安全的影响，建设用地的扩张往往伴随着林地、草地的增加，主要分布在城郊接合部，绿地的增加有效地缓解了城市化对环境的压力，同时连片的建设用地开发能够减少网格的破碎度，提高安全度水平。

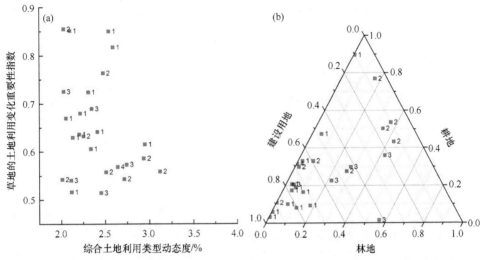

图 11-23　银川盆地主要土地转移类型为草地时对景观生态安全的影响

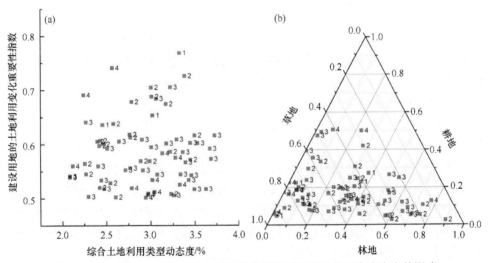

图 11-24　银川盆地主要土地转移类型为建设用地时对景观生态安全的影响

三、人口经济对景观生态安全的影响

2001～2012 年银川盆地的行政区划发生了明显的变化，石嘴山市由 3 区 3 县变为 2 区 1 县，银川市的城区、新城区、郊区变为兴庆区、西夏区、金凤区等，统计年鉴中各市区的范围发生改变，因此将市区合并为市，统计银川盆地各市县的人口经济数据（图 11-25）。2001～2012 年各市的经济飞速发展，人口普遍增加，灵武市人口 2006 年有所减少主要是因为 2003 年将郭家桥乡全部及新华桥镇 4 个村划归吴忠市利通区和 2004 年。临河镇横城村被划属银川市兴庆区，平罗县人口先增后减，主要原因在于从 2003 年起，人口的发展进入了低出生、高死亡，低自然增长阶段，常住总人口减少。

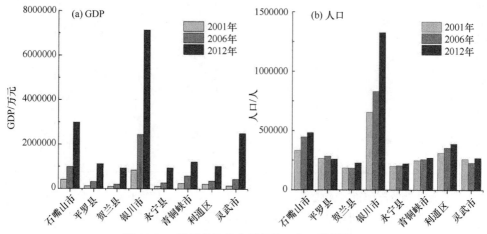

图 11-25　银川盆地各市县经济、人口发展情况

　　银川盆地的界定是根据自然界限划分的，与行政区界限不完全重合，与统计年鉴数据有所差异，如灵武市和青铜峡市的大部分地区不在研究区内，因此不能直接利用统计数据与景观生态安全关联。夜间灯光数据（nighttime light data，NTL）与人口密度、经济发展的相关研究自 20 世纪 70 年代以来蓬勃发展，但是受到像元过饱和和像元溢出等的影响，该方法存在一定的局限性。利用 NDVI 数据与 NTL 数据融合可以减少由于光的扩散效应、像元过饱和现象、传感器的空间分辨率等引起的城市周围农田、水域、高速公路附近亮度值明显偏大的问题。Lu 等（2008）提出人居指数（human settle index，HSI），认为上述两种数据结合优于单一数据源。Zhang 等（2013）提出基于植被修正的灯光城市指数（the vegetation adjusted NTL urban index，VANUI），认为能够有效地减少城市核心区灯光饱和度，在获取区域内部或区域之间能源利用、人口密度、经济活动差异方面有极大的潜力。VANUI 的公式为

$$VANUI = (1 - NDVI) \times NTL \tag{11-7}$$

式中，NDVI 为年内 NDVI 最大值；NTL 为标准化后 NTL 年数据，二者范围均为 0～1。

　　将各市县的人口、GDP 数据和 VANUI 进行 Pearson 相关性分析，2001 年 VANUI 与人口的相关系数为 0.930，与 GDP 的相关系数为 0.964；2006 年与人口的相关系数为 0.955，与 GDP 的相关系数为 0.963；2012 年与人口的相关系数为 0.955，与 GDP 的相关系数为 0.916。图 11-26（a）反映了各市县三个时期 VANUI 值的变化，图 11-26（b）则反映各市县的景观生态安全度。对比二者可以发现 VANUI 的变化与景观生态安全度的变化并非线性变化，大致上可以看出 2001～

2006 年随着社会的发展，生态环境有所改善，2006～2012 年随着进一步的发展生态环境出现恶化趋势。

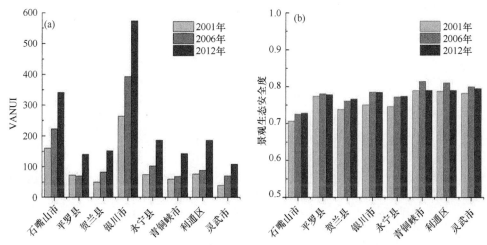

图 11-26 银川盆地各市县 VANUI 和景观生态安全度分布图

根据 VANUI 的直方图将其划分为三级，0～0.5、0.9～1.5、>1.5。通过 ArcGIS 栅格计算器获取始末两个时期栅格的差，得到银川盆地不同时期人口、经济发展的变化图（图 11-27）。可以看出，2001～2006 年社会发展的速度较慢，主要集中在盆地中部的银川市和北部石嘴山市的大武口区，2006～2012 年城市扩张迅速，盆地南部的利通区和青铜峡市也逐步发展，2001～2012 年发展的区域接近盆地面积的一半，表明这 12 年期间银川盆地的人口和经济发展取得了极大的进步，对环境的影响也越来越严重。

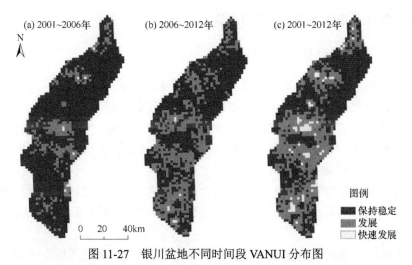

图 11-27 银川盆地不同时间段 VANUI 分布图

　　经叠加分析获得不同时期、不同发展水平下景观生态安全度变化情况（图 11-28）。由图可知，随着经济的发展，生态环境改善的网格的比例逐步上升，当经济发展到一定程度时，过快的发展反而会破坏生态环境。

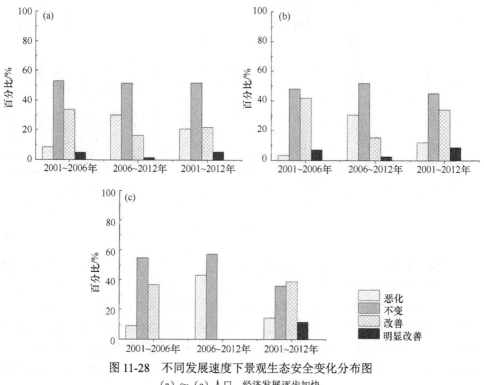

图 11-28　不同发展速度下景观生态安全变化分布图

（a）～（c）人口、经济发展逐步加快

四、银川盆地景观生态安全建设的建议

（一）科学合理地利用土地资源

　　研究表明，土地利用变化与景观生态安全变化有着密切的关系，表现在土地利用结构的变化和速率的变化两个方面。土地利用程度综合指数反映了土地利用结构变化的影响，在银川盆地，随着土地利用变化由草地、未利用地向林地、耕地、水体的发展，生态环境逐步好转；但建设用地的急剧扩张会引起环境的恶化。综合土地利用类型动态度则从变化快慢上反映土地利用对景观生态安全的影响，可以发现土地利用变化越剧烈，越容易对景观生态安全产生影响，从而导致景观生态安全改善或恶化。因此我们需要科学合理地利用土地资源，可以从以下几个方面入手。

　　（1）编制科学的土地利用规划，加强规划的权威性，确保严格按照规划实施。

在编制过程中不仅要注意土地规划的经济和社会影响，还要注意其生态效应，综合考虑未来土地利用对经济、社会、生态的综合效应。

（2）加强基本农田保护，确保粮食安全。2001～2013 年受到退耕还林还草政策的影响，银川盆地耕地面积略有下降，但是人口急剧上升，粮食安全受到威胁。应当加强基本农田的保护和建设，实施耕地生态管护制度，在后备资源充足、土地质量高、土地平坦容易推行农业机械化的地区，可以通过耕地的整理扩大耕地数量，对应生态环境脆弱或不易开发利用的地区，实行还林还草工作，减轻对环境的压力。

（3）从严控制建设用地，提高节约集约用地水平。近年来，银川盆地建设用地扩张剧烈，呈现"摊大饼"式发展，同时盆地北部矿藏丰富，导致大规模无序开采，工矿用地增长迅速，同时废弃工矿用地也日益增多。可以通过加强闲置土地处置力度和建立土地管理信息系统等手段监管建设用地开发力度，通过复垦工矿废弃地、土地整理等方式盘活建设用地，同时还应当积极做好土地储备工作，保证土地开发有序进行。

（二）提高和改善农业生产技术，加强盐渍化治理

引黄灌区渠系砌护率较低，加上工程设施老化程度高，容易造成渠水侧渗，引发土壤次生盐渍化。特别是银川盆地北部地势较低且平坦，灌溉方式落后，漫灌现象严重，导致地下水位普遍高于临界深度，次生盐渍化面积超过农田总面积的三分之二。重度盐渍化主要分布在洪广至平罗一带和惠农南部地区，研究过程发现该地区的综合土地利用动态度较低，土地利用变化较小，但是生态环境趋于恶化。其原因可能在于盐渍化会影响植被的生长导致植被覆盖度较低，同时由于漫灌引起水域增加破坏了耕地的结构，破碎度较大。建议从以下两方面改善：

（1）加强水资源管理，确保水资源有序合理利用。应该针对地下水资源的分布特点，划分为限制区、开采区，最大限度地保持地下水资源开采总量满足可持续发展的需要。

（2）提高和改善农业生产技术，从根本上改变漫灌的灌溉方式。可以加大低压管灌、喷灌、滴管技术的推广，增加水资源利用效率。同时还应当注意沟渠的维护和保养，防止渠水进一步渗漏流失。

（三）优化产业结构，因地制宜，提高用地效益

随着城镇规模地不断扩大，人类对自然的影响不断增强，环境问题日益凸显。人口经济发展对景观生态安全的影响与对土地利用程度综合指数的影响类似，都是先促进环境改善，之后由于过度开发导致生态环境逐步恶化，其原因是经济、人口的发展是建立在土地利用变化基础上的，经济社会的发展伴随着大量优质耕

地和林地转换为建设用地。这与银川盆地各县市的经济结构有着密切的联系，2001～2012 年各县市的第二产业的增长速度明显高于第一和第三产业。针对这一问题，可以从以下几方面入手：

（1）利用自身优势，积极发展现代农业。银川盆地有着优厚的光照资源、土壤条件，非常适合农业的发展。贺兰山东麓是被列入第三个国家葡萄酒产品原产地保护的区域，2011 年全区种植面积 43 万亩，产量 17 万 t。同时还有枸杞、苹果等农产品，均享誉海内外。

（2）大力发展旅游业及其相关产业。银川盆地有"塞上江南"的美誉，石嘴山市的沙湖、石嘴山森林公园、星海湖，银川市的苏峪口国家森林公园、玉皇阁，青铜峡市的金沙湾等一系列风景名胜为银川盆地提供了宝贵的旅游资源。同时银川盆地也是我国回民的主要聚居地，伊斯兰文化浓厚，饮食和风俗独具特色，每年吸引着数以千计的游客。

参 考 文 献

蔡崇法, 丁树文, 2000. 应用 USLE 模型与地理信息系统 IDRISI 预测小流域土壤侵蚀量的研究[J]. 水土保持学报, 14(2): 19-24.

常瑞英, 刘国华, 傅伯杰, 2010. 区域尺度土壤固碳量估算方法评述[J]. 地理研究, 29(9): 1616-1628.

常学礼, 赵文智, 李秀梅, 等, 2010. 基于生态服务价值的张掖绿洲生态安全评价[J]. 自然资源学报, 25(3): 396-406.

陈浩, 周金星, 陆中臣, 等, 2003. 荒漠化地区生态安全评价——以首都圈怀来县为例[J]. 水土保持学报, 17(1): 58-62.

陈江南, 段文中, 王国庆, 等, 2002. 典型小流域方案比选初探[J]. 人民黄河, 24(3): 21-22.

陈宁, 赵红莉, 蒋云钟, 2010. 汉江上游不同气候情景下土地利用变化对径流的影响研究[J]. 北京师范大学学报(自然科学版), 46(3): 366-370.

陈爽, 马安青, 李正炎, 等, 2011. 基于 RS/GIS 的大辽河口湿地景观格局时空变化研究[J]. 中国环境监测, 27(3): 4-8.

陈文言, 张雷, 刘慧, 2007. 基于水土保持的宜宾市土地利用空间重组[J]. 农业工程学报, 23(3): 75-79.

陈仲新, 张新时, 2000. 中国生态系统效益的价值[J]. 科学通报, 45(1): 17-22.

崔胜辉, 洪华生, 黄云凤, 等, 2005. 生态安全研究进展[J]. 生态学报, 25(4): 861-868.

冯险峰, 刘高焕, 陈述彭, 2004. 陆地生态系统净第一性生产力过程模型研究综述[J]. 自然资源学报, 19(3): 369-375.

傅伯杰, 陈利顶, 马克明, 1999. 黄土丘陵区小流域土地利用变化对生态环境的影响——以延安市羊圈沟流域为例[J]. 地理学报, 54(3): 241-246.

傅伯杰, 郭旭东, 陈利顶, 2001. 土地利用变化与土壤养分的变化——以河北省遵化县为例[J]. 生态学报, 21(6): 926-931.

高国栋, 陆渝蓉, 缪启龙, 1996. 气候学教程[M]. 北京: 气象出版社.

高长波, 陈新庚, 韦朝海, 等, 2006. 广东省生态安全状态及趋势定量评价[J]. 生态学报, 26(7): 2191-2197.

葛全胜, 戴君虎, 何凡能, 2008. 过去 300 年中国土地利用、土地覆被变化与碳循环研究[J]. 中国科学(D 辑: 地球科学), 38(2): 197-210.

龚建周, 夏北成, 陈健飞, 2008. 快速城市化区域生态安全的空间模糊综合评价——以广州市为例[J]. 生态学报, 28(10): 4992-5001.

巩同梁, 刘昌明, 刘景时, 2006. 拉萨河冬季径流对气候变暖和冻土退化的响应[J]. 地理学报, 61(5): 519-526.

顾朝林, 1999. 北京土地利用与土地覆盖变化机制研究[J]. 自然资源学报, 14(4): 307-312.

郭斌, 任志远, 高孟绪, 2010. 3S 支持的城市土地利用变化与生态安全评价研究[J]. 测绘科学, 35(2): 125-129.

郝芳华, 陈利群, 刘昌明, 等, 2004. 土地利用变化对产流和产沙的影响分析[J]. 水土保持学报, 18(3): 5-8.

何春阳, 史培军, 陈晋, 等, 2001. 北京地区土地利用与土地覆盖变化研究[J]. 地理研究, 20(6): 679-687, 772.

胡宏昌, 王根绪, 李志, 等, 2008. 渭河径流对 LUCC 和气候波动的响应研究[J]. 人民黄河, 30(7): 25-26.

黄宝强, 刘青, 胡振鹏, 等, 2012. 生态安全评价研究述评[J]. 长江流域资源与环境, 21(Z2): 150-156.

黄秉维, 1982. 生态平衡与农业地理研究——生态平衡、生态系统与自然资源、环境系统[J]. 地理研究, 1(2): 1-7.

贾科利, 常庆瑞, 张俊华, 2009. 陕北农牧交错带土地利用变化环境效应[J]. 干旱区研究, 26(2): 181-186.

江忠善, 郑粉莉, 2004. 坡面水蚀预报模型研究[J]. 水土保持学报, 18(1): 66-69.

姜文来, 2003. 森林保水的价值核算研究[J]. 水土保持学报, 17(2): 34-40.

角媛梅, 肖笃宁, 2004. 绿洲景观空间邻接特征与生态安全分析[J]. 应用生态学报, 15(1): 31-35.

李道峰, 吴悦颖, 刘昌明, 2005. 分布式流域水文模型水量过程模拟——以黄河河源区为例[J]. 地理科学, 25(3): 3299-3304.

李家永, 游松才, 冷允法, 等, 1996. GIS 支持的县级区域开发与规划的土地资源评价——以江西省泰和县为例[J]. 地域研究与开发, 15(1): 8-13.

李晶, 任志远, 2007. 基于 GIS 的陕北黄土高原土地生态系统水土保持价值评价[J]. 中国农业科学, 40(12): 2796-2803.

李晶, 任志远, 2008. GIS 支持下陕北黄土高原生态安全评价[J]. 资源科学, 30(5): 732-736.

李晶, 任志远, 2011. 基于 GIS 的陕北黄土高原土地生态系统固碳释氧价值评价[J]. 中国农业科学, 44(14): 2943-2950.

李团胜, 马超群, 2005. 从土地利用变化看陕西省生态环境的转变[J]. 干旱区地理, 28(5): 647-653.

李小燕, 任志远, 2008. 基于"压力-状态-响应"模型的渭南市生态安全动态变化分析[J]. 陕西师范大学学报(自然科学版), 36(5): 82-85.

李晓文, 方精云, 朴世龙, 2004. 上海城市土地利用转变类型及其空间关联分析[J]. 自然资源学报, 19(4): 438-446.

李秀彬, 1996. 全球环境变化研究的核心领域——土地利用/土地覆被变化的国际研究动向[J]. 地理学报, 51(6): 553-558.

李中才, 刘林德, 孙玉峰, 2010. 基于 PSR 方法的区域生态安全评价[J]. 生态学报, 30(23): 6495-6503.

梁友嘉, 钟方雷, 徐中民, 2010. 基于 RS 和 GIS 的张掖市土地利用景观格局变化及驱动力[J]. 兰州大学学报(自然科学版), 46(5): 24-30.

廖克, 成夕芳, 吴健生, 2006. 高分辨率卫星遥感影像在土地利用变化动态监测中的应用[J]. 测绘科学, 31(6): 11-15.

刘宝元, 史培军, 1998. WEPP 水蚀预报流域模型[J]. 水土保持通报, 18(5): 6-11.

刘昌明, 陈志凯, 2005. 中国水资源现状评价和供需发展趋势分析[M]. 北京: 中国水利水电出版社.

刘红, 王慧, 张兴卫, 2006. 生态安全评价研究述评[J]. 生态学杂志, 25(1): 74-78.

刘纪元, 1992. 西藏自治区土地利用[M]. 北京: 科学出版社.

刘兰岚, 2007. 上海市中心城区土地利用变化对径流的影响及其水环境效应研究[D]. 上海: 华东师范大学.

刘世梁, 安南南, 王军, 2014. 土地整理对生态系统服务影响的评价研究进展[J]. 中国生态农业学报, 22(9): 1010-1019.

刘勇, 刘友兆, 徐萍, 2004. 区域土地资源生态安全评价——以浙江嘉兴市为例[J]. 资源科学, 26(3): 69-75.

罗恩·威廉, 文森特·爱斯林, 吴新壮, 2007. 20 世纪加拿大风景园林[J]. 风景园林, 3: 42-55.

罗娅, 杨胜天, 刘晓燕, 2014. 黄河河口镇——潼关区间 1998—2010 年土地利用变化特征[J]. 地理学报, 69(1): 42-53.

马彩虹, 2012. 多尺度西安市资源环境成本核算研究[J]. 西北师范大学学报(自然科学版), 48(1): 106-111.

麦麦提吐尔逊·艾则孜, 海米提·依米提, 迪拉娜·尼加提, 等, 2012. 昆仑山北麓克里雅绿洲生态系统服务价值对土地利用变化的响应[J]. 地理科学, 32(9): 1148-1154.

欧阳志云, 王如松, 赵景柱, 1999a. 生态系统服务功能及其生态经济价值评价[J]. 应用生态学报, 10(5): 635-640.

欧阳志云, 王效科, 苗鸿, 1999b. 中国陆地生态系统服务功能及其生态经济价值的初步研究[J]. 生态学报, 19(5): 607-613.

朴世龙, 方精云, 陈安平, 2003. 我国不同季节陆地植被 NPP 对气候变化的响应(英文)[J]. Acta Botanica Sinica, 45(3): 269-275.

乔旭宁, 杨永菊, 杨德刚, 2011. 生态系统服务功能价值空间转移评价: 以渭干河流域为例[J]. 中国沙漠, 31(4): 1008-1014.

邱彭华, 徐颂军, 谢跟踪, 等. 2007. 基于景观格局和生态敏感性的海南西部地区生态脆弱性分析[J]. 生态学报, 27(4): 1257-1264.

任志远, 黄青, 李晶, 2005. 陕西省生态安全及空间差异定量分析[J]. 地理学报, 60(4): 597-606.

任志远, 李晶, 2003. 陕南秦巴山区植被生态功能的价值测评[J]. 地理学报, 58(4) : 503-511.

任志远, 李晶, 王晓峰, 2006. 城郊土地利用变化与区域生态安全动态[M]. 北京: 科学出版社.

任志远, 刘焱序, 2013. 西北地区植被保持土壤效应评估[J]. 资源科学, 35(3): 610-617.

邵景安, 邵全琴, 芦清水, 2014. 山江湖地区农民参与政府主导生态建设工程的"生态-经济"效应感知[J]. 自然资源学报, 29(8): 1323-1335.

施开放, 刁承泰, 左太安, 等, 2013. 基于熵权物元模型的耕地占补平衡生态安全评价[J]. 中国生态农业学报, 21(2): 243-250.

施晓清, 赵景柱, 欧阳志云, 2005. 城市生态安全及其动态评价方法[J]. 生态学报, 25(12): 3237-3243.

石浩朋, 于开芹, 冯永军, 2013. 基于景观结构的城乡结合部生态风险分析——以泰安市岱岳区为例[J]. 应用生态学报, 24(3): 705-712.

石垚, 王如松, 黄锦楼, 2012. 中国陆地生态系统服务功能的时空变化分析[J]. 科学通报, 57(9): 720-731.

宋富强, 康慕谊, 段锦, 2011. 陕北地区退耕前后土地利用与土地覆盖变化及驱动力分析[J]. 北京师范大学学报(自然科学版), 47(6): 634-639, 661.

宋富强, 康慕谊, 陈雅如, 等, 2009. 陕北黄土高原植被净初级生产力的估算[J].生态学杂志, 28(11): 2311-2318.

宋乃平, 张凤荣, 2007. 鄂尔多斯农牧交错土地利用格局的演变与机理[J]. 地理学报, 62(12): 1299-1308.

王兵, 杨锋伟, 郭浩, 等, 2008. 森林生态系统服务评估规范(LY/T1721—2008)[S]. 北京: 中国标准出版社.

王根绪, 程国栋, 钱鞠, 2003. 生态安全评价研究中的若干问题[J]. 应用生态学报, 14(9): 1551-1556.

王桂芝, 1996. 基于GIS的土地适宜性评价模型研究——以三亚市热作土地为例[J]. 中国土地科学, 10(5): 40-44.

王计平, 岳德鹏, 刘永兵, 2007. 基于RS和GIS技术的京郊西北地区土地利用变化的景观过程响应[J]. 北京林业大学学报, S2: 174-180.

王军邦, 黄玫, 林小惠, 2012. 青藏高原草地生态系统碳收支研究进展[J]. 地理科学进展, 31(1): 123-128.

王磊, 2007. 中国绿色GDP的核算方法与应用[J]. 现代经济探讨, 5: 63-66.

王千, 李哲, 范洁, 等, 2012. 沿海地区耕地集约利用与生态系统服务价值动态变化及相关性分析[J]. 中国农学通报, 28(35): 186-191.

王庆林, 朱宗泽, 张永领, 2010. 山西省王庄煤矿生态恢复模式研究[J]. 水土保持研究, 17(5): 265-267, 272.

王盛萍, 张志强, 孙阁, 等, 2008. 基于物理过程分布式流域水文模型尺度依赖性[J]. 水文, 28(6): 1-7.

王晓东, 蒙吉军, 2014. 土地利用变化的环境生态效应研究进展[J]. 北京大学学报(自然科学版), 50(6): 1133-1140.

王秀兰, 包玉海, 1999. 土地利用动态变化研究方法探讨[J]. 地理科学进展, 18(1): 83-89.

王秀兰, 冯仲科, 马俊吉, 2008. 农牧交错区土地资源可持续利用评价方法探讨——以内蒙古为例[J]. 北京林业大学学报, S1: 244-248.

王仰麟, 韩荡, 1998. 区域农业持续性与持续发展研究[J]. 自然资源学报, 13(4): 10-16.

王兆礼, 陈晓宏, 黄国如, 2007. 近40年来珠江流域平均气温时空演变特征[J]. 热带地理, 27(4): 289-293, 322.

文江苏, 何小武, 2012. 国外土壤侵蚀模型发展研究[J]. 宁夏农林科技, 53(4): 92-93.

肖笃宁, 赵羿, 孙中伟, 等, 1990. 沈阳西郊景观格局变化的研究[J]. 应用生态学报, 1(1): 75-84.

肖寒, 欧阳志云, 赵景柱, 等, 2000. 森林生态系统服务功能及其生态经济价值评估初探: 以海南岛尖峰岭热带林为例[J]. 应用生态学报, 11(4): 481-484.

肖荣波, 欧阳志云, 韩艺师, 等, 2004. 海南岛生态安全评价[J]. 自然资源学报, 19(6): 769-775.

谢花林, 张新时, 2004. 城市生态安全水平的物元评判模型研究[J]. 地理与地理信息科学, 20(2): 87-90.

谢花林, 2008. 基于景观结构和空间统计学的区域生态风险分析[J]. 生态学报, 28(10): 5020-5026.

谢平, 李析男, 朱勇, 等, 2014. 基于河链结构和LUCC的分布式流域水文模型及径流响应[J]. 山地学报, 32(2): 154-162.

谢志霄, 肖笃宁, 1996. 城郊景观动态模型研究——以沈阳市东陵区为例[J]. 应用生态学报, 7(1): 77-82.

邢海虹, 2013. 汉江水源区土地利用碳源/汇效应的空间差异分析——以陕南为例[J]. 西北林学院学报, 28(4): 199-203.

徐宗学, 程磊, 2010. 分布式水文模型研究与应用进展[J]. 水利学报, 41(9): 1009-1017.

薛亮, 任志远, 2011. 基于格网 GIS 的关中地区生态安全研究[J]. 地理科学, 31(1): 123-128.

严登华, 王浩, 刘权, 等, 2005. 中国东北区水资源量天然可再生能力分异及其对土地利用变化的响应[J]. 环境科学, 26(1): 94-99.

严钦尚, 1948. 西康省康定、九龙、雅江区域自然景观——山岳地理研究之一例[J]. 地理学报, Z1: 41-46.

杨桂山, 2004. 土地利用与土地覆盖变化与区域经济发展——长江三角洲近 50 年耕地数量变化研究的启示[J]. 地理学报, S1: 41-46.

姚允龙, 王蕾, 2008. 基于 SWAT 的典型沼泽性河流径流演变的气候变化响应研究——以三江平原挠力河为例[J]. 湿地科学, 6(2): 198-203.

游巍斌, 何东进, 巫丽芸, 2011. 武夷山风景名胜区景观生态安全度时空分异规律[J]. 生态学报, 31(21): 6317-6327.

岳德鹏, 王计平, 刘永兵, 2007. GIS 与 RS 技术支持下的北京西北地区景观格局优化[J]. 地理学报, 62(11): 1223-1231.

曾科军, 高中贵, 彭补拙, 2006. 长江三角洲土地利用变化与粮食安全分析[J]. 地理与地理信息科学, 22(6): 58-61.

张保华, 张金萍, 汤庆新, 2009. 基于RS和GIS的黄河下游沿岸县域土地利用与景观格局演变的驱动力研究——以河南省封丘县为例[J]. 遥感技术与应用, 24(1): 40-45.

张景华, 封志明, 姜鲁光, 2011. 土地利用/土地覆被分类系统研究进展[J]. 资源科学, 33(6): 1195-1203.

张鲁, 周跃, 张丽彤, 2008. 国内外土地利用与土壤侵蚀关系的研究现状与展望[J]. 水土保持研究, 15(3): 43-48.

张明, 朱会义, 何书金, 2001. 典型相关分析在土地利用结构研究中的应用——以环渤海地区为例[J]. 地理研究, 20(6): 761-767.

张青, 任志远, 2013. 中国西部地区生态承载力与生态安全空间差异分析[J]. 水土保持通报, 33(2): 230-235.

张锐, 郑华伟, 刘友兆, 2013. 基于 PSR 模型的耕地生态安全物元分析评价[J]. 生态学报, 33(16): 5090-5100.

张伟科, 封志明, 杨艳昭, 2010. 北方农牧交错带土地利用与土地覆盖变化分析——以西辽河流域为例[J]. 资源科学, 32(3): 573-579.

张笑楠, 王克林, 张伟, 等, 2009. 桂西北喀斯特区域生态环境脆弱性[J]. 生态学报, 29(2): 749-757.

张学斌, 石培基, 罗君, 等, 2014. 基于景观格局的干旱内陆河流域生态风险分析——以石羊河流域为例[J]. 自然资源学报, 29(3): 410-419.

张永领, 郝成元, 2010. 基于遥感和 CASA 模型的西江流域 NPP 时空分布特征研究[J]. 水土保持通报, 17(5): 201-103.

张志强, 徐中民, 程国栋, 2001. 生态系统服务与自然资本价值评估[J]. 生态学报, 21(1): 1918-1926.

赵同谦, 欧阳志云, 郑华, 2004. 中国森林生态系统服务功能及其价值评价[J]. 自然资源学报, 19(4): 480-491.

赵先贵, 马彩虹, 高利峰, 2007. 基于生态压力指数的不同尺度区域生态安全评价[J]. 中国生态农业学报, 15(6): 135-138.

赵羿, 1995. 探索景观异质性的热力学基础和信息论[J]. 生态学杂志, 14(2): 27-36, 51.

周冰冰, 李忠魁, 2000. 北京市森林资源价值[M]. 北京: 中国林业出版社.

周广胜, 张新时, 1995. 自然植被净第一性生产力模型初探[J]. 植物生态报, 19(3): 193-200.

周广胜, 1999. 气候变化对生态脆弱地区农牧业生产力影响机制与模拟[J]. 资源科学, 21(5): 48-54.

周国逸, 唐旭利, 2009. 广州市森林碳汇分析[J]. 中国城市林业, 29(1): 8-11.

周允华, 项月琴, 1989. 用于采光设计的紫外辐射和光气候的研究(英文)[J]. 照明工程学报, 9(1): 74-88.

朱会义, 李秀彬, 何书金, 等, 2001. 环渤海地区土地利用的时空变化分析[J]. 地理学报, 56(3): 253-260.

朱文泉, 潘耀忠, 张锦水, 2007. 中国陆地植被净初级生产力遥感估算[J]. 植物生态学报, 31(3): 413-424.

左海凤, 2006. 近 50 年汾河上中游流域径流对气候变化的响应分析[J]. 水文, 26(5): 72-75.

左伟, 王桥, 王文杰, 2005. 区域生态安全综合评价模型分析[J]. 地理科学, 25(2): 209-214.

左伟, 张宏兰, 万必文, 2003. 中尺度生态评价研究中格网空间尺度的选择与确定[J]. 测绘学报, 32(3): 267-271.

左伟, 周慧珍, 王桥, 2003. 区域生态安全评价指标体系选取的概念框架研究[J]. 土壤, 2(1): 2-7.

AMARAL S, MONTEIRO A, CAMARA G, et al, 2006. DMSP/OLS night-time light imagery for urban population estimates in the Brazilian Amazon[J]. International Journal of Remote Sensing, 27(5): 855-870.

CAI C F, DING S W, SHI Z H, et al, 2000. Study of applying USLE and geographical information system IDRISI to predict soil erosion in small watershed[J]. Journal of Soil and Water Conservation, 14(2): 19-24.

CHEN K L, HAN Y L, CAO S K, 2011.The study of vegetation carbon storage in Qinghai Lake Valley based on remote sensing and CASA model[J]. Procedia Environmental Science, (10): 1568-1574.

COSTANZA R, 1997. The value of the world's ecosystem services and natural capital[J]. Nature, 287(6630): 253-260.

DAILY G, 1997. Nature services: Societal Dependence on Natural Ecosystems[M]. Washington, DC: Island Press.

DE JONG S M, PARACCHINI M L, BERTOLO F, et al, 1999. Regional assessment of soil erosion using the distributed model SEMMED and remotely sensed data[J]. Catena, 37: 291-308.

DE ROO A P J, WESSELING C G, RITSEMA C J, 1996. LISEM: A single-event physically based hydrological and soil erosion model for drainage basins[J]. Hydrological Processes, 10(8): 1107-1118.

DONG D, NI J, 2011. Modeling changes of net primary productivity of karst vegetation in southwestern China using the CASA model[J]. Acta Ecologica Sinica, 31(7): 1855-1866.

ELVIDGE C D, BAUGH K E, DIETZ J B, et al, 1999. Radiance calibration of DMSP-OLS low-light imaging data of human settlements[J]. Remote Sensing of Environment, 68(1): 77-88.

GEN W, SHI P L, 2004. Benefits of forest water conservation and its economical value evaluation in upper reaches of Yangtze River[J]. Science of Soil and Water Conservation, 2(4): 17-20.

LAMBIN E F, BAULIES X, BOCKSTAEL N, et al, 1995. Land-use and land-cover change (LUCC): Implementation strategy, a core project of the International Geosphere-Biosphere Program and the International Human Dimensions Program on global environmental change[R]. IGBP Report 48. IHDP Report 10. IGBP, Stockholm, 125.

LI G C, 2004. Estimation of Chinese terrestrial net primary production using LUE model and MODIS data[D]. Beijing: Institute of Remote Sensing Applications, CAS.

LIU Y H, YE C H, WANG K W, et al, 2008. Research on soil moisture prediction technique in Beijing supported by RS and GIS techniques[J]. Transactions of the CSAE, 24 (9) : 155-160.

LU D, TIAN H, ZHOU G, et al, 2008. Regional mapping of human settlements in southeastern China with multisensory remotely sensed data[J]. Remote Sensing of Environment, 112: 3668-3679.

MCMAHON G, BENJAMIN S P, CLARKE K, et al, 2005. Geography for a changing world: A science strategy for the geographic research of the U.S. geological survey, 2005-2015[J]. Geological Survey Circular, 1281: 1-76.

MEYFROIDT P, LAMBIN E F, ERB K, et al, 2013. Globalization of land use: Distant drivers of land change and geographic displacement of land use[J]. Current Opinion in Environmental Sustainability, 5: 1-7.

MORGAN R P, QUINTON J N, SMITH R E, 1998. The European soil erosion model (EUROSEM): A dynamic approach for predicting sediment transport from fields and small catchments[J]. Earth Surface Processes and Landforms, 23(6) : 527-544.

PIAO S L, FANG J Y, GUO Q H, 2001. Application of CASA model to the estimation of Chinese terrestrial net primary productivity[J]. Acta Phytoecologica Sinica, 25(5) : 603-608.

POTTER C S R, ERSON J T, FIELD C B, et al, 1993. Terrestrial ecosystem production: A process model based on global satellite and surface data [J]. Global Biogeochemical Cycles, 7: 811-841.

QIN J L, YANG W Q, ZHANG J, 2009. Assessment of ecosystem water conservation value in the upper Minjiang River, Sichuan, China[J]. Chinese Journal of Applied & Environmental Biology, 15(4) : 453-458.

RENARD K G, FERREIRA V A, 1993. RUSLE model description and database sensitivity[J]. Journal of Environmental Quality, 22(3): 458-466.

TURNER P K, 1998. Ecosystem services value, research needs, and policy relevance; a commentary [J]. Ecological Economics, 25(1): 61-65.

WANG J L, LV H Q, ZHANG G P, et al, 2005. Agrom Etiological Forest[M]. Beijing: Meteorology Press: 89-109.

WILLIAMS J R, JONES C A, DYKE P T, 1984. A modeling approach to determining the relationship between erosion and soil productivity[J]. Transactions of the American Society of Agricultural Engineers, 27(1): 129-144.

WISCHMEIER W H, SMITH D D, 1978. Predicting Rainfall Erosion Losses—A Guide to Conservation Planning. U.S. Department of Agriculture[Z]. Agriculture Handbook: 537.

WISCHMEIER W H, 1971. A soil erodibility nomograph farm land and construction sites[J]. Journal of Soil and Water Conservation, 26: 189-193.

YANG C, YU J J, SONG X F, et al, 2004. Reference crop evapotranspiration calculation in short interval of mountainous area in North China[J]. Progress in Geography, 23(6): 71-80.

ZHANG Q, SCHAAF C, SETOK C, 2013. The vegetation a djusted NTL urban index: A new approach to reduce saturation and increase variation in nighttime luminosity[J]. Remote Sensing of Environment, 129(1): 32-41.

ZHAO D H, LI J L, QI J G, et al, 2006. An overview of current methods to estimate carbon budget of terrestrial ecosystems[J]. Acta Ecologica Sinica, 26(8): 2655-2662.

ZHU W Q, PAN Y Z, ZHANG J S, 2007. Estimation of net primary productivity of Chinese terrestrial vegetation based on remote sensing[J]. Journal of Plant Ecology, 31(3): 413-424.